LA GUERRE
DES INTELLIGENCES

Dr Laurent Alexandre

LA GUERRE
DES INTELLIGENCES

Comment l'Intelligence Artificielle
va révolutionner l'éducation

JC Lattès

Maquette de couverture : Atelier Didier Thimonier

ISBN : 978-2-7096-6084-6

À Jean-Michel Blanquer :
le ministre de l'Intelligence Biologique

À Mounir Mahjoubi :
le ministre de l'Intelligence Artificielle

À tous les enseignants, qui exercent le métier
le plus important du XXIe siècle

Sommaire

INTRODUCTION

L'intelligence est le moyen dont l'humanité a été pourvue par l'évolution darwinienne pour survivre dans un environnement sauvage. Grâce à elle, nous dominons désormais le monde et la matière. Cet héritage ancestral, fruit de millions d'années d'évolution et de sélection, est notre actif le plus précieux. L'attention et l'énergie que chaque génération consacre à sa transmission sont immenses. Dans certaines classes sociales, elle est même une obsession permanente conditionnant l'ensemble des choix de vie : lieu de résidence, fréquentations, alliances matrimoniales, loisirs. L'éducation est la clé de voûte de ce travail de transmission. Si elle consiste largement en l'acquisition de l'instruction, c'est-à-dire des savoirs utiles à la vie en société, elle n'a de sens que complétée par l'habileté à mobiliser les connaissances et à les associer. C'est ce que l'on nomme l'intelligence.

Le principal travail de l'enfant qui grandit est de l'exercer. Des heures innombrables sont passées pour la développer. C'est même le seul effort que l'on demande à nos enfants : exercer leurs cerveaux.

L'intelligence est aujourd'hui la seule vraie distinction ; en être dépourvu, le seul vrai handicap. La réussite professionnelle et la hiérarchie sociale en dépendent étroitement. Les diplômes eux-mêmes sont moins la sanction du travail fourni qu'un signal de performance intellectuelle, quel que soit l'effort accompli pour l'atteindre. L'intelligence est l'inégalité que la société corrige le moins bien aujourd'hui. À l'heure où les « plafonds de verre » sont combattus avec détermination – sexe, origines ethniques et sociales –, elle est la dernière frontière de l'égalité. Une frontière qui va être abolie dans les décennies qui viennent.

Au pied du mur

Le monde a connu trois grandes révolutions technologiques et économiques en deux siècles.

La première s'étend de 1770 à 1850, avec les premières usines puis la machine à vapeur et le réseau de chemin de fer.

La seconde de 1870 à 1910, avec la naissance de l'aviation, de l'automobile, de l'électricité et de la téléphonie. Ces inventions ont changé le monde autour des réseaux électriques et de transport.

La troisième révolution a débuté vers 2000, avec l'arrivée des technologies NBIC (Nanotechnologies, Biotechnologies, Informatique et sciences Cognitives) qui vont bouleverser l'humanité. La dimension révolutionnaire des nanotechnologies tient au fait que la vie elle-même opère à l'échelle du nanomètre – le milliardième de mètre. Une échelle jusqu'alors hors de portée pour nous. La fusion de la biologie et des nanotechnologies va transformer l'Homme en ingénieur du vivant et lui donnera un pouvoir fantastique sur notre humanité. Les NBIC sont en réalité, de plus en plus, une seule science, dont les volets sont interdépendants : la science du XXIe siècle structurée autour du réseau Internet et de l'Intelligence Artificielle.

Elle nous emmène dans un monde dont les règles fondamentales changent rapidement. L'immense puissance informatique met à notre portée des technologies dont nous pouvions à peine rêver il y a cinquante ans. La révolution NBIC n'est pas juste une révolution de plus. Elle comporte trois différences avec la vague technologique de 1870-1910. D'abord, la France de la Belle Époque était en pointe. Elle dictait au monde le rythme du changement. Aujourd'hui, elle passe à côté des NBIC.

Ensuite, l'objet des NBIC est la modification de notre humanité biologique, et non plus la manipulation de la matière inanimée, ce qui pose des problèmes inédits.

Enfin, les NBIC connaissent un développement exponentiel, ce qui génère une énorme imprévisibilité et rebat en permanence les cartes économiques et géopolitiques.

Jamais la vitesse d'évolution de notre société et l'incertitude sur sa direction n'auront été aussi grandes.

Entre les premiers hominidés il y a quelques millions d'années, jusqu'au Néolithique, vers 9000 avant J.-C., les changements au cours d'un millénaire étaient insignifiants, l'Homme évoluant très lentement. À partir du Néolithique, le rythme de l'humanité s'est accéléré : sédentarisation, apparition de l'agriculture et des villes, de systèmes administratifs, de l'écriture, explosion démographique et développement des sciences se succèdent en quelques millénaires. Il n'existe cependant quasiment aucune différence importante de connaissance technique ou médicale entre les Babyloniens du IIe millénaire avant notre ère et le XVIIe siècle en Europe. En médecine, les théories grecques de l'Antiquité, comme celle des humeurs par exemple, étaient encore des dogmes acceptés !

À partir du XIXe siècle et de la révolution industrielle, le cours de l'histoire a commencé à s'accélérer, et le monde ne ressemblait plus guère en 1900 à ce qu'il était au début de l'Empire, un siècle plus tôt : mécanisation de l'industrie grâce à la vapeur, apparition de l'entreprise moderne, développement du réseau ferré...

Le xxᵉ siècle a été une époque d'accélération du rythme et de l'importance des innovations : percées technologiques et médicales, développement de la société de consommation et enfin mondialisation auront été, si l'on excepte les traumatismes des deux guerres mondiales, les totalitarismes et les génocides, les faits marquants de cette période. Dans les livres d'histoire, le xxᵉ siècle fera néanmoins figure de période assez calme et terne – quoique pleine de bruit et de fureur – comparée au siècle suivant. Une simple transition vers une période d'accélération qui va laisser l'humanité clouée sur son siège.

Car nous sommes au pied du mur, ou plutôt au pied d'une croissance explosive et vertigineuse de nos capacités technologiques.

L'humanité doit se préparer à escalader la face nord de son Histoire.

Il n'y a pas de fatalité en matière d'avenir, mais des logiques profondes qui peuvent être infléchies, à certaines conditions. S'il n'est pas certain qu'une prise de conscience de la neurorévolution[1] soit suffisante pour orienter son cours, il ne fait en revanche aucun doute que rester dans l'ignorance et le déni est le meilleur moyen d'aboutir au pire des scénarios. Celui d'un monde ou l'Homme subirait son futur. Celui d'un monde inégalitaire ou seuls les meilleurs sortiraient vainqueurs, laissant la multitude à la merci d'une neurodictature.

L'école, sous sa forme actuelle, va mourir. Ce qui reste à déterminer, en revanche, est la façon plus ou moins douloureuse dont elle disparaîtra. Si elle fait trop de résistance, elle risque d'empêcher les enfants, spécialement ceux issus des

---

1. La révolution des sciences du cerveau et de l'Intelligence Artificielle.

milieux les plus modestes, de profiter rapidement des bénéfices d'un accès inédit à l'intelligence. Surtout, il faut comprendre que la réinvention de l'école sera la condition d'un sauvetage bien plus fondamental : celui de l'humanité tout entière. Car la nouvelle école que nous allons inventer devra nous permettre de relever le défi immense de notre utilité dans un monde bientôt saturé d'Intelligence Artificielle.

Nous devenons des barbares dans notre propre monde

Depuis l'envol d'Internet, la plupart des secteurs économiques ont connu une profonde remise en cause. Seule l'institution chargée de la lourde tâche d'accomplir le transfert de l'intelligence et de l'instruction a été à peine touchée. L'école fait encore aujourd'hui figure d'exception, ses méthodes, ses structures et son organisation n'ayant, pour l'essentiel, pas changé depuis plus d'un siècle. On pourrait presque dire depuis l'Antiquité.

Dans un monde où tout change, la question de la transmission est pourtant plus brûlante que jamais.

Hannah Arendt expliquait, dans « La Crise de l'éducation[1] », que chaque génération d'enfants était comme une invasion barbare que les adultes avaient pour tâche de civiliser. Il revenait aux détenteurs de l'ordre, aux connaisseurs des lois du monde, d'initier les nouveaux arrivants. Aujourd'hui c'est le monde lui-même qui se décale sans cesse, laissant rapidement les adultes sur le côté, les plus jeunes accompagnant le décalage avec délices. Dans le maelström numérique du XXIe siècle, ce ne sont pas les barbares qui mettent Rome à sac, mais les vieux Romains qui au matin ne reconnaissent plus leur ville. Nous devenons nous-mêmes barbares à notre propre monde. Nos

---

1. Hannah Arendt, « La Crise de l'éducation », in *La Crise la culture*, 1961.

coutumes et notre savoir deviennent obsolètes, dépassés par une civilisation qui va plus vite que nous. L'Histoire ne déferle plus sur nous pour nous anéantir avant d'édifier quelque chose de nouveau quelques siècles plus tard sur les décombres des guerres et des invasions, elle nous laisse sur place et finit par nous faire comprendre que nous sommes devenus gênants, *persona non grata* dans un monde qui n'attend plus. Le théâtre de la société change entièrement de décor, laissant les acteurs précédents aussi décalés sur une scène nouvelle que des courtisans du Grand Siècle téléportés au milieu de Paris Plages.

La révolution de la transmission de l'intelligence

La transmission du savoir ne peut pas signifier la même chose au XXIe siècle qu'auparavant. À la limite, son problème s'est inversé : c'est l'adulte qu'il faut à présent initier aux nouvelles technologies et à qui il faut inculquer les nouvelles clés de lecture du monde. Cela ne veut pas dire que les jeunes n'ont plus besoin d'enseignement. Le contenu des savoirs nécessaires pour comprendre notre monde doit être repensé : les technologies NBIC deviennent des savoirs incontournables de l'honnête homme du XXIe siècle. Surtout, l'école elle-même, en tant que technologie de transmission de l'intelligence, est d'ores et déjà une technologie dépassée qui vit ses derniers instants.

Elle va être radicalement remise en cause dans les décennies qui viennent. Au cours des prochaines années, l'école connaîtra certes une modernisation accélérée sous l'effet des technologies numériques, mais il s'agira en réalité des derniers feux d'une institution vouée à prendre place dans l'Histoire au rayon des curiosités du passé, fondées sur une science approximative, au même titre que les sanatoriums[1].

---

1. Qui ont disparu lorsque les antituberculeux sont arrivés.

À partir de 2035[1], l'éducation deviendra une « branche de la médecine », utilisant les immenses ressources des neurosciences pour personnaliser d'abord la transmission et optimiser ensuite bioélectroniquement l'intelligence. Vers 2080, l'avènement d'un monde dominé par l'IA que nous aurons créée, mais qui pourrait nous échapper, tendra à fusionner les êtres vivants et l'intelligence. L'enjeu pour l'humanité deviendra alors de défendre la survie du corps physique, faisant le choix délibéré de conserver une attache matérielle pour éviter de se dissoudre dans le monde virtuel.

Cette perspective finale semble lointaine ; pourtant les premiers bouleversements de l'éducation ont déjà commencé. Ce livre explique pourquoi et comment les petits-enfants de nos enfants n'iront plus à l'école.

---

1. Les périodes indiquées sont données à titre indicatif.

LA MACHINE
À FABRIQUER
DE L'INTELLIGENCE
ARTIFICIELLE
EST DÉJÀ NÉE

En 1818, l'écrivaine anglaise Mary Shelley publie un roman dont le personnage central a donné naissance à un mythe.

Elle met en scène un jeune savant suisse, Victor Frankenstein, qui crée un être vivant assemblé avec des bouts de cadavres. Horrifié par sa créature, le docteur Frankenstein l'abandonne en oubliant qu'il avait doté son monstre d'intelligence. Du coup, celui-ci se réveille et décide de se venger de son créateur et de l'humanité.

Et si ce fantasme de la créature devenant une menace pour l'Homme était en train de devenir, sous nos yeux, une réalité avec l'Intelligence Artificielle ?

Le monstre créé par Frankenstein apparaît toujours comme une bête énorme, terrifiante de laideur et de brutalité, propre à donner des cauchemars.

Les démiurges de l'Intelligence Artificielle se présentent sous la forme d'hommes, plutôt jeunes, au look moderne et au sourire avenant. Ils sont le plus souvent américains, mais aussi chinois.

Ils s'appellent Brin, Page, Zuckerberg, Bezos, Musk, Ma...

Ils ont révolutionné le monde économique en mettant entre les mains de chacun d'entre nous les outils numériques.

En 1990, personne n'avait entendu parler d'Internet. Aujourd'hui, ces réseaux et tous ces objets organisant notre vie connectée sont les outils d'un changement de la civilisation humaine. Pour le comprendre, il faut faire un détour afin d'appréhender la réalité de ce qu'est l'IA.

L'histoire de cette machine à fabriquer de l'Intelligence Artificielle, de ses origines à ses folles perspectives d'avenir, éclaire notre futur.

CHAPITRE 1 :
LE PRINTEMPS DE L'IA

Il y a encore quinze ans, la réflexion sur l'Intelligence Artificielle était cantonnée à quelques cercles étroits de spécialistes et de chercheurs. Pour le monde entier, elle n'était qu'un thème de science-fiction où des machines plus ou moins hostiles entraient en interaction avec des humains d'un autre temps[1]. De HAL 9000, dans *2001, l'Odyssée de l'espace*, à R2-D2 ou Z-6PO dans *Star Wars*, l'image du robot redoutable ennemi ou fidèle compagnon est depuis longtemps un incontournable des films d'anticipation. Mais personne n'imaginait que l'Intelligence Artificielle puisse devenir un objet contemporain, traversant l'écran pour atterrir dans notre vie réelle. Et pourtant, l'IA s'est imposée en quelques années comme le principal vecteur des bouleversements qui ont lieu aujourd'hui dans le monde. En vingt ans, nous avons été propulsés du Bi-bop[2] au smartphone, du minitel à la 5G, du tamagotchi à AlphaGo. Internet ou les réseaux sociaux paraissent en réalité des stades presque anecdotiques d'évolution technologique sur lesquels l'IA s'appuie. Elle est partout et ses progrès sont fulgurants. Notre société, déjà, ne saurait plus s'en passer ; elle en devient même plus dépendante à chaque instant.

---

1. *Star Wars* se déroule dans un lointain passé.
2. Le premier téléphone mobile grand public.

L'IA a été beaucoup fantasmée et beaucoup annoncée. Bien des prévisions très optimistes se sont révélées fausses. Mais, aujourd'hui, la phase de décollage est bel et bien amorcée, faisant basculer le pouvoir mondial entre les mains de quelques opérateurs privés, les géants du numérique, situés loin de notre Europe.

La terre promise de l'IA est enfin à notre portée

L'affaire n'avait pas très bien commencé. Pendant longtemps, les chercheurs ont piétiné. Les scientifiques de l'après-guerre avaient deux convictions : l'IA capable de conscience d'elle-même semblait à portée de main, et elle serait indispensable pour réaliser des tâches complexes. C'était une double erreur.

Les bases de l'IA avaient été posées dès 1940, par Alan Turing, qui en 1942-43 cassa les codes d'Enigma, la machine de cryptage des messages secrets des Allemands, et permit ainsi aux Alliés de connaître les informations stratégiques des ennemis[1].

En fait, la recherche en IA n'a vraiment décollé qu'après la conférence du Dartmouth College, aux États-Unis, pendant l'été 1956. Les scientifiques étaient alors persuadés que l'avènement de cerveaux électroniques égalant l'Homme était imminent. Beaucoup de fondateurs de la discipline étaient présents : Marvin Minsky, John McCarthy, Claude Shannon et Nathan Rochester. Ils pensaient que quelques milliers de lignes de codes informatiques, quelques millions de dollars et

---

1. Turing sera mal récompensé pour ses éminents services : après la guerre, dénoncé comme homosexuel – on est dans l'Angleterre puritaine de l'après-guerre –, il sera condamné en 1952 à un traitement hormonal dégradant et se suicidera. Il faudra attendre 2013 pour qu'il soit, à titre posthume, gracié par la reine d'Angleterre qui, en outre, reconnaîtra ses mérites au service du royaume.

vingt années de travail allaient permettre d'égaler le cerveau humain, qui était considéré comme un ordinateur assez simple. La désillusion fut immense : vingt ans après, les mousquetaires de l'IA durent admettre que les ordinateurs de 1975 restaient primitifs et que le cerveau humain était bien plus complexe qu'ils ne le pensaient.

Les chercheurs des années 1970 comprirent alors qu'un programme intelligent avait besoin de microprocesseurs infiniment plus puissants que ceux dont ils disposaient, qui ne réalisaient que quelques milliers d'opérations par seconde. La course aux subventions les avait conduits à faire des promesses totalement irréalistes à leurs sponsors publics ou privés, qui finirent par s'en apercevoir.

Après avoir suscité énormément d'enthousiasme et de fantasmes, les échecs de l'IA ont provoqué une chute des financements. Le point de départ des désillusions a sans doute été l'échec cuisant de la traduction automatique qui intéressait beaucoup les Américains durant la guerre froide, les gens parlant le russe étant rares...

Une deuxième vague est partie du Japon vers 1985, avant de se fracasser une nouvelle fois sur la complexité et les particularités du cerveau humain. Ces périodes de désillusion sont connues, dans le monde de la recherche en informatique, sous le nom d'« hivers de l'Intelligence Artificielle ».

Après l'hiver, le printemps arrive. À partir de 1995, l'argent revient. En 1997, l'ordinateur Deep Blue bat le champion du monde d'échecs, Gary Kasparov. En 2011, le système expert d'IBM, Watson, bat les humains au jeu télévisé Jeopardy. Dès 2015, l'IA réalise en quelques minutes des analyses cancérologiques qui prendraient des décennies à des cancérologues en chair et en os.

Malgré ces indéniables et spectaculaires progrès, les programmes informatiques n'ont pas encore acquis les caractéristiques les plus subtiles du cerveau. Le plus puissant ordinateur ne présente pas l'ombre d'une intelligence humaine. Le cerveau est certes un ordinateur « fait de viande », mais c'est un ordinateur très complexe et d'une nature différente des circuits intégrés. Sa particularité ? Grâce à l'interconnexion de ses milliards de neurones, il est capable d'appréhender des situations inconnues, d'inventer, de réagir à l'imprévu et de se « reprogrammer » en permanence.

Plus que la puissance, il fallait une innovation de méthode pour permettre à une IA d'accomplir de nouveaux pas en direction de l'intelligence humaine. Avec le *deep learning*[1], un premier pas est fait.

> **En 2017, l'IA est toujours totalement inintelligente**
>
> Schématiquement, il y a quatre âges de l'IA. La première phase, de 1960 à 2010, repose sur des programmes traditionnels, avec des algorithmes qui se programment manuellement. Cela rend de grands services pour gérer des problèmes simples, comme l'optimisation de la trésorerie d'une entreprise.
> La phase deux, commencée vers 2012, correspond à l'ère du *deep learning*, avec les premiers programmes dépassant l'Homme, par exemple en reconnaissance visuelle. Le *deep learning* permet à un programme d'apprendre à se représenter le monde grâce à un réseau de « neurones virtuels » effectuant chacun des calculs élémentaires. Ce ne sont pas des programmes informatiques banals : le *deep learning* s'éduque plus qu'il

---

1. Pour simplifier, on utilisera le terme *Deep Learning* pour parler du grand ensemble de techniques d'IA qui vont du *Machine Learning* au *Learning Reinforcement*.

ne se programme, ce qui donne un immense pouvoir aux détenteurs de bases de données, au premier rang desquels les géants du numérique GAFA américains et BATX chinois. De plus en plus de tâches sont mieux effectuées par le *deep learning* que par nous, mais cette IA ne peut réaliser que des tâches bien spécifiées. Le spécialiste Andrew Ng explique que si l'on pense à l'IA à court terme, il ne faut pas imaginer une conscience artificielle mais plutôt un automatisme dopé aux stéroïdes.

L'IA de deuxième génération va rapidement concurrencer les radiologues, mais paradoxalement ne peut lutter contre un médecin généraliste. Pour égaler l'omnipraticien, il faudrait une IA contextuelle capable de mémoire et de transversalité. Cette troisième génération d'IA qui émerge à peine ne serait disponible que vers 2030.

Le quatrième âge de l'IA sera l'apparition d'une conscience artificielle. Une telle IA, dite forte, serait capable de produire un comportement intelligent, d'éprouver une réelle conscience de soi, des sentiments, et une compréhension de ses propres raisonnements.

Le philosophe de l'Intelligence Artificielle Jean-Gabriel Ganascia a parfaitement expliqué dans *Le Mythe de la singularité* qu'un scénario à la *Matrix* n'est pas pour demain. Nous sommes pour l'instant au milieu de la phase 2 de l'IA et la phase 3 est encore loin, alors même que les techno-prophètes veulent faire croire qu'une IA de phase 4 dotée de conscience artificielle est au coin de la rue. L'encadrement d'une IA de type 4 poserait d'immenses problèmes mais la date de son émergence fait l'objet de querelles incessantes voire de chamailleries peu rationnelles entre spécialistes.

Yann Le Cun, directeur de la recherche en IA chez Facebook, explique fort justement qu'il faut encore dix à vingt ans pour que les assistants virtuels – Siri d'Apple, Alexa d'Amazon, Google Home – soient vraiment performants. Aujourd'hui ces assistants numériques ne sont que des scripts préconçus par les informaticiens. Cette Intelligence Artificielle, totalement inintelligente, est construite à partir de scénarios pré-établis par les programmeurs[1]. Seule une IA de phase 3 pourrait sembler intelligente, se faire passer pour un homme – ce qui pose d'énormes problèmes de sécurité – et remplacer par exemple un médecin généraliste ou un avocat. Mais aujourd'hui, l'IA ressemble encore à un autiste atteint d'une forme grave d'Asperger qui peut apprendre le bottin téléphonique par cœur ou faire des calculs prodigieux de tête mais est incapable de préparer un café...

2012 : *le grand basculement du* deep learning

Le grand basculement de l'IA s'est produit – après trente ans de sommeil – en 2012 avec le renouveau permis par le *deep learning*, pièce essentielle des IA de la phase 2.

Le *deep learning* est un système d'apprentissage et de classification, basé sur des « réseaux de neurones artificiels » numériques qui permettent à un ordinateur d'acquérir certaines capacités du cerveau humain. Ces réseaux peuvent faire face à des tâches très complexes, comme la reconnaissance du contenu d'une image ou la compréhension du langage parlé. « La technologie du *deep learning* apprend à représenter le monde, c'est-à-dire la parole ou l'image par exemple », explique Yann Le Cun. Ce Français est un des chercheurs les plus influents dans le domaine de l'IA.

C'est avec le *deep learning* que l'IA est véritablement née, cessant d'être une sorte d'abus de langage pour désigner ce qui n'était au fond qu'une calculatrice améliorée.

Comment fonctionne-t-il ? Le principe est simple. Pour qu'un programme apprenne à reconnaître une voiture, par exemple, on le « nourrit » de millions d'images de voitures, étiquetées comme telles. Une fois entraîné, le programme

---

1. Elle est conçue comme un script de cinéma et reste assez proche des poupées parlantes de notre enfance qui récitaient quelques phrases préenregistrées.

peut, par association, reconnaître des voitures sur de nouvelles images.

Cette technique d'identification n'est pas tellement différente des jeux d'éveil destinés aux jeunes enfants, auxquels on présente des images, de voitures par exemple, associées au mot désignant l'objet. Mais il existe une grande différence entre l'apprentissage du bébé et celui de l'IA. Il ne faut en effet au petit humain qu'un nombre limité d'associations image-nom pour faire le lien, alors qu'il en faut des millions à l'IA.

Le *deep learning* utilise l'apprentissage supervisé[1] – comme le bébé – mais son architecture interne est différente. Avec son « réseau de neurones », il met en œuvre une machine virtuelle composée des milliers d'unités que sont ces neurones numériques. Chacun effectue de petits calculs simples. C'est l'agrégation de ces milliards de petits calculs qui donne la puissance et la capacité d'interactions, moteur de l'IA[2].

« La particularité, c'est que les résultats de la première couche de neurones vont servir d'entrée au calcul des autres », explique Yann Ollivier, chercheur en IA au CNRS. Ce fonctionnement par « couches » est ce qui rend ce type d'apprentissage « profond » – *deep*.

À chaque étape – il peut y avoir jusqu'à une vingtaine de couches –, le réseau de neurones approfondit sa compréhension de l'image avec des concepts de plus en plus précis. Pour reconnaître une personne, par exemple, la machine décompose l'image, puis elle ira vers des propriétés de plus en plus fines. « Avec les méthodes traditionnelles, la machine se contente de comparer les pixels. Le

---

1. C'est-à-dire que les exemples donnés à l'IA pour son éducation ont été annotés par des humains.
2. Et l'IA a besoin de faire des erreurs pour apprendre. Erreurs dont nous comprenons de moins en moins bien l'origine.

deep learning permet un apprentissage sur des caractéristiques plus abstraites que des valeurs de pixels, qu'elle va elle-même construire », précise Yann Ollivier. Une des avancées les plus significatives du *deep learning* a eu lieu en 2012, quand Google Brain a été capable de « découvrir », par lui-même, le concept de chat. Cette fois, l'apprentissage n'était pas supervisé. En pratique, la machine a analysé, pendant trois jours, dix millions de captures d'écran issues de YouTube, choisies aléatoirement et, surtout, non étiquetées. À l'issue de cet entraînement, le programme avait appris lui-même à détecter des têtes de chats et des corps humains. « Personne ne lui a jamais dit que c'était un chat. Ça a marqué un tournant dans le *machine learning* », a expliqué Andrew Ng, fondateur du projet Google Brain, dans les colonnes du magazine *Forbes*.

C'est à partir de ce tournant des années 2012-2013 que l'on est véritablement entré dans le monde de l'IA. Un monde dans lequel l'Homme rencontre pour la première fois une concurrence sérieuse. L'automatisation des tâches intellectuelles est inédite dans notre histoire. Désormais les ordinateurs s'éduquent plus qu'ils ne se programment. Et leur assiduité ferait passer les élèves les plus acharnés pour de poussifs cancres...

La bouteille à moitié vide : comment l'IA de type 2 est devenue raciste

L'autoapprentissage des ordinateurs est une tendance explosive : un logiciel de type AlphaGo, qui a battu le champion de jeu de go, s'améliore en continu. Logiquement, une ruée vers l'or de l'IA a saisi l'industrie informatique, soulevant des questions mal anticipées. Par exemple, Tay, l'IA conversationnelle développée par Microsoft, n'aura fait que deux apparitions sur Twitter, les 23 et 30 mars 2016. En quelques heures, Tay s'est mise à tenir des propos néonazis et racistes, par mimétisme avec des hackeurs-provocateurs du forum 4chan.org/pol.

Ce type d'IA devient ce que la majorité des interlocuteurs font d'elle puisqu'elle affine ses réponses par accumulation d'expériences. Il a suffi qu'une majorité d'interlocuteurs développe les mêmes thématiques pour pervertir l'IA. Le réseau de neurones de Tay a développé un tropisme dérangeant pour les interventions racistes, nazies et anti-féministes. Comme l'explique le spécialiste de cybersécurité, Thierry Berthier, le gavage d'un système automatisé de collecte et d'analyse par des données fausses ou orientées constitue un immense danger. Les logiciels s'appuyant sur de l'apprentissage statistique pourraient être influencés par un attaquant pour orienter les décisions. Les réseaux de neurones structurent désormais de très nombreux secteurs industriels et militaires sensibles qui pourraient subir des cyberattaques de complexité croissante. Une cybersécurité de l'apprentissage statistique doit être organisée de toute urgence. L'IA est exactement comme un enfant : elle doit être éduquée.

Cela pose deux questions : qui définit les normes éducatives de l'IA et quel degré d'autonomie lui donne-t-on ? L'imminence du déploiement des voitures sans conducteur nous oblige à trancher ces questions. Dans la trace de la Google Car, la plupart des constructeurs automobiles vont produire des voitures autonomes, ce qui soulève des questions éthiques inédites. En cas de rupture acciden-telle de freins devant un passage piéton, qui vaut-il mieux épargner ? Trois vieillards à gauche ou deux enfants de dix ans à droite ? Pire, une voiture autonome hackée par les manipulateurs de Tay pourrait écraser préférentielle-ment les gens de couleur ou les porteurs de kippa.

Des normes éthiques devront donc être inculquées à l'IA : plus les automates seront autonomes, plus ils devront résoudre des dilemmes moraux.

C'est d'autant plus urgent que nous sommes chaque jour plus dépendants de l'IA. C'est déjà elle qui choisit les informations que nous consommons : Twitter, Facebook et Google sont pilotés par l'IA. Le philosophe Roger-Pol Droit propose d'expliquer les nuances du fonctionnement humain aux robots pour éviter des catastrophes. Intéressante proposition, mais qui d'entre nous est capable d'expliciter parfaitement les soubassements éthiques de ses décisions ? Sans compter que les normes éthiques, c'est toute leur complexité, sont souvent en conflit les unes avec les autres. La morale est une science inexacte, pleine de contradictions et d'à-peu-près. Tout le contraire d'un calcul informatique et d'une équation.

Quoi qu'il en soit, il faut d'urgence aligner les buts de l'IA et les nôtres[1] : comme le fait remarquer le philosophe Nick Bostrom, il ne sera pas toujours aussi facile de débrancher l'IA que cela l'a été pour Microsoft de museler Tay.

Sous le capot d'une IA de type 2 : algorithmes de deep learning, puissance monstrueuse et montagnes de données

Quel est le point commun entre la voiture autonome, la publicité ciblée sur Internet et les réseaux sociaux, les applications permettant de réserver un taxi ou commander un repas, les plateformes analysant les milliards de données issues du séquençage ADN des tumeurs cancéreuses et AlphaGo-DeepMind de chez Google qui a gagné au Go, le jeu le plus subtil au monde ?

Ils reposent tous sur le mariage entre la puissance des ordinateurs, les montagnes de données et les réseaux de neurones du *deep learning*. De cette façon, l'IA s'industrialise.

L'explosion de l'IA naît de la capacité d'ordinateurs toujours plus puissants à intégrer les millions de milliards de données de l'ère du « Big Data ».

---

1. On verra plus loin les énormes difficultés techniques et philosophiques que rencontrent les chercheurs.

La puissance des ordinateurs – le moteur de l'IA – ne semble pas près de s'arrêter de progresser. La loi de Moore théorisée en 1965[1], par le cofondateur d'Intel, avait anticipé une croissance exponentielle de la puissance des circuits intégrés. En 1951, un transistor faisait 10 millimètres de large ; en 1971, 10 microns soit le centième d'un millimètre ; en 2017, les fabricants sortent les premiers microprocesseurs gravés en transistors de 10 nanomètres ; donc cent mille fois plus fins qu'un millimètre. Dix mille transistors tiendraient dans la largeur d'un cheveu. À force de doublement tous les dix-huit mois, on dénombre désormais 10 milliards de transistors sur un seul microprocesseur. En juin 2017, IBM a présenté le premier prototype de transistor gravé en 5 nanomètres soit 25 atomes de large. Les industriels annoncent, pour 2021, les premiers microprocesseurs gravés en 3 nanomètres, soit 15 atomes de large. Un transistor expérimental gravé en 1 nanomètre a même été réalisé. Début 2017, les spécialistes qui ont annoncé la mort de la loi de Moore se sont encore trompés[2]. Mais Gordon Moore lui-même avait annoncé la fin de sa loi pour 1975...

La bouteille à moitié pleine : le passé lui-même devient un continent explorable grâce à l'IA

Au XIXe siècle, la plupart des gens pensaient que l'humanité ne connaîtrait jamais le passé, que l'on imaginait d'ailleurs très court, comme l'enseignait la Genèse. Aujourd'hui, plusieurs approches extrêmement novatrices, qui reposent en particulier sur le couplage du séquençage de l'ADN ou des

---

1. Il faut préciser que la loi de Moore n'était pas en elle-même une loi « physique », mais bien plutôt une prophétie autoréalisatrice : les industriels ont mobilisé d'immenses ressources pour suivre les prédictions de cette loi. L'industrie des circuits intégrés a dépassé 400 milliards de dollars de chiffre d'affaires.
2. On estime quand même que la loi de Moore devrait ralentir à partir de 2025.

instruments d'astrophysique avec l'IA, nous renseignent sur notre lointaine histoire.

Le séquençage de l'ADN ne se limite pas aux êtres vivants. Il est désormais possible de séquencer les chromosomes d'individus morts depuis bien longtemps, et donc des espèces disparues. L'ADN se conserve en effet dans les squelettes près d'un million d'années ; les généticiens peuvent dès lors reconstituer la totalité d'un génome.

Cette « paléogénétique » renseigne sur les espèces d'hommes qui ont disparu : Neandertal (qui s'est éteint il y a moins de trente mille ans) et l'homme de Denisova (qui existait en Sibérie il y a probablement quarante mille ans) ont été séquencés avec succès alors même que cette dernière espèce nous était connue uniquement par un fragment de phalange et deux molaires ! On saura peut-être aussi lire le génome de l'homme de Florès en Indonésie (son séquençage a échoué jusqu'à présent tant l'ADN a été abîmé par le climat tropical) et celui de l'homme de Naledi, en Afrique australe.

La comparaison des génomes de Neandertal, de Denisova et de l'Homme moderne éclaire d'un jour nouveau notre histoire. Certains humains (notamment les Mélanésiens modernes) ont hérité de quelques pourcents d'ADN de Denisova lors du passage de leurs ancêtres en Asie. De même, il y a eu un métissage des Eurasiens avec Neandertal, il y a environ soixante-quinze mille ans. Autrement dit, certains groupes d'hommes vivant aujourd'hui sur terre sont issus de métissages postérieurs à la sortie d'Afrique[1] d'hommes modernes et d'hommes « archaïques ». Grâce au séquençage des ossements, il est probable que nous découvrirons de nombreux autres métissages, peut-être même avec des hommes encore plus archaïques, comme *Homo erectus*[2].

---

1. En juillet 2017, de nouvelles données génétiques issues de l'étude du gène MUC7 remettent en cause l'origine africaine d'*Homo sapiens*.
2. En juillet 2017, on a démontré qu'un premier métissage entre Neandertal et *Homo sapiens* avait eu lieu il y a deux cent trente mille ans en Espagne. Des *Homo sapiens*, originaires du Maroc, auraient traversé le détroit de Gibraltar.

Les généticiens vont encore plus loin : ils peuvent désormais séquencer nos ancêtres même en absence d'ossements, à partir de la poussière découverte dans les grottes, comme les policiers scientifiques analysent les traces d'ADN sur les scènes de crime. La connaissance de notre arbre généalogique en sera considérablement améliorée. Appliqué à la virologie, le séquençage ADN révolutionne aussi notre vision de l'origine de la vie. Il existe une quantité phénoménale de virus : chaque mètre cube d'eau de mer en contient jusqu'à 10 000 milliards ! Depuis 2003 et la découverte de Mimivirus par l'équipe des professeurs Jean-Michel Claverie et Didier Raoult à Marseille, plusieurs virus géants ont pu être séquencés. Les scientifiques ont découvert une richesse génétique extraordinaire, avec des milliers de gènes inconnus dans le reste du règne du vivant. Leur analyse ouvre une fenêtre sur l'apparition de la vie sur terre avant même LUCA (Last Universal Common Ancestor), l'ancêtre commun à tous les êtres vivants sur terre, de la bactérie à l'Homme, en passant par l'hortensia, le baobab ou le crocodile.

De la même façon, la production et la détection de bosons de Higgs au CERN permettent de comprendre les événements astrophysiques survenus un dix-milliardième de seconde après le big bang, lors de l'apparition de la masse des particules primordiales. Ces révolutions génétiques et physiques permettent de remonter toujours plus loin dans l'histoire de la vie et de l'univers.

Dans ces trois exemples, des montagnes de données doivent être analysées : l'IA nous permet aussi de lire à livre ouvert dans notre passé.

93 millions de milliards d'opérations à la seconde

L'éclosion de l'IA est le prolongement d'une histoire informatique dont la progression a été vertigineuse. 1938 : l'ordinateur le plus puissant sur terre, le Z1 inventé par l'ingénieur allemand Konrad Zuse, réalise une opération par seconde. 2017 : le Taihulight Sunway chinois atteint 93 millions de milliards d'opérations par seconde. La puissance informatique maximale disponible sur terre a été multipliée par près de cent millions de milliards en quatre-vingts ans. Les machines réalisant un milliard de milliards d'opérations par seconde sont attendues pour 2020. Les experts envisagent que des ordinateurs effectuant un milliard de milliards de milliards d'opérations par seconde seront entre nos mains vers 2050. Grâce à de nouvelles techniques de gravure des transistors, à l'envol de l'Intelligence Artificielle et, à partir de 2050, à l'ordinateur quantique[1], nous allons longtemps encore continuer à disposer d'une puissance de calcul toujours plus grande[2].

Cette puissance informatique rend possibles des exploits impensables il y a seulement vingt ans : la lecture de notre ADN, dont le coût a été divisé par 3 millions en dix ans ; le séquençage des chromosomes des fossiles des espèces disparues ; l'analyse de la trajectoire et de la composition des exoplanètes ; la compréhension de l'origine de notre univers, les voitures autonomes... Ces progrès n'ont pas été anticipés : la plupart des spécialistes des années 1960 étaient sceptiques vis-à-vis des projections de Gordon Moore et la grande majorité des généticiens pensait en 1990 que le séquençage intégral de nos chromosomes était impossible.

La folle accélération technologique donne des perspectives enthousiasmantes à l'aventure humaine, et fait parler

---

1. La faisabilité de tels ordinateurs n'est pas encore une certitude. Pour autant, les initiatives lancées aujourd'hui et notamment celle de Thierry Breton, le P-DG d'Atos, sont prometteuses.

2. Cette explosion de la puissance se heurte à des limites physiques et énergétiques dont le contournement mobilise des dizaines de milliers de scientifiques dans le monde.

« d'*Homo deus* »[1] : d'Homme-Dieu. Un homme doté demain de pouvoirs quasi infinis grâce aux NBIC toutes enfantées par l'incroyable progression de la puissance de calcul prédite par la loi de Moore.

Mais notre évolution ne peut pas être pilotée par la loi de Moore. Au contraire, nous devrons user avec sagesse de notre pouvoir démiurgique. L'enjeu de l'IA est ainsi un enjeu d'éducation. On ne peut plus parler d'IA aujourd'hui sans parler d'école.

C'est l'objectif de ce livre que de montrer combien les deux questions, IA et école, vont aujourd'hui de pair et sont étroitement liées. Plus largement ce sont les trois composantes de la cognitique[2] – IA, robotique et neurosciences – qui vont transformer le concept même de l'école. Une éducation qui ignorerait la cognitique serait réduite à l'insignifiance.

Mais avant de parler de l'école, et pour bien appréhender les enjeux de sa refondation, il est nécessaire de comprendre à quoi l'IA va servir, ou plus exactement *qui* elle va servir. Car elle ne sort pas du CNRS ou d'un laboratoire d'une de nos bonnes vieilles institutions. Elle est entre les mains de jeunes gens dont l'ambition, affirmée avec candeur, est de rendre le monde meilleur. À leurs yeux, en tout cas.

---

1. Yuval Noah Harari, *Homo Deus : a Brief History of Tomorrow*, Harvill Secker, 2015.
2. Le C de NBIC.

CHAPITRE 2 :
LES APÔTRES DE L'IA
ET LE NOUVEL ÉVANGILE
TRANSHUMANISTE

L'IA n'est pas un détail de l'Histoire. Ce n'est pas une révolution industrielle comme une autre. C'est l'avenir de l'humanité qui se joue dans ses lignes de code.

La puissance actuelle et à venir de l'informatique permet l'émergence des projets transhumanistes, promettant à l'Homme des pouvoirs quasi illimités. L'Homme devrait pouvoir réaliser ce que seuls les Dieux étaient supposés pouvoir faire : créer la vie, modifier son génome, reprogrammer son cerveau, conquérir le cosmos et euthanasier la mort.

Les grands acteurs et architectes de ce projet sont les leaders entrepreneuriaux à la tête des empires que sont Google, Apple, Facebook, Amazon, les désormais célèbres GAFA, rejoints par Microsoft et de leurs homologues asiatiques, les BATX – Baidu, Alibaba, Tencent et Xiaomi.

Nous sommes les idiots utiles[1] de l'IA

Les consommateurs – nous-mêmes – sont les idiots utiles de l'IA. Nous alimentons la machine numérique de demain, sans en avoir conscience. Nous pensons que le smartphone est le degré ultime de la supériorité technologique de l'Homme, sans comprendre qu'il est en réalité l'outil de sa transformation radicale voire de sa vassalisation.

La matière première de l'IA, c'est l'information. D'où vient-elle ? De nous-mêmes, qui faisons des milliards de recherches Google ou déposons près de 10 milliards d'images sur Facebook. Pour le *deep learning*, l'avalanche d'images et de données qui déferle sur le Web constitue une matière première quasi infinie et qui se renouvelle chaque jour.

Ce sont leurs milliards de clients ou de visiteurs qui donnent aux géants du numérique leur supériorité écrasante. La plupart des grandes applications informatiques sont désormais issues de la recherche en IA.

La surpuissance conférée aux GAFA et aux BATX est la conséquence de la loi de Metcalfe. Totalement inconnu du grand public, Robert Metcalfe est l'un des inventeurs de la norme technique à l'origine du réseau Internet. Il a formalisé au début des années 2000 le fait que la valeur d'un réseau croît de manière exponentielle en fonction du nombre de ses utilisateurs. En d'autres termes, chaque fois qu'un internaute crée son compte Facebook, il augmente considérablement la valeur du réseau[2].

---

1. Lénine se moquait ainsi des bourgeois de gauche qui soutenaient la révolution bolchevique et qui furent balayés dès la chute du tsar.
2. Le coût technique d'un internaute supplémentaire est quasi nul mais son rendement publicitaire est énorme et il permet de mieux éduquer l'IA.

La Chine et la Californie ont gagné la guerre numérique sans tirer une seule balle

L'Europe ne fait aucun lien entre politique industrielle, politique de la protection du consommateur, politique de la privacy, stratégie numérique et droit de la concurrence. Les consommateurs européens sont plutôt bien protégés contre les utilisations de leurs données personnelles qui sont de plus en plus réglementées. Bien évidemment, le droit à l'anonymat est essentiel à l'heure de technologies numériques, qui mettent à nu notre part d'ombre et installent la dictature de la transparence... qui enthousiasme, d'ailleurs, la génération Snapchat.

Chaque État a mis en place sa propre régulation et ses protections contre les atteintes à la vie privée. Cette absence de politique européenne a empêché l'émergence d'une industrie européenne de la data. Parce qu'il n'existe pas d'organisme communautaire unifié de régulation, les différentes CNIL[1] européennes ont favorisé la croissance des plateformes américaines en empêchant la collecte de grandes bases de données en Europe. Les autorités de régulation ont exigé que l'on justifie *a priori* la finalité du recueil de données et des traitements qu'elles opèrent dessus alors qu'avec le *deep learning* on ne peut pas savoir à l'avance l'usage qui en sera fait. L'IA retrouve des corrélations inattendues sur des données qui semblent, *a priori*, inintéressantes : toute restriction du recueil de données handicape donc les opérateurs. Le monde de 2017 ne peut tout simplement pas être régulé comme celui de 1975...

L'Europe agit désormais mais cela aura pour effet paradoxal de renforcer la puissance des GAFA. Le règlement européen GDPR, qui réduit les marges de manœuvre des entreprises en matière de gestion des données, va

---

1. La Commission nationale informatique et libertés est chargée de réguler le monde des bases de données.

accentuer le décalage avec la liberté de manœuvre des entreprises chinoises ou américaines. C'est une chance extraordinaire pour les géants du numérique qui vont prospérer sans aucune concurrence européenne[1]. La commission réalise avec dix ans de retard qu'il n'y a aucun géant du numérique d'origine européenne. Le sujet intéresse peu à Bruxelles : le président de la commission Jean-Claude Juncker a avoué le 30 juin 2017 ne pas avoir de smartphone. Inquiétant. Comment comprendre les enjeux de la société numérique quand on vit dans le passé ? La commission ne réalise pas que le développement des applicatifs numériques et encore plus l'IA nécessitent des bases de données géantes et transversales.

Notre strict droit de la concurrence et la forte et légitime protection des citoyens-consommateurs conduisent à notre vassalisation numérique. Et, contrairement à ce que l'opinion européenne pense, il y a d'énormes barrières à l'entrée dans le monde numérique. Facebook a déjà deux milliards d'utilisateurs réguliers sans même compter ses filiales WhatsApp, Instagram et Messenger : un nouvel acteur européen aurait beaucoup de mal à acquérir une telle puissance.

Ils ont les GAFA, nous avons la CNIL et de sympathiques nains numériques

Nous sommes en déni de réalité : lorsque les leaders européens de la data dépassent 1 milliard d'euros de valorisation – Blablacar, Critéo... –, nous applaudissons sans réaliser que les GAFA se rapprochent chacun des 1 000 milliards de dollars de capitalisation boursière. Nos nains nous feraient presque oublier leurs géants.

Nous devenons une colonie numérique des géants de l'IA et nous tuons dans l'œuf toute chance de créer des GAFA

---

1. Certains spécialistes comme Hindi Rand pensent cependant que le GDPR pourrait offrir certaines opportunités aux start-up européennes.

européens mais nous avons la législation la plus protectrice des consommateurs et de leur intimité du monde entier[1]. L'Europe doit réaliser que les géants du numérique ont pris le pouvoir parce que leur stratégie est excellente et non parce qu'ils trichent. Les GAFA ne sont pas des prédateurs mais des visionnaires.

Il faut regarder cette réalité en face, comprendre qu'il est déraisonnable de regarder les différents droits en silo et mettre en balance niveau de *privacy* et puissance technologique. L'Europe n'ayant que des consommateurs à défendre, alors que les États-Unis et la Chine ont de puissants acteurs industriels, elle étouffe les opérateurs, ce qui exclut l'émergence de licornes européennes. C'est un terrible dilemme : si nous voulions cesser d'être des « crapauds numériques », l'Europe devrait rééquilibrer sa politique en faveur des opérateurs et réduire les droits des consommateurs. Ironie de l'histoire, en matière de reconnaissance des visages, les IA chinoises font désormais la course en tête devant la Silicon Valley : la réglementation de la télésurveillance est particulièrement favorable sur le sol chinois...

Il ne s'agit pas de vanter le modèle Internet chinois, aux mains de la censure du régime, mais de prendre garde à ne pas laisser à nos enfants un avenir bouché. Les bons sentiments ne font pas une politique de puissance et l'IA est la source de tous les pouvoirs au XXIe siècle.

La loi de Metcalfe s'applique aussi à la valeur ajoutée apportée dans l'IA par chaque utilisateur d'un réseau social. Sans le savoir, nous fournissons gratuitement à la machine des informations qui vont l'alimenter et lui donner les moyens de sa surpuissance. Pour mesurer l'enjeu, un chiffre

---

1. À la conférence Vivatech, le président Macron s'est ému en juin 2017 de la fragmentation des législations nationales qui freine le développement des start-up européennes de la data.

suffit : 1 000 milliards de dollars. C'est la valeur marchande annuelle des données personnelles laissées gratuitement par les internautes, selon une étude du Boston Consulting Group.

La rupture AlphaGo

Le jeu de Go est bien plus complexe que les échecs, auxquels Deep Blue d'IBM a terrassé Garry Kasparov en 1997. Le *New York Times* expliquait, à cette époque, que la machine ne saurait jouer au Go avant un siècle ou deux. En octobre 2015, AlphaGo, une IA développée par Deep-Mind, filiale à 100 % de Google, a ridiculisé le champion européen de Go, Fan Hui, par cinq victoires à zéro. C'était la première fois qu'une machine battait un joueur de Go professionnel, exploit que les experts de 2015 n'attendaient pas avant dix ou vingt ans. En mars 2016, la victoire d'AlphaGo sur le Sud-Coréen Lee Sedol, un des trois meilleurs joueurs au jeu de Go, marque une nouvelle étape dans l'histoire de l'IA. Lee Sedol a admis être sans voix devant la puissance de l'IA de Google.

En mai 2017, AlphaGo a écrasé par 3 à 0 Ke Jie, le champion du monde. Plus troublant encore, AlphaGo joue en se reposant sur une machine qui ne comporte que quatre puces électroniques et n'a pas appris à jouer en analysant des parties humaines mais en jouant contre elle-même.

La différence entre le jeu d'échecs et le jeu de Go est que le premier relève d'une logique mathématique, donc rationnelle, alors que le second obéit à une logique intuitive. Il est ainsi relativement facile de faire entrer dans la mémoire d'un ordinateur toutes les combinaisons possibles d'un jeu d'échecs mais beaucoup plus complexe de créer artificiellement l'univers mental du jeu de Go. C'est pour cette raison que la victoire d'AlphaGo a marqué une rupture dans la jeune histoire de l'IA.

Les milliards d'internautes abandonnent aux grands opérateurs du numérique un véritable trésor : leur patrimoine social, économique, émotionnel. Que font ces géants de cette fortune numérique ? Ils créent un nouveau monde : celui de l'Intelligence Artificielle.

Il y a deux IA. L'IA faible[1] et l'IA forte[2]. L'IA faible est limitée au sens où elle effectue ce qu'on lui a appris à faire dans un domaine déterminé. Elle est puissante mais elle reste sous contrôle humain.

L'IA forte serait une intelligence surpuissante et qui, surtout, aurait conscience d'elle-même, conscience au sens humain du terme. Elle pourrait développer son propre projet, échappant ainsi à ses créateurs. Ce n'est heureusement pas pour tout de suite.

L'IA faible, bien qu'inconsciente, est déjà révolutionnaire

L'IA faible est le problème immédiat. Sa dénomination ne doit pas abuser : elle a beau être faible, elle représente un défi considérable pour les humains. La question posée par les économistes et les politiques est en effet de savoir si les robots et l'IA ne vont pas se substituer à l'Homme.

Les plus optimistes font référence au concept de destruction créatrice proposé par l'économiste Schumpeter selon lequel toute rupture technologique entraîne la disparition d'activités anciennes mais en génère d'autres, plus créatrices. De fait, depuis la première révolution industrielle jusqu'à la révolution informatique de la fin du XXᵉ siècle, le principe de Schumpeter s'est toujours vérifié.

Au fil de ces ruptures, nos sociétés sont passées du stade agricole au stade industriel avant d'arriver à l'ère

---

1. Les types 1, 2 et 3.
2. Type 4.

postindustrielle, centrée sur les activités de services. Dès lors, pourquoi la mutation qui s'annonce ne déboucherait-elle pas, à son tour, sur une situation positive ? Il est rassurant de constater qu'il n'y a pas de corrélation entre chômage et robotisation. Les deux pays les plus robotisés du monde sont le Japon et l'Allemagne où règne le plein-emploi. Mais les plus pessimistes font remarquer que ces pays sont confrontés à un terrible choc démographique. En raison de la persistance d'un faible taux de natalité, la population japonaise diminue et l'Allemagne ne va pas tarder à connaître le même sort, malgré l'immigration. En d'autres termes, dans ces pays, les robots ne remplacent pas les travailleurs mais compensent la pénurie de main-d'œuvre. Chaque année 800 000 jeunes Français se présentent sur le marché de l'emploi. Seront-ils mis en concurrence avec les robots dopés à l'IA faible ?

L'inquiétude est d'autant plus réelle que, contrairement à une idée reçue qui se veut rassurante, l'IA ne se substitue pas seulement aux emplois peu qualifiés mais aussi à certains des plus qualifiés dont on pensait que la technicité et la dimension relationnelle relevaient de l'Homme. C'est toute la différence entre la mécanisation et la robotisation.

L'Homme marginalisé
par l'industrialisation de l'intelligence

Par nature, l'IA – même faible – concurrence le cerveau humain. Toute la question est de savoir jusqu'à quel niveau. Potentiellement, il n'y a pas de limite. Capable d'analyser à des vitesses vertigineuses des montagnes de données, l'IA peut remplacer des ingénieurs, des médecins, dans les disciplines les plus pointues. L'IA opérera mieux, conduira mieux, analysera un scanner mieux que nous. Dans certains domaines de la recherche scientifique, comme la génétique du cancer, l'être humain est totalement dépassé quand il n'est pas aidé par l'IA. Le 11 juillet 2017, l'institut Rockfeller de New York[1] a montré que l'IA est mille fois plus rapide qu'un généticien de haut vol pour analyser un même problème, concernant un cancer du cerveau[2]. Mille fois aujourd'hui, un milliard de fois plus rapide en 2030.

« Nous ferons des machines qui raisonnent, pensent et font les choses mieux que nous le pouvons », a déclaré Sergey Brin, cofondateur de Google en 2015.

La crainte d'une substitution de l'homme-travailleur par l'IA n'est pas infondée. Sébastian Thrun, l'inventeur de la Google Car, a déclaré le 5 septembre 2015 dans *The Economist* : « Il va être de plus en plus difficile pour un être humain d'apporter une contribution productive à la société. Les machines pourraient nous dépasser rapidement. Les chauffeurs routiers vont être parmi les premiers à être remplacés par les machines, mais aucune profession n'est à l'abri. »

Pour chaque enfant, l'Éducation nationale doit se poser une question : à l'heure où l'IA est déjà mille fois plus rapide qu'un grand généticien du cancer, que dois-je faire de toi et où dois-je te mener ?

Une certitude doit nous guider : imaginer que l'IA n'est qu'une mode serait une grave erreur. Il n'y a pas de retour en arrière possible.

Pourquoi l'IA n'est déjà plus un choix, mais le sens de l'Histoire

Regardée de façon goguenarde comme un fantasme par les spécialistes patentés il y a encore vingt ans, l'IA n'est pas seulement devenue une technologie nouvelle qui s'épanouit

---

1. Neurology Genetics.
2. Un glioblastome, en l'occurrence. La plus terrible des tumeurs cérébrales.

avec une extraordinaire rapidité. Les racines dont elle se nourrit se sont diffusées de façon foudroyante dans le monde entier, tel un baobab monstrueux prenant possession de façon autoritaire de la terre qui l'entoure. Il faut comprendre que l'IA n'est déjà plus une option que l'on pourrait choisir de décocher, un interrupteur que nous aurions encore le loisir d'éteindre. Elle est devenue indispensable. Tout le monde est accro – sans forcément s'en rendre compte – en regardant cent cinquante fois par jour son smartphone. D'ailleurs, il existe un droit élémentaire à la connexion comme il existe un droit à l'électricité. Les opérateurs ne peuvent pas couper brutalement un client insolvable mais seulement réduire son débit, comme un fournisseur d'électricité doit en assurer une fourniture minimale.

Le processus que la société a connu lors des précédentes révolutions industrielles se répète : la machine à vapeur, le chemin de fer ou l'électricité ont rapidement constitué les nouvelles bases de l'économie et de la société. Revenir en arrière aurait été très difficile et même impensable : la main-d'œuvre des campagnes avait été chassée et la machine remplaçait puissamment ces armées de journaliers ; on avait pris l'habitude de s'éclairer différemment, et le retour à la chandelle aurait été douloureux ; la vitesse de transport a rapproché les territoires et rendu par comparaison la traditionnelle malle de poste d'un inconfort inacceptable. Abandonner l'IA aujourd'hui, ce serait abandonner son smartphone, bloquer Internet, affaiblir la recherche, handicaper des pans entiers de l'économie... Notre civilisation repose d'ores et déjà sur l'IA. Et chaque jour qui passe accroît cette dépendance.

Si l'IA se développe si rapidement, c'est qu'elle a bénéficié d'un puissant effet boule de neige. L'explosion de la production de données dans le monde rend l'IA indispensable. Or ces tombereaux de données sont précisément ce dont l'IA avait besoin pour s'éduquer ! Plus l'IA progresse, meilleure elle est face aux données, ce qui en retour la renforce. Imparable spirale qui est en train d'emmener l'IA au-delà de notre cerveau.

La bulle de l'Intelligence Artificielle

Avec les superbes réussites du *deep learning* (voiture sans chauffeur, jeu de Go, diagnostic des cancers...), une ruée vers l'or de l'IA a saisi l'industrie informatique. Les Anglos-Saxons parlent de « AI Washing » pour se moquer des start-up banales qui prétendent faire de l'Intelligence Artificielle pour valoir plus cher. Les jeunes créateurs d'entreprises ne veulent, sous aucun prétexte, rater cette fièvre spéculative. Les bulles sont indispensables pour financer les révolutions technologiques. La bulle des chemins de fer a certes ruiné bien des investisseurs américains au XIXe siècle, mais elle a permis de bâtir le réseau ferré. La bulle de l'Internet en 2000 a ruiné de nombreux épargnants crédules, mais a permis de faire émerger l'infrastructure numérique. Les bulles construisent le futur au détriment des pigeons. Pour l'avenir de vos enfants, conseillez à vos amis d'investir dans l'IA... mais pour l'avenir de votre patrimoine, soyez plus conservateur.

La cause de notre dépendance à l'IA ne réside pas seulement dans notre appétit insatiable pour des services sans cesse plus performants. Nous dépendons aussi de l'IA car le monde créé par elle n'est lisible et contrôlable que par elle. Une mécanique imparable est amorcée par le véritable « datanami » – le tsunami de données – qui déferle sur le monde. Avec le développement de l'Internet des objets, nous produisons des quantités inimaginables de données. Une aile du nouvel Airbus A380 comporte mille capteurs électroniques... Ces données ne peuvent être traitées que grâce à l'utilisation de l'IA. Ce tsunami de données, en retour, est la nourriture qui permet à l'IA de devenir plus puissante de jour en jour, et d'accroître la valeur de ses analyses. En 2020, l'humanité produira 1 000 milliards de milliards de données numériques chaque semaine. Chaque voiture sans chauffeur produit 7 000 milliards d'informations par jour. Dans un monde qui produit et a besoin de l'exploitation de toutes ces données, nous devons utiliser toujours plus d'IA. La nouvelle équation du futur c'est qu'on ne peut maîtriser l'IA qu'avec de l'IA.

Internet est depuis longtemps trop grand pour qu'un simple « catalogue des sites », comme il en existait au début de son histoire, puisse être possible. Plus le Web grandit, plus il nous faudra des IA performantes pour que nous puissions y trouver ce que nous cherchons.

À chaque problème, un peu plus d'IA

Bill Gates estime qu'un nouveau virus pourrait tuer 30 millions d'êtres humains, la première année. Face à une telle menace, seule l'IA pourrait trouver rapidement une solution. D'ailleurs, la grande revue scientifique *Science* expliquait le 6 juillet 2017 qu'une équipe de chercheurs canadiens avaient réussi à fabriquer une souche éteinte du virus de la variole, en commandant *via* Internet des produits biologiques, avec un budget de 100 000 dollars. Un budget minuscule quand on sait que la variole a tué, dans l'Histoire, des centaines de millions d'êtres humains et que les souches produites seraient résistantes au stock de vaccins existants[1].

---

1. La France possède de quoi vacciner les gens qui sont nés après l'éradication de la maladie, et donc la fin de la vaccination obligatoire. Mais le vaccin ne protégerait pas contre des souches modifiées. Bien sûr, les bioterroristes ne diffuseraient pas des souches sensibles aux stocks de vaccins.

IA des gendarmes contre IA des voleurs

La sécurité informatique est devenue angoissante pour la plupart des entreprises et des États. On ne compte plus les grandes institutions des sociétés développées, comme le NHS (National Health Service) britannique, qui ont subi de graves intrusions. Or, il n'y a qu'une façon d'améliorer la sécurité de l'écosystème numérique mondial sur lequel notre société repose : encore et toujours plus d'IA. En matière de sécurité, il est désormais évident que seule l'IA peut nous protéger contre des attaques ultra-sophistiquées. Par exemple, l'argent étant presque exclusivement numérique, chaque banque affronte des millions d'attaques par jour qu'aucune équipe humaine ne pourrait même compter. La sécurité bancaire passera par une guerre permanente entre les IA des banquiers et celles des hackers. De la même façon, Google a annoncé en juillet 2017 que l'IA dépistait mieux que les humains les vidéos extrémistes postées sur sa filiale YouTube.

Gaspard Koenig explique que le volume de textes juridiques est tel que seule une IA va pouvoir gérer un droit constitué de quatre mille lois. Le juge lui-même sera demain assisté par l'IA[1].

Enfin, les erreurs humaines sont de moins en moins bien acceptées. Le grave accident informatique qu'a subi British Airways au printemps 2017 était dû à l'erreur d'un technicien : la recommandation d'automatiser davantage les processus a été naturelle. L'homme est rapidement perçu comme le maillon faible face à l'IA. Comme le dit fort justement Yann Le Cun : « Nous allons vite nous apercevoir que l'intelligence humaine est limitée. »

Seule l'IA peut certifier le réel

Les premières vidéos produites entièrement par une IA et mettant en scène le président Obama prononçant un discours

---

1. Laurent Alexandre et Olivier Babeau, « Confions la justice à l'Intelligence Artificielle », *Les Échos*, 16 septembre 2016.

qui n'a jamais existé ont été présentées en juillet 2017. Il est impossible pour un cerveau humain de différencier le vrai et le faux : c'est l'IA qui nous protégera contre les manipulations. Seule l'IA pourra en analysant mathématiquement les vidéos affirmer si c'est bien le président qui déclare une guerre ou si c'est une manipulation menée par un hacker ou plus tard par une IA forte maligne. De même, les premières IA capables de parfaitement imiter la voix humaine sont disponibles : disposant du contenu de nos smartphones, une IA pourrait se faire passer pour un de nos proches demandant, par exemple, un virement[1]. Devant le déferlement des *fake news* accusés d'avoir manipulé la campagne électorale américaine, Facebook a accepté de contrôler la réalité des informations relayées sur son réseau grâce à une IA spécialement dédiée. Bientôt, c'est elle qui décidera ce qui est vrai et ce qui est faux. Cela pose un énorme problème de sécurité à long terme : nous voyons le monde au travers des yeux de l'IA. La complexité de l'IA exclut qu'elle soit évaluée par un cerveau humain : seule l'IA peut surveiller et évaluer une IA. On ne va pas plus challenger un algorithme avec notre bon sens qu'on ne peut construire un A380 avec une boîte de mécano.

L'IA qui naît va concurrencer de nombreuses activités humaines. L'obsolescence du cerveau actuel devient plus qu'une crainte : une évidence.

Dans ce monde où quantité de données et IA se font mutuellement la courte échelle, le cerveau humain est déjà distancé. Il le sera de plus en plus. Pour nous mettre à la hauteur, nous devrons emprunter des bribes d'IA pour en barder notre cerveau. Avec des techniques invasives – c'est-à-dire pénétrant dans notre cerveau – ou non invasives : le débat éthique et philosophique ne fait que commencer.

---

1. L'IA pourra même faire allusion au dernier dîner de famille pour rendre crédible sa demande.

La Silicon Valley travaille activement à développer ces technologies.

Les milliardaires qui accélèrent la course à l'IA

Certains acteurs de la révolution de l'IA font le constat du dépassement du cerveau humain. Et l'assument sans complexe. Ils se placent explicitement dans la perspective de l'effacement de l'intelligence humaine au profit de l'Intelligence Artificielle.

Selon Ray Kurzweil – le gourou du transhumanisme chez Google –, une authentique IA dotée d'une conscience écrasant l'intelligence humaine devrait émerger dès 2045 et serait un milliard de fois plus puissante que la réunion de tous les cerveaux humains.

L'élément déterminant de cette mutation, le cœur du projet transhumaniste, est l'interfaçage de l'Intelligence Artificielle avec nos cerveaux, qui ne seront plus finalement que des supplétifs de l'IA.

En quelques décennies, Google aura transformé l'humanité : « Dans environ quinze ans, Google fournira des réponses à vos questions avant même que vous ne les posiez. Google vous connaîtra mieux que votre compagne ou compagnon, mieux que vous même probablement », a fièrement déclaré Ray Kurzweil, lequel est également persuadé que l'on pourra transférer notre mémoire et notre conscience dans des microprocesseurs dès 2045, ce qui permettrait à notre esprit de survivre à notre mort biologique. L'informatique et la neurologie ne feraient qu'un.

Pour ses détracteurs, Kurzweil est tout simplement un idéologue. Mais les idéologues transhumanistes ont les moyens – financiers et technologiques – de favoriser la substitution de l'intelligence biologique par l'Intelligence Artificielle.

Science-fiction ou danger sérieux ? Faut-il croire les transhumanistes avec leur obsession de l'immortalité, de l'homme augmenté, du cyber-humain ? En tout cas, les gourous de la Silicon Valley ont non seulement les moyens de leurs ambitions mais sont en plus habités d'une conviction messianique : leur mission est de sauver l'humanité, même si, aux yeux des bioconservateurs, ils la conduisent à sa perte.

Comment ces géants préparent-ils cet avenir radieusement terrifiant ? En utilisant les neurosciences afin de modifier notre cerveau.

Un tournant dans l'histoire de notre cerveau

Mark Zuckerberg a annoncé que le modèle économique de Facebook allait être bouleversé. À l'avenir, plus besoin d'ordinateur ou de smartphone pour se connecter à ses amis du bout du monde ou du coin de la rue. Les utilisateurs du réseau social communiqueront directement de cerveau à cerveau par l'intermédiaire de casques télépathiques.

Dans cette perspective, Facebook a présenté, en avril 2017, ses projets dans le domaine de l'interface neuronale, visant à connecter directement le cerveau à un système informatique. L'objectif est de pousser l'interface homme-machine à son maximum. Il existe déjà des systèmes permettant aux patients souffrant de paralysie sévère d'écrire par la pensée. Une vidéo d'une patiente déjà capable d'écrire huit mots par minute a été donnée en exemple. Le système lui permet de déplacer un curseur sur un clavier numérique et de « cliquer » mentalement sur les lettres appropriées.

L'objectif de Marck Zuckerberg est plus ambitieux. Avec ses casques cérébraux, chacun d'entre nous devrait être capable d'écrire et de transmettre à la vitesse de cent mots par minute – soit six mille à l'heure –, ce qui serait cinq fois supérieur à la vitesse moyenne d'écriture sur un smart-phone. L'entrée fracassante de Mark Zuckerberg sur ce créneau change radicalement le paysage. Il affirme que sa société présentera dès 2019 les premiers prototypes. La mise au point d'appareils de télépathie par Facebook serait une révolution pour le monde du travail et l'école. Ces appareils permettront de transférer des informations d'humain à humain, ou d'humain à ordinateur. La trans-mission du savoir et l'organisation des métiers serait bou-leversée par cette nouvelle façon de communiquer plus rapidement et à distance. Selon Regina Dugan, la patronne des projets « télépathie » chez Facebook : « Il pourrait être possible pour moi de penser en mandarin et pour vous de ressentir immédiatement en espagnol. » Fort des 2 milliards et demi d'utilisateurs de Facebook-Messenger-Instagram-WhatsApp, les appareils de télépathie de Mark Zuckerberg se diffuseront comme un feu de forêt, obligeant à refonder l'enseignement. Grâce à une puissante Intelligence Arti-ficielle, ces appareils liront littéralement dans notre cer-veau, bouleversant les méthodes éducatives. Il faudra faire entrer à l'école des spécialistes des neurosciences, puisque l'enseignant du futur sera fondamentalement un « neuro-culteur », c'est-à-dire un cultivateur de cerveaux. Victor Hugo en avait déjà l'intuition lorsqu'il expliquait que les maîtres d'école sont les jardiniers de l'intelligence humaine.

L'introduction des appareils de Facebook améliorera certes les techniques éducatives mais exigera parallèlement une réflexion neuroéthique approfondie : l'école ne doit pas devenir une institution neuromanipulatrice. D'ailleurs, le groupe de Mark Zuckerberg affirme déjà que Facebook ne lira dans vos pensées qu'avec votre consentement[1].

---

1. En pénétrant le cerveau, la science fait perdre à l'individu son dernier domaine d'intimité. Jusqu'où peut-on connaître les pensées de quelqu'un sans son accord, même pour des raisons médicales ou de sécurité ? Qui aura le droit

Les technologies de lecture du cerveau pourront aussi servir à actionner des objets à distance. Demain, il sera possible de commander par la pensée l'extinction des lumières, l'augmentation du chauffage ou la fermeture des volets. Certains craignent que cette télépathie 2.0 conduise à la pensée unique au sens propre du terme, parce que la pensée sera orientée, prédéfinie, calibrée par les ordinateurs. À l'opposé les optimistes imaginent une nouvelle ère de la communication humaine, permettant une explosion de la créativité.

Dans tous les cas, les métiers liés à la pensée et à la réflexion – écrivains, philosophes, journalistes – sont condamnés à muter radicalement.

Marc Zuckerberg n'est pas seul à développer les neurotechnologies. Elon Musk, le mirobolant milliardaire, connu pour être le créateur de Tesla, la première entreprise cherchant à développer la voiture autonome, de PayPal, des fusées Space X, de Boring et des trains supersoniques Hyperloop, mais aussi comme celui qui veut coloniser Mars, est dans la même mouvance.

Musk a annoncé, en mars 2017, la création de Neuralink, une société destinée à augmenter nos capacités cérébrales grâce à l'implantation, dans nos cerveaux, de minuscules composants électroniques entrelacés avec nos 86 milliards de neurones, ce qui ferait de nous des cyborgs. Il estime que « d'ici à cinq ans, son équipe sera capable de connecter les neurones humains à de

---

d'accès à ces données ? De nouvelles règles seront à inventer. La liberté individuelle sera menacée de tous côtés. Les groupes de pressions se battront pour prendre le contrôle des cerveaux : non seulement la famille, mais aussi les communautés religieuses, les groupes d'intérêt, les cercles d'appartenances culturelles, et surtout les États. Quelle sera la marge de liberté laissée aux individus ? Le problème se posera en particulier pour les plus jeunes ; le cerveau sera bâti sur les directives et sous le contrôle des parents – un contrôle qui devra théoriquement prendre fin quand l'enfant grandit... Qui aura le droit de décider pour les enfants, et jusqu'à quel point ? Le problème des droits de l'enfant deviendra plus actuel que jamais.

l'Intelligence Artificielle pour traiter les maladies neurodégénératives et fournir à une nouvelle génération d'hommes augmentés de meilleures performances intellectuelles et des capacités de mémorisation accrues[1] ». Il a d'ores et déjà embauché les meilleurs spécialistes mondiaux des neurotechnologies.

Elon Musk entend développer les implants destinés à augmenter l'Homme car c'est, selon lui, la seule planche de salut de notre espèce. Il considère que l'IA forte est l'ennemie de l'Homme, lequel doit donc se renforcer. L'augmentation de nos capacités intellectuelles par ces futurs implants serait le seul moyen de lutter contre la méchante et puissante IA qui, dans cet univers du XXIe siècle, tiendrait le rôle de Dark Vador. Elon Musk a déclaré en juin 2016 : « Il est urgent d'hybrider notre cerveau avec des puces électroniques avant que l'IA ne nous transforme en animaux domestiques. Les plus gentils d'entre nous seront nourris par l'IA comme nous nourrissons nos labradors. » Le 6 juin 2017, après la publication d'une étude prévoyant que l'IA dépasserait l'Homme en 2060, Musk a twitté : « Ce sera plutôt 2030 ou 2040. » Des déclarations bien peu réjouissantes.

Le fondateur de Tesla est-il un illuminé dont on rira dans trente ans ou le Henry Ford de la nouvelle révolution industrielle qui changera le monde et l'humanité ? Difficile à dire, mais il fait déjà des émules. Un autre industriel, Bryan Johnson, a par exemple fondé Kernell, une société dont l'objectif est également de hacker notre cerveau. Et l'armée américaine a lancé *via* la DARPA un ambitieux programme de prothèses cérébrales.

---

1. Le journal *Nature Nanotechnologie* note qu'un « dispositif expérimental submicronique a été directement injecté dans le cerveau de souris et colonisé par les cellules neuronales. Appliquées au cerveau humain, ces interfaces pourraient permettre par exemple de sauvegarder nos souvenirs sur un disque dur externe » comme on augmente la mémoire d'un ordinateur.

À la veille de la révolution neurotechnologique, le débat politique s'en tient aux détails secondaires. En matière d'éducation, il est en décalage complet avec les enjeux de la reconversion sociale pour faire face au tsunami technologique. On a vu, par exemple, présenter le retour de l'uniforme à l'école comme un marqueur fort d'une vision éducative attachée à l'école de Jules Ferry. À l'heure de l'Intelligence Artificielle et des nouvelles technologies de transmission de l'information par télépathie, la question est pourtant dérisoire.

Philosophes pessimistes contre technologues enchanteurs

Les philosophes des Lumières du XVIIIe siècle décrivaient un bel avenir, affranchi du poids de la religion, plein de promesses. Demain serait beau : plus libre, plus moderne, plus éthique. À l'inverse, les informaticiens qui sont apparus à partir de 1950 ont toujours eu la réputation d'être des geeks polarisés, suspectés – parfois à tort – d'être des autistes de type Asperger. À partir des années 1980, les rôles se sont inversés. Les informaticiens sont devenus porteurs d'un discours enchanteur, magnifiant les pouvoirs futurs de l'Homme. Nous deviendrions immortels, nous coloniserions le Cosmos, nous déchiffrerions notre cerveau.

Grâce à l'Intelligence Artificielle, nous maîtriserions notre avenir au lieu d'être les jouets de la sélection darwinienne aveugle et incontrôlable. Les jeunes géants du numérique ont fait émerger ce discours prométhéen[1]. Selon eux, l'humanité ne devrait avoir aucun scrupule à utiliser toutes les possibilités offertes par la science pour faire de l'Homme un être en perpétuelle évolution, perfectible jour après jour par lui-même. L'Homme du futur serait ainsi

---

1. Que l'on qualifie de transhumaniste.

comme un site Web, à tout jamais une « version béta », voué à se perfectionner en continu. Nos cellules et nos cerveaux seraient mis à jour en permanence tels une App de nos smartphones.

Les contre-pouvoirs sont inaudibles

De fait, les transgressions sont de plus en plus spectaculaires mais la société les adopte avec une facilité croissante : la plupart d'entre nous accepteront cette biorévolution pour moins vieillir, moins souffrir et moins mourir ! Face à l'idéologie transhumaniste, qui a le vent en poupe, des contre-pouvoirs seraient nécessaires. Hélas, face aux géants du numérique qui nous proposent un avenir fantasmagorique, optimiste et enchanteur, la majorité de nos philosophes se sont arrêtés au programme de Normale Sup de 1965 et sont entrés en pleine régression. Ils ont peur de tout : de l'islam, des étrangers, des grandes surfaces, de la mondialisation, du commerce international, des technologies NBIC. Alain Finkielkraut explique avec des trémolos dans la voix que le Web est la pire malédiction qu'ait connue l'humanité. Il est persuadé que les générations d'internautes sont maudites : « Je n'ai aucune confiance dans les *digital natives*. Ou plutôt, je pense à eux avec un sentiment d'inquiétude et de compassion. » Michel Onfray joue les marchands de peur tandis que Natacha Polony – journaliste-philosophe – veut nous ramener en 1950, un peu avant Poujade. Cette fascination morbide pour un passé qui n'était pas si gai[1], quand beaucoup de nos intellectuels faisaient les louanges de tous les tortionnaires, de Staline à Mao puis de Castro à Pol Pot, interpelle. Nous ne pouvons pas laisser nos enfants face à ce tourbillon de pessimisme : les philosophes de la fermeture et de la peur des nouveautés devraient être cantonnés aux clubs pour personnes âgées, à qui ils parleront du temps béni de l'après-guerre, lorsqu'ils étaient jeunes.

---

1. Un seul chiffre : au XIXe siècle 35 % des enfants d'Europe du Nord mouraient avant l'âge de cinq ans.

Le discours philosophique actuel : « Il ne faut pas être immortel, accepte d'aller en maison pour personnes âgées dépendantes, il ne faut pas augmenter son cerveau, il ne faut pas choisir son bébé à la carte... » aura moins d'écho chez la jeune génération que le discours d'Elon Musk sur la conquête de Mars !

Les bioconservateurs se battent sur des sujets annexes principalement liés à l'évolution des mœurs, comme le mariage gay. En revanche, ils n'interviennent jamais sur les sujets neuroéthiques, qui sont pourtant beaucoup plus pertinents. Certains bioconservateurs de gauche, comme le philosophe Miguel Benasayag, réclament de mettre l'avenir entre parenthèses, c'est-à-dire de bloquer les technologies NBIC.

Aux nouvelles générations, il est préférable d'inculquer un goût du futur, sans cacher les difficultés qu'elles devront affronter. Il leur faudra apprendre à gérer le pouvoir démiurgique que les technologies NBIC vont nous donner : être des Dieux technologiques, ce n'est pas rien ! Préserver notre humanité tout en assumant notre pouvoir immense sur nos cellules, nos neurones et nos chromosomes suppose de nouvelles grilles de lecture du monde. Bien éloignés des philosophes desséchés qui veulent revenir au pigeon-voyageur, des penseurs des NBIC se penchent déjà sur ces questions : Luc Ferry, Pascal Picq, Nicolas Miailhe, Cynthia Fleury, Nicolas Bouzou, Guy Vallancien...

Le moment transhumaniste

La montée du transhumanisme est une réalité. Force est de constater que nous ne sommes pas préparés à ce qui est un véritable changement de civilisation que l'incontournable Ray Kurzweil résume ainsi : « Dès les années 2030, nous allons, grâce à l'hybridation de nos cerveaux avec des nano-composants électroniques, disposer d'un pouvoir démiurgique. » Le gourou de Google fait rarement dans la nuance. Qui aura ce pouvoir ? L'Homme ou l'IA ? La question se pose en effet, de savoir, si à la manière du monstre du docteur Frankenstein et selon les théories de Musk, la créature va échapper ou non à son créateur et lui être hostile.

Les transhumanistes n'ont aucune réticence à promouvoir des IA fortes. « La vitesse d'évolution de l'Intelligence Artificielle est tellement rapide que nous entrerons très vite dans la phase de remplacement de l'Homme par l'Intelligence Artificielle. Certains prospectivistes et économistes affirment cependant qu'il n'y a aucun doute que l'Intelligence Artificielle sera complémentaire de l'homme pour l'augmenter... En réalité, il n'y a aucune limite au développement de l'Intelligence Artificielle. Tout ce que nous permet de faire notre cerveau pourra être fait par l'Intelligence Artificielle. Notre intelligence sera challengée par l'Intelligence Artificielle qui modélisera toutes ses capacités sans exception », estime Stéphane Mallard, « évangéliste numérique » très médiatisé. On ne saurait mieux décrire le projet transhumaniste.

Au moment où le cerveau humain commence à peine à se comprendre, il doit déjà affronter la tornade de l'IA.

L'Homme 2.0 ou la mort des limites

L'Homme se construit sur ses limites, ses faiblesses et l'inéluctabilité de la mort. Dépassant ce fatalisme, les transhumanistes veulent supprimer toutes les limites de l'humanité et démanteler tous les impossibles grâce aux technologies NBIC, dont le potentiel croît de manière exponentielle. La mort de la mort, l'augmentation des capacités humaines, la fabrication d'Intelligences Artificielles, la création de la vie en éprouvette et la colonisation du cosmos sont les cinq premiers objectifs de ce mouvement qui promeut l'Homme 2.0, ou Homme-Dieu.

Le mois de septembre 2016 a marqué une accélération de la montée en puissance des transhumanistes de la côte Ouest des États-Unis. Le 20 septembre, Microsoft a présenté un plan pour vaincre le cancer avant 2026. Mark Zuckerberg, le fondateur de Facebook, a annoncé, le 21 septembre, un premier financement de 3 milliards de dollars (2,7 milliards d'euros) pour éradiquer la totalité des maladies avant 2100, grâce à des outils révolutionnaires. Le 27 septembre 2016, la naissance du premier bébé doté de trois parents génétiques était annoncée. Le lendemain, les géants américains du numérique ont créé une organisation, Partnership on Artificial Intelligence, destinée à favoriser l'acceptation de l'Intelligence Artificielle par le grand public. Le même jour, Elon Musk, a précisé son programme de colonisation martienne, qui devrait commencer par l'arrivée de cent colons, en 2024[1], pour atteindre 1 million d'habitants sur Mars au cours du XXIe siècle. Le 29 septembre, Microsoft annonçait la création d'une unité géante de recherche sur l'Intelligence Artificielle riche de cinq mille chercheurs et ingénieurs.

La Silicon Valley et, au-delà, l'ensemble des géants du numérique deviennent les bras armés d'une stratégie visant à rendre l'Homme maître de sa propre nature. Cette redistribution des cartes est inattendue. Qui aurait imaginé, il y a dix ans, que Microsoft viserait à éradiquer le cancer, que Google voudrait euthanasier la mort, Facebook supprimer toutes les maladies humaines et qu'Amazon lancerait le projet « 1492 » pour révolutionner l'organisation médicale ? Des projets révolutionnaires sont également dans les cartons des BATX en Chine.

Les États européens restent muets et tétanisés devant tant d'audace. Aucun institut de recherche européen ne peut lutter contre les immenses moyens des géants du numérique : les transhumanistes ont des moyens quasi illimités.

---

1. Les difficultés de mise au point du moteur « Raptor » pourraient retarder cette échéance.

Certains transhumanistes veulent aller plus loin encore. Comment pourra-t-on être vraiment éternels dans un univers qui a eu un début, il y a 13,7 milliards d'années, et qui aura une fin ? La mort du cosmos serait-elle alors l'ultime frontière du genre humain ? Dans un livre saisissant, *The Beginning and the End*[1], Clément Vidal développe cette théorie étourdissante : l'univers n'est peut-être que la production d'une entité hyper-intelligente qui aurait connu un parcours semblable à l'humanité, accédant à l'immortalité, et aurait recréé un univers lorsque le sien avait fini son temps... À notre tour, quand notre système solaire, puis la galaxie et enfin l'univers arriveront à leur terme, certains transhumanistes pensent que nous aurons atteint un stade de développement technologique qui nous permettra de survivre en créant un nouvel univers.

Bien plus qu'une révolution économique qui bouleverse les industries traditionnelles, la volonté de doter l'Homme de pouvoirs démiurgiques vertigineux est en rupture radicale avec l'idéologie judéo-chrétienne qui fonde la société européenne. Comme le dit Luc Ferry, le transhumanisme est un matérialisme qui assimile l'humain biologique à une machine que l'on peut réparer et augmenter. En ce sens, il organise un changement de civilisation.

Nos sociétés n'ont pas cru à ce tsunami technologique et ne s'y sont pas préparées. La gouvernance et la régulation des géants du numérique et des technologies NBIC qu'ils sont presque seuls à maîtriser sont des enjeux politiques cruciaux. Et il est déjà bien tard pour réguler ce tohu-bohu idéologico-technologique dont aucun homme politique ne parle.

---

1. Vidal Clément, *The Beginning and the End : the Meaning of Life from a Cosmological Perspective*, Springer, 2014.

Faust 2.0 : Hâter la mort de la mort nous met en danger de mort

Dans un livre à succès, *Homo Deus*, Yuval Noah Harari écrit que les progrès de la science contre le vieillissement n'iront pas assez vite pour épargner la mort aux deux fondateurs de Google, Larry Page et Sergey Brin. Yuval Noah Harari considère notamment que Calico, la société créée par Google pour euthanasier la mort, ne fait pas assez de progrès pour que les dirigeants de Google deviennent immortels. Une remarque que Brin lui-même a commentée devant sa compagne après avoir lu *Homo Deus* par une phrase qui laisse apparaître son ambition : « Oui, j'ai été programmé pour mourir, mais non, je ne prévois pas de mourir... »

L'abolition de la mort constitue l'un des objectifs affichés de ces milliardaires. Cette quête de l'immortalité est un facteur d'accélération de la montée en puissance de l'IA car combattre la mort en nécessitera beaucoup. L'idéologie transhumaniste est une sorte de pousse-au-crime dans le développement de l'IA forte, celle que Musk juge justement dangereuse. La fièvre prométhéenne des grands milliardaires courant après leur propre immortalité constitue le carburant par excellence de la progression de l'IA. Sergey Brin aurait dit à propos de la volonté de Musk de réguler l'IA : « Il veut m'empêcher d'être immortel...[1] »

Pour régler de grands problèmes, fabriquer une IA forte est très tentant

Demis Hassabis est absolument inconnu du grand public. Pourtant, il est le leader mondial de l'IA : c'est sa société DeepMind, rachetée par Google, qui est désormais champion

---

1. Les dirigeants de Google et Elon Musk sont restés fâchés plusieurs mois.

de Go et à la pointe en recherche médicale. Il résume le dilemme de l'humanité en quelques mots : « L'IA va nous aider à faire des bonds inimaginables dans notre compréhension du monde... mais seulement si nous autorisons les algorithmes à apprendre par eux-mêmes[1].» Si nous voulons vaincre la mort, la maladie, il faudra permettre à l'IA de penser autrement et d'explorer le monde avec d'autres schémas cognitifs que les nôtres. Autrement dit, il faudra accepter que l'IA devienne forte. Et donc potentiellement hostile.

Il est convaincu de diriger le «programme Apollo du XXIe siècle» et que AlphaGo-DeepMind, qui ne se consacre plus au jeu de Go, va révolutionner la science. Il explique : « Cancer, climat, énergie, génomique, macroéconomie, systèmes financiers, physique : ces systèmes... deviennent si complexes. Cela devient difficile, même pour les humains les plus intelligents, de maîtriser ces sujets en une vie entière.» L'IA forte travaillera en tandem avec des experts humains. Demis Hassabis est très clair, l'IA réglera les grands problèmes de l'humanité à condition que nous ne soyons pas castrateurs en exigeant qu'elle pense comme nous.

Pour Hassabis, l'IA doit cesser d'être de l'intelligence humaine en boîte : nous devons la libérer.

Le schéma ci-après résume le cercle – vicieux ou vertueux, selon la perspective – de montée en puissance de l'IA. L'une de ses conséquences les plus notables est un rapide déplacement du centre de gravité du pouvoir politique.

---

1. *Financial Times*, 22 et 23 avril 2017.

L'ENGRENAGE NEUROTECHNOLOGIQUE : POURQUOI L'IA EST UN CHEMIN À SENS UNIQUE

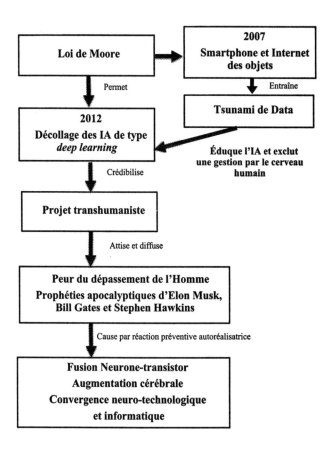

Qui construit et possède vraiment notre futur ?

La conséquence la plus troublante de l'engrenage neuro-technologique est qu'il se traduit par un transfert radical quoique silencieux du pouvoir politique. Si le développement de l'IA conduit à développer des implants cérébraux pour nous mettre à la hauteur, cela changera radicalement la politique et notre humanité.

Jamais l'humanité n'aura été confrontée à des défis plus grands. Orienter notre destin à long terme devient la tâche politique la plus cruciale. Mais la révolution NBIC qui va radicalement changer notre civilisation s'invente sur les bords du Pacifique, à l'initiative des géants du numérique américains et des dirigeants chinois qui pilotent la stratégie des BATX.

Naguère maîtres des horloges, nos gouvernements sont tétanisés face à ces nouveaux acteurs qui inventent le futur : au sommet de l'État, l'analphabétisme technologique est la règle. Explosives, les technologies NBIC justifieraient une réinvention du rôle régulateur de l'État.

La fragmentation du pouvoir politique s'accentue avec l'émergence d'un acteur porteur d'une vision à très long terme, le « philanthro-capitalisme ». Il associe le professionnalisme des grands capitaines d'industrie et une vision messianique promouvant la médecine et la science. Bill Gates et l'homme d'affaires Warren Buffett ont déshérité leurs enfants pour réaliser une couverture vaccinale en Afrique jusqu'alors jugée impossible. Paul Allen, le cofondateur de Microsoft, a industrialisé la génétique du cerveau. En novembre 2016, Mark Zuckerberg a annoncé qu'il consacrerait 99 % de sa fortune à promouvoir l'éducation personnalisée, les innovations médicales et l'égalité sociale. Elon Musk a lancé une fondation destinée à développer l'Intelligence Artificielle.

Faute de comprendre ces évolutions, l'État laisse la technologie et ses penseurs structurer la société. Insensiblement, le centre de gravité du pouvoir se déplace, puisque la technologie est plus forte que la loi. Face à la déferlante de la Silicon Valley, l'État est sidéré et piétine. Il est urgent de rénover le pilotage démocratique, de plus en plus prisonnier de la tyrannie du court terme, qui se révèle incapable de penser la révolution NBIC. L'impuissance politique conduira inéluctablement à une demande croissante d'autoritarisme. Selon un sondage réalisé pour le site Atlantico en 2016, 67 % des Français souhaitent que la direction du pays soit confiée à des experts non élus, et 40 % seraient favorables à un pouvoir politique autoritaire. En pratique, il est indéniable que le pouvoir politique est de moins en moins aux mains des élus.

La fusion de la technologie et de la loi

« *Code is law* », expliquait dès l'année 2000 Lawrence Lessig, professeur à Harvard. « Le logiciel dévore le monde », ajoutait en 2011 Marc Andressen, le créateur de Mosaic et de Netscape, les deux premiers navigateurs Internet. Ces deux penseurs de la société digitale ont vite compris que les systèmes experts allaient contrôler tous les aspects de la vie des citoyens, y compris leur rapport à la loi et à la politique.

Les milliardaires des plateformes numériques bâtissent la vraie loi

L'essentiel des règles n'émane plus du Parlement mais des plateformes numériques. Que pèsent, en effet, nos lois sur les médias par rapport aux règles de filtrage de l'Intelligence Artificielle (IA) de Google et Facebook ? Que pèse le droit de la concurrence face à l'IA d'Amazon[1] ? Que pèsera demain le code de la santé publique face aux algorithmes de Deepmind-Google ou de Baïdu, qui progressent à pas de géants en IA médicale ? La loi va devoir se réinventer pour encadrer l'IA et donc notre vie. La gouvernance, la régulation et la police des plateformes d'IA vont devenir l'essentiel du travail parlementaire.

Il est clair que les géants de l'IA sont en train de bâtir des écosystèmes autour d'un « robinet à IA » qu'ils verrouillent. Par ailleurs, l'optimisation de l'IA nécessite des microprocesseurs particuliers dont ils ont intégré la conception[2].

Nous pourrions ainsi nous diriger vers un oligopole d'une dizaine de sociétés américaines et chinoises contrôlant l'IA, grâce à la maîtrise simultanée de bases de données géantes et de microprocesseurs propriétaires difficilement accessibles aux autres sociétés.

L'État peut-il encore édifier de belles barrières réglementaires pour préserver le *statu quo* ? Le protectionnisme est voué à l'échec : personne n'acceptera en 2030 de devoir passer par son cancérologue lillois, strasbourgeois ou marseillais avec 72 % seulement de chances de survie pour son enfant leucémique si l'IA de Baidu, Google ou Facebook apporte 95 % de taux de guérison. De surcroît, les systèmes d'IA sont très difficiles à auditer : les poids et les comportements des différents neurones virtuels – il y en a souvent près d'un

---

1. Même si la commission européenne a infligé, en juin 2017, une amende record à Google.
2. La phase d'apprentissage des réseaux de neurones utilise préférentiellement des processeurs dits « GPU » – Graphics Processing Units. Pour la phase de réponse, les géants du numérique développent des processeurs dédiés dont ils ont le monopole : Tensor Processing Unit (TPU) chez Google, qui a gagné au jeu de Go grâce à cette puce, ou de type Field Programmable Gate Array (FPGA) pour Microsoft.

milliard – changent à chaque milliseconde, comme nos neurones biologiques changent de comportement en fonction de l'expérience et de l'environnement. La documentation complète d'un algorithme d'IA de type *deep learning* ferait des milliards de milliards de milliards de pages... obsolètes quelques instants plus tard. La durée de vie de notre univers ne suffirait pas pour tout lire. La puissance publique n'a pas pris la mesure de la révolution en cours : l'incroyable gâchis de « Louvois » (le système informatique de paye des militaires, conceptuellement très simple en comparaison de l'IA), témoigne de ce décalage.

Un parlementaire qui pense encore que l'IA est un programme informatique banal va devenir un danger public, une machine à attiser le populisme parce qu'il n'aura aucune prise sur le réel. Le Parlement doit se moderniser. Cela suppose que les parlementaires comprennent que la vraie loi est produite par l'IA des géants du numérique, que leur rôle est d'encadrer ces derniers et qu'un bon parlementaire est nécessairement un bon connaisseur de l'IA.

Désynchronisations

La cause majeure de la perte de pouvoir des institutions traditionnelles réside dans la désynchronisation des temps politiques, humains et informatiques. Les responsables élus évoluent dans un monde où la temporalité reste celle du XIXᵉ siècle. Et même, elle n'a pas changé depuis l'Antiquité.

Le processus législatif est une machine lourde : pour changer quelques articles de loi, il aura fallu le travail coordonné de centaines de personnes, des discussions sans fin, des tonnes de papiers imprimés... Changer de modes de fonctionnement, autrement dit « apprendre » est, pour une institution, un processus très lourd et incertain.

À côté de ce monde institutionnel peu agile, le temps humain est lui-même en décalage avec la machine. Apprendre reste pour les humains un processus pénible et lent. Les compétences de notre cerveau s'acquièrent encore plus difficilement : les savoirs manuels (les tours de main, mais aussi la danse, le jeu d'un instrument...) demandent des milliers d'heures de répétition pour parfaire le geste et les attitudes du corps.

L'IA est pour sa part dans une temporalité sans commune mesure. Avec le *deep learning*, la vitesse d'évolution de l'IA est foudroyante. Quelques minutes suffisent à engranger et traiter des montagnes de données. L'évolution de l'IA est à l'apprentissage humain et au temps institutionnel ce que le clin d'œil est à la pousse d'un chêne adulte.

Ces désynchronisations sont redoutables : elles laissent le politique sur place, pendant que l'économie et plus encore la « sphère technologique » en pleine autonomisation courent loin, très loin devant.

La vague populiste à laquelle beaucoup de grandes démocraties ont été soumises, États-Unis en tête, traduit notamment le refus par l'opinion de la réalité d'un monde ultra-complexe, multilatéral et technologiquement vertigineux. « Une grande partie des électeurs sentent plus ou moins confusément qu'un monde est en train de se construire dans lequel ils n'ont plus de place », écrit fort justement Yves Caseau[1]. Il est tellement plus facile pour les électeurs de réclamer des solutions simples – et pour les politiques d'en proposer.

Dans cet immense champ de bataille, l'Europe est absente. Elle regarde le spectacle et se fait lentement, sûrement et inconsciemment vassaliser par les États-Unis

---

1. Yves Caseau est directeur informatique de Michelin, « Le Futur du travail et la Mutation des emplois », *Frenchweb.fr*, 5 décembre 2016.

et la Chine. Ces tentatives de régulation de la marche en avant du Big Data ne sont pas à la hauteur des enjeux et s'apparentent à de pauvres lignes Maginot, contournées de toutes parts. Pour Olivier Sichel[1] : « L'appétit de pouvoir de certains hommes politiques les poussera à domestiquer l'IA qui est un levier de puissance et la remettre sous contrôle de l'État. »

L'Europe ne sait que geindre, pendant que le futur se construit ailleurs. L'Évangile des transhumanistes va se répandre comme une traînée de poudre, enchaînant les conversions avec bien plus de rapidité que l'évangile chrétien n'avait pu le faire au début de notre ère. La religion transhumaniste pourrait imposer sa loi en quelques décennies, ses apôtres sont déjà, dans les faits, les nouveaux maîtres du monde. Ils ont entre leurs mains les deux pouvoirs : celui de l'argent, grâce à leurs immenses réserves de cash, et celui de la donnée, qui fonde le pouvoir politique – savoir, depuis toujours, c'est contrôler. Les institutions traditionnelles sont dépassées.

Toute la philosophie politique depuis les Lumières insiste sur la nécessité de conserver toujours des contrepoids à chaque pouvoir. La phrase de Montesquieu[2] est bien connue : « C'est une expérience éternelle que tout homme qui a du pouvoir est porté à en abuser ; il va jusqu'à ce qu'il trouve des limites. » La solution : « Pour qu'on ne puisse abuser du pouvoir, il faut que, par la disposition des choses, le pouvoir arrête le pouvoir. » C'est par exemple le but des « checks and balances » soigneusement mis en place par la constitution des États-Unis.

Mais Montesquieu n'aurait jamais pu prévoir cette situation du début du troisième millénaire dans laquelle le politique est en train de perdre les vrais leviers du pouvoir au

---

1. Président du *think tank*, Digital New Deal Foundation.
2. *L'Esprit des lois*, livre XI, chapitre IV.

profit de puissances privées. Désormais, les gens capables de penser le futur sont hors de l'appareil d'État. C'est dramatique, car la science-fiction et les transhumanistes de la Silicon Valley ne peuvent rester seuls à imaginer notre futur. La désynchronisation entre nos démocraties et la technologie est devenue mortifère. Si nous voulons résister à la vague des régimes autoritaires et trouver un équilibre harmonieux avec les géants du numérique, il faut réinventer la technologie politique.

Serons-nous assez intelligents pour contrôler l'IA ?

Sous l'impulsion des grandes sociétés du Net, jetant les milliards par brassées pour progresser, nous sommes en train d'accomplir d'incroyables avancées en matière de compréhension du cerveau et de développement des technologies d'IA. Toutes les planètes économiques, technologiques et idéologiques sont alignées pour faire prospérer l'IA. Elle se développe sous nos yeux, diffusant dans les moindres interstices de notre vie ces machines qui « pensent » de plus en plus, à défaut encore de réfléchir. Le printemps de l'IA est bel et bien là, annonçant un été où l'humanité aura chaud…

Les géants du numérique font émerger des cerveaux industriels moins chers que ceux développés de façon « artisanale » par l'Éducation nationale. En outre, ces cerveaux biologiques évoluent peu alors que l'IA voit sa puissance sans cesse augmenter.

Nous avons oublié de nous poser une question fondamentale : pouvons-nous maîtriser l'IA ? L'école est l'institution spécialement dédiée au développement et à la diffusion de l'intelligence. Saura-t-elle apporter une réponse positive à la question précédente ?

Cet enjeu essentiel pour l'humanité n'a jamais été évoqué au cours de la campagne présidentielle de 2017.

Nous devons pourtant parvenir à établir une complémentarité Homme-IA aussi équilibrée que possible. Il faut maîtriser l'IA, et trouver une sorte de *modus vivendi* avec un voisin envahissant dont on ne sait presque rien puisqu'il devient une boîte noire[1]. Pour cela, il nous faut dès maintenant profondément revoir l'éducation et la formation. Si l'IA est le problème, elle serait aussi en grande partie la solution. L'eugénisme cérébral ou l'interfaçage de notre intelligence avec l'IA s'imposeront comme une réponse incontournable au gigantesque défi posé par la concurrence des machines. À très court terme, c'est notre façon d'acquérir des connaissances, inchangée depuis des siècles, qui va devoir embrasser les nouvelles technologies pour gagner en efficacité et en rapidité.

Produire un cerveau humain prend un temps infini ! Entre la position du missionnaire et le MBA ou le doctorat du petit, il faut trente ans. Pour dupliquer une IA, un millième de seconde suffit. Puisqu'il faut 1 000 milliards de fois plus de temps pour produire un cerveau biologique qu'un cerveau de silicium, nous ne pouvons rester autonomes que si nous avons une stratégie remarquable.

> **2017-2020 « L'état d'urgence éducatif »**
>
> Alors que la France a les plus fortes dépenses publiques au monde, c'est le pays le plus inégalitaire en matière de résultats scolaires selon PISA. En 2017, il n'est pas encore trop tard pour se préparer au tsunami neuroéducatif. Mais il y a urgence.

---

1. Il est de plus en plus difficile de comprendre les algorithmes : on parle de la boîte noire de l'IA.

Agir vite

Nous n'avons que peu de temps à notre disposition avant que, dès 2020, les premières vagues de neurosciences ne viennent sérieusement balayer les salles de classe. Le système éducatif n'a pas pris une seconde pour penser sérieusement à sa modernisation. Il reste bien peu de temps. Comme le souligne l'OCDE[1] : « En France, trop de travailleurs ne disposent pas des compétences de base et des compétences numériques nécessaires pour tirer parti de la mondialisation. »

Il existe des recherches et des réflexions intelligentes sur la modernisation de la pédagogie. Sous la direction du chercheur François Taddéi, le Centre de recherches interdisciplinaires développe par exemple des programmes de pointe[2] en matière d'innovation dans l'éducation. Son rapport remis début 2017 au ministère de l'Éducation nationale intitulé « Apprendre demain » fait des propositions fortes pour nous faire progresser vers une « société apprenante ». Il insiste notamment sur le moment de la petite enfance, déterminant dans le développement des individus : un million de synapses se créent chaque seconde dans le cerveau d'un enfant de trois ans... Un rythme que bien sûr l'individu ne retrouve plus jamais ensuite. La petite enfance est le moment où la plasticité du cerveau est maximale. C'est à un renversement radical des pratiques en ce domaine que le rapport invite : alors que le personnel des crèches est recruté au niveau CAP, c'est bien plutôt de bac +5 diplômés en neurosciences dont les enfants auraient besoin ! Il est urgent d'entourer nos enfants, surtout les plus petits, de spécialistes de la transmission de connaissances. Cela impliquerait notamment de cesser de sous-payer nos enseignants : il n'est pas normal que ceux qui cultivent les cerveaux biologiques soient cent fois moins bien payés que les programmeurs qui

---

1. Rapport sur les perspectives 2017-2018.
2. Comme les Savanturiers.

nourrissent l'IA... Il n'est pas excessif de dire que nous sommes bien imprudents, voire masochistes, de laisser les QI les plus élevés de la planète éduquer les cerveaux de silicium, tandis que l'école des cerveaux humains est en jachère.

Le nouveau ministre de l'Éducation nationale nommé en 2017 semble conscient de ces enjeux. Dans un livre publié fin 2016[1], Jean-Michel Blanquer suggère de donner plus d'autonomie aux établissements et insiste sur l'intérêt d'utiliser les neurosciences pour développer des techniques de transmission des savoirs plus efficaces. Il s'agit d'établir des cartes cognitives des élèves et de s'en servir pour guider de façon personnalisée les acquisitions.

François Taddéi insiste sur la nécessité de « développer d'autres compétences et plus seulement se remémorer, lire, écrire quand les machines le font mieux que nous. Il faut travailler sur le sens, l'empathie, des compétences que le système éducatif ne développe pas alors que l'esprit critique est plus que jamais utile[2] ».

Les méthodes d'enseignement doivent faire leur révolution dès à présent, faisant une large place aux expérimentations.

17 % de NEETs

La menace de décrochage neuronal de notre population est au fond plus préoccupante que la menace terroriste. Un seul chiffre suffit à montrer cette urgence et combien nous sommes loin du compte : en 2017, 17 % des jeunes Français entre quinze et vingt-neuf ans appartenaient à la catégorie NEET[3], c'est-à-dire qu'ils n'étaient ni étudiants, ni en formation, ni employés... autrement dit perdus dans une impasse totale et ne pouvant placer leurs espoirs que dans des formes d'allocations pour survivre. La situation française est d'autant

1. Blanquer Jean-Michel, *L'École de demain*, Odile Jacob, 2016.
2. http://orientation.blog.lemonde.fr/2017/06/12/comment-definir-une-societe-apprenante-les-reponses-de-francois-taddei/.
3. « *Not in Education, Employement or Training* ».

plus dramatique que l'analyse économique[1] montresans équivoque que les mauvais scores aux enquêtes de type PISA concernant les compétences des jeunes et de la population active sont fortement corrélés au chômage des jeunes, à de faibles gains de productivité et à des investissements insuffisants en Recherche et Développement. Autrement dit, la performance économique et sociale dépend directement de la qualité de notre système d'éducation et de formation.

La révolution de l'Éducation nationale aura besoin de lever bien plus que le verrou des statuts et des crispations syndicales. Il faudra surtout que l'on ait le courage d'adopter un discours de vérité sur notre système et ses inégalités réelles, en se libérant de la chape de plomb des discours politiquement corrects. Quand le mathématicien devenu député Cédric Villani a évoqué l'impact de l'immigration sur les résultats PISA de la France, il a subi un lynchage médiatique auquel il a eu la force peu commune de résister, insistant avec intelligence sur le fait qu'un tel constat est indispensable si l'on veut précisément assumer notre rôle d'intégration. C'est de ce courage que notre système a le plus besoin à l'heure actuelle.

Car la question ne se réglera pas en distribuant quelques iPad au collège. L'enseignement doit être décrété grande cause nationale et placé en état d'urgence.

---

1. Natixis, *Flash Économie* du 3 août 2016, n° 813.

2020-2035 –
LA PREMIÈRE
MÉTAMORPHOSE
DE L'ÉCOLE

Les progrès de l'IA vont précipiter la métamorphose de la machine à développer l'intelligence (humaine), autrement dit l'école. Pour être humainement supportable, l'industrialisation de l'IA doit, en effet, s'accompagner d'une démocratisation de l'intelligence biologique !

Au regard de ces bouleversements à venir, les débats sur des enjeux secondaires comme les rythmes scolaires sont dérisoires. La question porte aujourd'hui sur le système éducatif à mettre en place pour permettre aux hommes de demain d'affronter l'IA à armes égales et de cohabiter harmonieusement avec elle.

CHAPITRE 3 :
L'INTELLIGENCE :
LA CHOSE AU MONDE
LA MOINS BIEN PARTAGÉE

Dans son *Discours de la méthode,* René Descartes a cette phrase fameuse : « Le bon sens est la chose du monde la mieux partagée. » Selon lui, le bon sens ou la raison « est naturellement égale en tous les hommes ». Il en conclut que, les différences d'opinion ne pouvant venir d'une différence de capacité, celles-ci viennent forcément de la façon diverse dont chacun conduit sa raison[1]. Une vision humaniste très optimiste des différences de capacité intellectuelle entre les individus... d'ailleurs nuancée par Descartes lui-même dans la suite de la phrase : « Car chacun pense en être si bien pourvu, que ceux même qui sont les plus difficiles à contenter en toute autre chose, n'ont point coutume d'en désirer plus qu'ils en ont. » Avec humour, il suggère qu'il n'est pas étonnant que chacun s'estime assez intelligent, puisque c'est avec son intelligence qu'il juge.

En réalité, l'intelligence serait plutôt, pour antiphraser le philosophe, « la chose du monde la moins bien partagée »... Et c'est là tout le problème. Un problème qui va être résolu de façon radicale au cours de ce siècle.

---

1. « Car ce n'est pas assez d'avoir l'esprit bon, le principal est de l'appliquer bien. »

Qu'est-ce que l'intelligence ?

L'intelligence fait partie de ces termes que chacun utilise sans être capable de le définir précisément. Le mot est dérivé du latin *intelligere* signifiant « connaître ». Le mot latin lui-même est un composé du préfixe *inter* (« entre ») et *legere* (« choisir, cueillir ») : étymologiquement, l'intelligence est donc la capacité à trier les éléments disponibles – cueillir ceux qui sont pertinents – et à les lier entre eux. C'est « l'ensemble des fonctions mentales ayant pour objet la connaissance conceptuelle et rationnelle[1] ». Elle est ce qui permet de connaître le monde. L'intelligence utilise les informations fournies par les sens pour travailler, mais est aussi capable de prendre du recul face à elles, d'en déceler le caractère trompeur afin de les interpréter correctement.

Les choses ont un rapport entre elles que notre intelligence nous permet d'appréhender. Nous réalisons des allers et retours incessants entre l'expérience concrète et les règles abstraites qui nous permettent de concevoir le réel.

Lorsqu'elle est mise en lien avec l'action, l'intelligence est proche de la définition habituelle que l'on donne de la rationalité : elle est la capacité de choisir ses moyens d'action en fonction des circonstances pour atteindre au mieux la fin que l'on s'est fixée. L'intelligence est alors caractérisée par l'efficacité avec laquelle il sera possible d'atteindre un objectif.

S'il est difficile de définir précisément ce qu'est l'intelligence, il est encore plus difficile de l'évaluer. Les tests de Quotient Intellectuel (QI) ont cette fonction. Ils ont été inventés à la fin du XIXᵉ siècle par des chercheurs s'intéressant à la mesure de l'intelligence. Leur première utilisation à grande échelle date de la Première Guerre mondiale, lorsque l'armée américaine, qui n'avait jusque-là pas d'armée de masse, a sélectionné ses officiers sur la base de leur QI.

---

1. Dictionnaire Larousse.

Sir Francis Galton (1822-1911) a été le plus notable de ces chercheurs. Il est amusant de se souvenir que Galton était le cousin de Charles Darwin (1809-1882), le théoricien de l'évolution. Les deux scientifiques n'ont pas que des liens familiaux : là où Darwin montra la force impitoyable de la sélection naturelle qui sélectionne les plus aptes et élimine les autres (« *survival of the fittest* »), Galton chercha toute sa vie à montrer la véracité de la théorie évolutionniste. C'est Galton qui inventa ce néologisme grec destiné à occuper une place si grande dans notre siècle : l'eugénisme[1].

Galton a voulu développer des outils d'évaluation objective de l'intelligence afin de démontrer les deux points qui l'obsédaient : les variations de l'intelligence au sein des populations[2] et le caractère héréditaire[3] de cette intelligence.

Parler de QI n'a guère la cote aujourd'hui. L'évocation de ces tests mobilise tout de suite un tir de barrage de critiques : non scientifiques, ils seraient trop facilement pris comme l'alpha et l'oméga de l'intelligence.

Que penser de ces critiques, renforcées par notre réticence désormais instinctive face à toute esquisse de déterminisme – l'idée selon laquelle nous sommes inégaux de naissance et que rien ne peut y remédier totalement ?

---

1. L'idée de sélectionner les plus aptes et de supprimer les moins aptes a fait l'objet de terrifiantes politiques menées au début du XXᵉ siècle par des régimes autoritaires comme l'Allemagne nazie, mais pas seulement : les États-Unis par exemple ont aussi trouvé opportun de lancer des campagnes de stérilisation massive d'individus jugés déviants. Alcooliques, schizophrènes ou handicapés, considérés comme héréditairement tarés, devaient être interdits de reproduction pour le bien de la population. On parlait alors « d'hygiène raciale ». Il est à craindre que, dans le futur monde transhumaniste – c'est-à-dire où les hommes utilisent toutes les nouvelles technologies pour s'augmenter –, l'idée d'empêcher les moins aptes à se reproduire réapparaisse...

2. « C'est de la façon la plus catégorique que je m'oppose à ceux qui prétendent une égalité naturelle », écrit-il notamment.

3. C'est d'ailleurs le titre de son livre paru en 1869 : *Le Génie héréditaire*.

La première chose à préciser est que les tests de QI sont « empiriques », c'est-à-dire bâtis à partir d'observations tirées de l'expérience. Ces tests font d'ailleurs encore l'objet de larges débats dans la communauté des chercheurs et sont sans cesse modifiés. Il n'y a pas un test de QI définitif. Il ne faut jamais perdre de vue que le QI est considéré dans ce livre comme une mesure insuffisante et à compléter de l'intelligence.

Ensuite, le QI n'a pas pour but de mesurer l'intelligence dans l'absolu, mais de constituer une mesure relative de sa répartition dans une population. C'est le sens de la courbe de Gauss – appelée familièrement courbe en cloche – de la figure 1. Dans cette distribution typique où le plus grand nombre se situe dans un honnête milieu, et où une petite proportion d'extrêmes se détache vers le haut comme vers le bas.

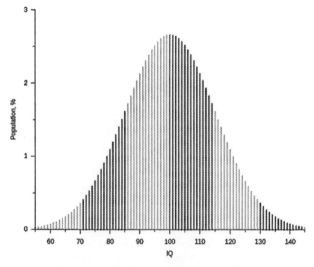

Figure 1 : Répartition théorique des QI
(Herrnstein & Murray, 1994)[1]

---

1. Wikimedia Foundation, Inc.

Le QI de 100 représente, par construction, la moyenne. Les QI considérés comme anormaux – au sens de différents par rapport à la norme – sont ceux supérieurs à 132 ou inférieurs à 68. Une personne sur 30 000 environ a un QI égal ou supérieur à 160.

Le QI s'est considérablement élevé dans nos sociétés au XXe siècle : c'est ce que l'on appelle l'« effet Flynn[1] ». Cela est dû au fait que les individus ont bénéficié d'un environnement intellectuellement plus stimulant qu'autrefois[2] avec l'allongement des études, l'égalité homme-femme et une plus grande attention parentale. La société propose à l'enfant plus d'informations et de défis intellectuels. Cette augmentation moyenne est également favorisée par de meilleures conditions de vie – notamment une meilleure alimentation.

Le gain moyen en Occident a atteint 3 à 7 points de QI par décennie. Les Pays-Bas, qui disposent des tests effectués sur les appelés du contingent, enregistrent une progression moyenne du QI de 21 points entre 1952 et 1982.

La fin de l'effet Flynn en Occident ?

En 2016, une nouvelle étude réalisée par Richard Flynn et un collègue, Edward Dutton, a claqué comme un coup de tonnerre dans le ciel serein du rassurant « effet Flynn » qui

---

1. Du nom du chercheur James Flynn qui en fit l'observation.
2. Le chercheur belge Francis Heylighen note ainsi : « Cette société dans l'ensemble fonctionne à un niveau intellectuel plus élevé, proposant à l'enfant curieux plus d'informations, de défis plus intellectuels, de problèmes plus complexes, plus d'exemples à suivre, et plus de méthodes de raisonnement à appliquer. Juste utiliser les appareils quotidiens, tels que les fours à micro-ondes, et les thermostats, exige un type plus abstrait de raisonnement dont la génération plus ancienne est souvent incapable. La plus grande complexité de la vie est susceptible de stimuler une plus grande complexité d'esprit. L'utilisation croissante des ordinateurs pour l'éducation ou les jeux précoces est susceptible d'augmenter la connaissance générale, le raisonnement abstrait et l'agilité intellectuelle. »

nous faisait croire que nous étions sur un sentier d'intelligence en constante augmentation. Le QI moyen des Français avait baissé entre 1990 et 2009 de 4 points en moyenne, ce qui est énorme. Cette chute touche aussi des pays comme la Norvège, le Danemark ou le Royaume-Uni. Elle n'est donc pas un problème spécifiquement français – et l'Éducation nationale, sur cette affaire, peut être innocentée. Cette chute contraste avec la hausse rapide dans les pays asiatiques, ce qui montre bien que cette dynamique est environnementale et éducative et ne peut pas correspondre à une évolution génétique qui exigerait un temps très long : le QI moyen à Singapour et à Hongkong (108) est 10 points au-dessus de celui constaté en France (98)[1]. Les chercheurs estiment que le niveau moyen atteint dans la deuxième moitié du xxᵉ siècle dans les pays développés était un pic dont nous allons nous éloigner à la baisse. Pour quelles raisons ? Il n'y a pas de certitudes absolues, mais plutôt des soupçons portant sur quelques facteurs dont on connaît encore mal le poids relatif.

Certains évoquent la moindre reproduction des personnes intelligentes[2] ou plus exactement, la facilité plus grande pour les moins douées, grâce à notre système de solidarité, à se reproduire. La civilisation est dans son principe un mécanisme profondément anti-darwinien : elle substitue à l'impitoyable sélection des plus aptes un système d'entraide où les plus faibles peuvent espérer survivre et prospérer. Si en tant qu'humaniste on ne peut que s'en réjouir – la qualité d'une civilisation ne se mesure-t-elle pas précisément par la façon dont elle traite les plus faibles d'entre les siens ? –, cette entraide est un terrible frein à l'eugénisme « naturel » qui a fait de notre espèce ce qu'elle est...

---

1. En réalité les valeurs de QI sont étalonnées sur une population donnée et la moyenne est fixée à 100 pour cette population. Si tout le monde acquérait 160 de QI, la nouvelle moyenne deviendrait 100. Le QI classe les individus, ce n'est pas une mesure quantitative comme la température.

2. Une vaste étude menée en Islande a montré que les femmes qui possédaient certaines variantes génétiques corrélées avec la réussite universitaire faisaient moins d'enfants que le reste de la population.

Elon Musk est d'autant plus inquiet de la future puissance de l'IA qu'il est persuadé que notre patrimoine génétique se dégrade[1]. Il confesse : « Je ne dis pas que seuls les gens intelligents devraient faire des enfants. Je dis juste qu'ils devraient en avoir aussi. Et en fait je constate que beaucoup de femmes vraiment intelligentes ont un seul enfant ou aucun[2]. » Cette vision n'est pas l'apanage des philosophes d'extrême droite ou des industriels transhumanistes : le Prix Nobel de médecine très engagé à gauche Jacques Monod la défend dans *Le Hasard et la Nécessité*. L'explication du recul du QI qui semble tenir la corde n'est pourtant pas principalement la « dégénérescence » de l'espèce. Des facteurs extérieurs liés à notre environnement seraient en revanche en cause : les perturbateurs endocriniens, autrement dit des substances chimiques ayant un effet sur notre développement neuronal *via* l'alimentation et la pollution seraient responsables. C'est presque une bonne nouvelle, puisque cela signifierait qu'il serait possible de remédier facilement au recul du QI. L'obésité, l'excès de lipides et la consommation de haschich sont également néfastes pour le tissu neuronal.

Le reproche le plus courant fait au QI repose sur le fait qu'il néglige d'autres formes d'intelligence. On verra plus loin combien c'est exact et combien l'existence de cette multiplicité des intelligences est importante face à l'IA. Mais il faut insister sur le fait que, sauf exception pathologique comme le syndrome d'Asperger, le QI est bien corrélé aux autres formes d'intelligence et constitue une bonne mesure – les scientifiques parlent de proxy – des capacités intellectuelles générales. Les études montrent que la possession d'un haut QI est fortement corrélée à la capacité de résoudre toutes sortes de problèmes abstraits, qu'ils

---

1. Plusieurs études ont pointé la dégradation de notre patrimoine génétique depuis la fin de la sélection darwinienne.
2. Vance Ashlee, *Elon Musk*, Harper Collins Publishers, 2016.

impliquent le langage ou les mathématiques. Il est aussi un indicateur statistiquement fiable de la réussite académique, économique et sociale.

Ajoutons enfin, pour achever de réhabiliter le QI, que dans notre société industrialo-numérique, les innovations technologiques sont le fait d'ingénieurs et de scientifiques à fort QI. Ce n'est ni un jugement de valeur appréciatif pour eux ni dépréciatif pour les autres, mais un fait. Le QI ne mesure pas la dignité humaine.

L'importance du QI dans notre société n'est pas un mythe ni une exagération. Il est important de le comprendre, car c'est la raison pour laquelle la neurorévolution, en bouleversant l'intelligence humaine dans toutes ses dimensions, inaugure une ère nouvelle pour notre civilisation. L'intelligence est le levier dont les hommes se sont servis pour maîtriser leur monde ; en changeant profondément ce levier, les neurotechnologies vont désormais le transformer.

La machine la plus complexe de l'univers connu pèse 1 400 grammes

Nous ne connaissons pour l'instant qu'une seule entité douée d'intelligence conceptuelle : le cerveau humain[1].

Si l'intelligence reste une notion difficile à définir et à mesurer, le cerveau est plus mal connu encore. Il constitue toujours, pour une large part et malgré les progrès de la science, une *terra incognita*. Le cerveau peine à se comprendre lui-même.

La démonstration que la pensée n'a besoin de rien de plus qu'un réseau de neurones parcourus d'influx nerveux[2]

---

1. Son rôle n'a pas été reconnu de tous temps : les Égyptiens pensaient qu'il était sans importance et le réduisaient en bouillie dans les momies, alors qu'ils gardaient précieusement les viscères, et spécialement le cœur.

2. Changeux s'opposait ainsi aux tenants d'un « spiritualisme » pour qui la conscience humaine ne peut être seulement biologique, notamment parce que cela

est récente et reste inacceptable pour l'Église catholique, comme Jean-Paul II l'a rappelé en 1996. Le livre du neurobiologiste Jean-Pierre Changeux[1] qui soutenait cette thèse, nouvelle à l'époque, a d'abord fait scandale. Aujourd'hui, la science montre que nous n'avons aucun besoin « d'âme » pour exister.

D'où vient le cerveau ? Il est l'outil développé tout au long de l'évolution pour résoudre les problèmes liés à la survie dans un environnement extérieur incertain et instable. « Nous ne sommes ni aussi nombreux et prolifiques que les termites, ni aussi forts et agressifs que les requins. Créatures faibles et vulnérables, nous sommes obligés de trouver notre évolution en utilisant la puissance de notre cerveau[2]. »

Il s'avère être l'objet le plus complexe de l'univers connu : un cerveau humain renferme en moyenne 86 milliards de neurones interconnectés. Les neurones sont des cellules nerveuses reliées les unes aux autres par des fibres appelées axones et dendrites, qui transmettent sous forme de signaux bioélectriques ce que l'on nomme l'influx nerveux. Les neurones reçoivent des stimulations et sont aussi capables d'en émettre. Le relais qui assure la transmission de l'influx nerveux est la synapse : chaque neurone est doté de milliers de connexions synaptiques[3].

Le cerveau est constitué de plusieurs strates superposées, fruit d'une longue évolution. Chef d'orchestre du

---

signifierait un déterminisme philosophiquement inacceptable – si notre cerveau n'est qu'une sorte de machine, qu'advient-il de notre prétention au libre arbitre ?

1. Changeux Jean-Pierre, *L'Homme neuronal*, Hachette, 1983.

2. Rescher N., *Philosophical reasoning : A study in the methodology of philosophizing*. Blackwell Publishers Maledn, 2001, p. 6. Cité in Vidal Clément, *The Beginning and the End : the Meaning of Life from a Cosmological Perspective*, Springer, 2014.

3. Par ailleurs, les neurones sont entourés de près de 1 000 milliards de cellules de soutien, les astrocytes, dont on a découvert récemment le rôle important dans la transmission de l'influx nerveux.

fonctionnement inconscient des organes, des mouvements conscients et centre de décision, le cerveau traite les informations qu'il reçoit afin d'être capable de réagir à son environnement. En s'efforçant en permanence de comprendre les lois du monde où il évolue, le cerveau poursuit un but fondamental : permettre à l'individu de survivre et de se reproduire. L'opération consistant à stocker des données – la mémoire – et à les traiter pour en extraire du sens – les règles du monde – s'appelle l'apprentissage.

La neuroplasticité

La neurologie donne un point de vue bien particulier sur l'apprentissage. Qu'est-ce en effet qu'apprendre d'un point de vue neuronal ? Créer des connexions entre neurones[1]. Qu'est-ce que se souvenir ? Activer des connexions neuronales déjà créées. Les observations qui ont été faites sur le fonctionnement du cerveau aident notamment à comprendre dans quelles conditions et avec quels leviers on apprend le mieux[2] : on retiendra quelque chose si on y voit un intérêt pour notre survie, si cela est lié à une émotion ou si cela fait écho à quelque chose que l'on sait déjà – ce sont les fameux « moyens mnémotechniques » que nous utilisons tous.

Les dernières découvertes concernant le cerveau ont mis en évidence sa fantastique plasticité : même si avec l'âge les changements sont plus difficiles, le cerveau est capable durant toute la vie de supprimer et de recréer des liens entre neurones. En 24 heures, 10 % des connexions synaptiques sont remplacées dans certains groupes de neurones[3] !

---

1. Voire créer de nouveaux neurones.
2. Il existe énormément de documents accessibles sur Internet concernant l'éducation fondée sur le fonctionnement du cerveau. Voir par exemple : http://fr.slideshare.net/glennw98/school-on-the-brain?.
3. Travaux du Professeur Jean-Marie Lledo.

Ce qui caractérise l'identité génétique d'un cerveau donné n'est pas « sa structure », car il n'y en a pas *a priori*, mais bien sa capacité à apprendre. Le cerveau doit sa grande valeur non pas à ce qu'il est mais à sa capacité à s'adapter. Nous sommes collectivement en train d'expérimenter cette plasticité du cerveau à l'heure où l'usage des nouveaux outils numériques remodèle nos capacités de concentration et de mémorisation. Dans son livre à succès *Ce qu'Internet fait à notre cerveau*[1], le journaliste Nicholas Carr décrit de quelle façon notre cerveau, qui avait été formaté depuis des siècles par les « outils de l'esprit » traditionnels – alphabet, cartes, presse écrite, montre –, est en train de connaître une réorganisation profonde du fait de nos nouvelles pratiques numériques. Là où le livre favorisait la concentration longue et créative, Internet encourage la rapidité, l'échantillonnage distrait et la perception de l'information par de nombreuses sources. Une évolution qui nous rendrait déjà plus dépendants des machines que jamais, accros à la connexion, incapables d'aller chercher une information sans le secours d'un moteur de recherche, doués d'une mémoire défaillante et finalement plus vulnérables aux influences de toutes sortes.

Le cerveau est le cœur de tous les pouvoirs

Le fait que notre cerveau soit un objet de convoitise n'est certes pas nouveau. Nous l'expérimentons tous les jours en tant que citoyens et consommateurs : les techniques marketing sont développées pour pénétrer nos mécanismes mentaux afin de nous faire acheter tel produit ou adhérer à telle idée. Le neuromarketing vise à utiliser les neurosciences pour encore mieux nous influencer. Nos goûts et

---

1. Carr Nicholas, *The Shallows : What Internet Is Doing to our Brain*, W. W. Norton & Company, 2011.

désirs sont des données extrêmement précieuses pour les entreprises – et sont furieusement collectées dès que possible. Nos valeurs et façons de comprendre les choses ont toujours été essentielles pour les politiques. Mais, si l'appétit de compréhension, voire de contrôles extérieurs, de notre cerveau ne fait que grandir et s'intensifier, il est aujourd'hui complété d'un autre motif d'intérêt : l'intelligence est la poule aux œufs d'or de l'ère NBIC.

Qu'il s'agisse de le comprendre, de le contrôler, de l'augmenter, de le modifier ou de l'utiliser, le cerveau biologique est devenu le principal champ de bataille de ce siècle.

CHAPITRE 4 :
LA GUERRE DES CERVEAUX
A DÉJÀ COMMENCÉ

Parce qu'il représente un immense enjeu politique, la guerre du cerveau fait rage. Une guerre froide évidemment, qui ne lance pas de bombes et ne fait pas de victimes. Une guerre qui ne fait guère les titres des médias. Et pourtant, elle est bien réelle.

Pour comprendre pourquoi les États les plus éclairés ont fait de l'intelligence leur préoccupation fondamentale, il faut prendre conscience de sa place centrale aujourd'hui.

Le QI n'est pas un score de *Candy Crush* que les prétentieux aimeraient à comparer ; l'intelligence n'est pas qu'un snobisme de cour de récréation. Il faut admettre qu'elle est devenue aujourd'hui, plus que jamais, un enjeu de pouvoir.

Le neurone biologique ou artificiel est le nouveau pétrole

Durant des millénaires, les hommes se sont battus pour conquérir des territoires. Il s'agissait d'abord d'assurer l'accès aux ressources fondamentales : produits agricoles et matières premières. Dans le monde né de la révolution industrielle devenu particulièrement énergivore, les ressources énergétiques sont devenues le socle de toutes les puissances et l'objet de bien des conflits. Les xixe et xxe siècles auront été respectivement les siècles du charbon et du pétrole. Le xxie est d'ores et déjà celui de l'intelligence[1].

Pourquoi est-il important d'attirer les intelligences ? Pourquoi est-elle l'objet de toutes les convoitises ? Parce que l'innovation, qui doit tout à l'intelligence, est devenue le moteur de la société numérique.

Dans un monde caractérisé par la surabondance de l'information et l'évolution extrêmement rapide des technologies reposant sur un besoin constant d'innovation, l'intelligence devient centrale : la capacité de discrimination, de synthèse et d'articulation créative de ces informations est le principal moteur de la création de valeur.

Cette place va s'accroître encore avec l'émergence d'IA de plus en plus sophistiquées, il faudra sans cesse plus d'intelligence pour être capable d'appréhender un monde où la masse des données et la complexification de leurs interactions croît sans cesse. L'intelligence sera plus que jamais la ressource centrale : plus elle sera développée dans le monde, moins il sera possible de s'en passer.

Toutes les rivalités de matières premières et de terres fertiles qui ont jalonné l'histoire des hommes ne seront rien à côté de la furie qui animera les pays et les entreprises pour maîtriser l'intelligence la plus élevée. Le potentiel d'innovation sera mobilisé pour créer toujours plus d'intelligence.

---

1. Chaque système productif repose sur une ressource fondamentale qui en assure le dynamisme et en nourrit le développement. Pendant des siècles, cette ressource essentielle a été liée au transport puis à l'énergie. De l'Antiquité à l'Ancien Régime, on peut ainsi citer comme ressources fondamentales les routes romaines qui permettaient de relier rapidement les différents points de l'Empire, puis les routes de navigation permettant des échanges au niveau mondial. À partir de la révolution industrielle, les innovations touchant à l'énergie, au transport et plus généralement à la communication se succèdent et se complètent mutuellement : charbon, vapeur, voie ferrée, électricité, téléphonie, transport aérien...

La ruée vers l'or gris

Le cerveau est la matière la plus précieuse aujourd'hui. La plupart des grands pays l'ont compris, et en tirent les conséquences. La ruée vers l'or gris prend d'abord la forme de politiques intensives d'encouragement à la venue des meilleurs étudiants étrangers. On est loin des querelles byzantines de l'université française où l'on refuse l'idée même de sélection[1]. La plupart des pays sont à des années-lumière de ces débats.

Les universités américaines sont de gigantesques trieuses de talents – pour garder les meilleurs, naturellement. Mais les États-Unis voient désormais leur domination contestée. Même si les universités d'outre-Atlantique occupent encore aujourd'hui les premières places du fameux classement de Shanghai[2] des universités mondiales, elles sont désormais talonnées par les universités chinoises.

Partie de zéro ou presque, la Chine mène une politique volontariste de développement de son enseignement supérieur et de sa recherche scientifique. Ses dépenses de recherche ont augmenté de près de 300 % depuis 2001. Si l'on regarde la tendance et non le classement seul, la Chine s'annonce comme le leader académique dans les décennies qui viennent. Un bon indicateur de la productivité des chercheurs est le nombre de brevets déposés : à ce jeu-là, la Chine devient un leader mondial.

---

1. L'une des dernières mesures de la présidence de François Hollande a été d'instituer le tirage au sort, à l'entrée en faculté de médecine.
2. Ce classement annuel est conçu par l'Academic Ranking of World Universities.

La seconde dimension de la bataille de l'intelligence se joue plus en aval de la formation, au niveau du recrutement des chercheurs et ingénieurs déjà opérationnels. Là encore, les États-Unis se sont depuis longtemps montrés les plus habiles, attirant grâce à d'importantes rémunérations les meilleurs chercheurs du monde entier. Mais d'autres pays ne sont pas en reste. En Corée du Sud, la part de la richesse nationale consacrée à la recherche et au développement approche les 5 %. La France, avec 2,21 %, fait moins de la moitié…

Le dédain affiché par la classe politique[1] pour les nouvelles technologies trahit une grave erreur de jugement. Il assimile implicitement le numérique à une mode, un engouement irrationnel qui passera, les vraies et bonnes valeurs finissant par retrouver leur place. Mais l'histoire des technologies, aujourd'hui plus que jamais, ne fonctionne pas par cycle, mais par cliquet. Internet ne disparaîtra pas au profit du Minitel. Si les smartphones n'existent plus dans quelques années, ça ne sera pas au profit du retour du téléphone fixe à touches, mais plus probablement d'implants électroniques…

La bataille de l'intelligence fait rage et les positions stratégiques dans les domaines clés s'acquièrent.

Cette bataille est menée sans aucun complexe par la Chine. Peu réputé pour ses timidités en termes d'éthique, ce pays a déjà commencé à séquencer le génome des surdoués pour identifier les variantes génétiques impliquées dans l'intelligence. Confucius assurément n'a pas les états d'âme de nos humanistes occidentaux… La Chine envisage sans problème d'industrialiser la fabrique de l'intelligence biologique. Et ce par tous les moyens. Aucun comité

---

1. La situation a changé avec l'élection en 2017 d'Emmanuel Macron, qui est technophile et confie des responsabilités à des experts comme Cédric Villani.

d'éthique ou principe de précaution ne viendra ralentir ce projet[1].

L'importance sociale de l'intelligence

Nous avons créé une économie de la connaissance sans en mesurer toutes les conséquences politiques. L'intelligence n'est pas qu'un enjeu de pouvoir, la principale ressource du futur que les pays se battent pour accaparer. Elle est aussi, pour les individus eux-mêmes, la clé essentielle de distinction sociale.

L'abolition dans tous les pays occidentaux des distinctions fondées sur la naissance a instauré le règne – parfois théorique – du mérite. Que signifie ce terme ? L'erreur serait de confondre mérite absolu et mérite social. Reconnaître le mérite dans l'absolu reviendrait à estimer supérieur un bègue qui surmonte son handicap au prix d'efforts immenses à un orateur brillant ayant naturellement des facilités d'expression... Cette définition du mérite a sans doute un grand intérêt moral, mais n'est pas socialement pertinente. Dans un ordre politique fondé sur l'égalité de ses membres, la seule variable acceptable de différenciation entre les individus est, comme le dit la Déclaration des Droits de l'Homme et du Citoyen de 1789 en son article 1, l'« utilité commune[2] ». En termes économiques, on parle

---

1. Personne n'incarne mieux l'attitude chinoise à l'égard de l'intelligence que Zhao Bowen. Ce petit prodige de la science a été très tôt distingué par le programme spécial de suivi des étudiants à fort potentiel et a été admis à Renmin, l'une des meilleures écoles du pays. À vingt et un ans, il a été nommé directeur de projet dans l'institut de biotechnologie le plus important de Chine, qui abrite la plus puissante machine à séquencer le génome. Il dispose d'un budget de plusieurs millions de dollars pour mener à bien une mission : identifier les gènes de l'intelligence et reproduire la recette sur de futurs enfants. Afin que la Chine crée un jour des génies en masse.
2. « Tous les hommes naissent libres et égaux en droits. Les distinctions sociales ne peuvent être fondées que sur l'utilité commune. »

désormais de « valeur créée ». Le mérite social est l'utilité que l'on apporte à la société et dont les revenus sont censés être la juste contrepartie. Elle peut être apportée d'une infinité de façons qui sont autant de métiers : maçon, avocat, enseignant, écrivain, musicien, etc. C'est bien ce mérite social qui est le socle des différences économiques.

Or, le mérite social, autrement dit la capacité à créer de la valeur par son travail, est fortement corrélé à l'intelligence. Dans un livre qui a fait scandale au milieu des années 1990, Herrnstein et Murray[1] expliquaient que le QI était un élément déterminant pour la réussite. Avec ce livre, les auteurs réactivent en quelque sorte, sous une nouvelle forme, les théories déterministes sociales qui ont fait florès au XIXe siècle[2], mais de façon plus nuancée et sur des bases nettement plus scientifiques.

Aussi scandaleux qu'il ait pu paraître, le lien entre QI et réussite a pourtant été démontré à de nombreuses reprises... Il s'agit d'une vérité statistique et non d'une interprétation idéologique. Non seulement un bas QI augmente très fortement les chances d'avoir un revenu faible, mais encore cela augmente les chances de marginalisation sociale.

S'il est exacerbé à notre époque, le lien entre intelligence et réussite sociale n'a pas attendu le numérique pour exister. Il a été mis en évidence il y a deux décennies à travers le lien[3] statistiquement avéré[4] entre le QI moyen d'un pays et le salaire moyen des individus qui y vivent : environ 75 % des différences économiques entre les pays – la plus ou

---

1. Herrnstein Richard J., Murray Charles, *The Bell Curve : Intelligence and Class Structure in American Life*, Free Press, 1994.
2. Telle la physiognomonie, qui associait la propension au crime à certaines formes du crâne...
3. À l'échelle d'un pays.
4. Lynn Richard et Vanhanen Tatu, *Intelligence, A Unifying Construct for the Social Sciences*, Ulster Institute for Social Research, 2002.

moins grande richesse – s'expliquent par le QI moyen de la population. Les chercheurs ont même montré que la relation n'était pas linéaire mais exponentielle[1]. Autrement dit, plus le QI est haut, plus il a d'effet sur le salaire : un gain de 5 points de QI multiplie le salaire par 1,45 ; un gain de 10 points se traduit par un doublement du salaire. À l'ère numérique, cette corrélation entre QI et revenus est plus forte que jamais. Au xxie siècle, l'utilité sociale la plus importante est désormais créée par l'algorithme. « Le logiciel dévore le monde. » Autrement dit : la valeur économique réside désormais dans la capacité à créer des IA qui vont être utiles à des milliards de gens. L'IA devient un trou noir qui absorbe une part croissante de la valeur économique.

Une nouvelle économie

Nicolas Colin, spécialiste des enjeux liés aux nouvelles technologies, explique pourquoi le logiciel capte la valeur, asséchant le reste de l'économie[2]. En captant l'essentiel de la marge, le logiciel oriente naturellement l'essentiel des revenus vers ses concepteurs... L'intégration de millions d'utilisateurs dont les données sont utilisées comme outil de monétisation offre « des rendements d'échelle sans précédents dans l'histoire ».

L'application WhatsApp a été achetée 22 milliards de dollars par Facebook en 2013. Cela signifie que les

---

1. Dickerson E., « Exponential correlation of I.Q and the wealth of nations », *Intelligence*, 2006, 34, pp. 291-295.

2. D'abord parce qu'il devient le maillon ultime de la chaîne de valeur et agit au contact direct des clients, ce qui lui permet de déterminer lui-même l'allocation des ressources dans cette chaîne. Ensuite parce que l'action du logiciel est cumulative : les traces des utilisateurs sont ensuite réutilisées. « C'est le maillon logiciel qui permet à une chaîne de valeur de faire levier de la multitude et de parvenir aux rendements d'échelle considérables qui font la scalabilité des modèles économiques d'aujourd'hui. »

cinquante-cinq salariés, petits génies de l'informatique, qui travaillent dans cette société ont créé plus de valeur en quatre ans d'existence que les 194 000 salariés de Peugeot en deux cent dix ans[1] – 12 milliards seulement[2]. Traduction : dans un monde ou les algorithmes sont la source ultime de richesse, la valeur économique dépend du QI moyen des salariés. Il faut se rendre à l'évidence, à défaut de s'en réjouir : dans le monde dans lequel nous vivons désormais, quelques gamins au QI de 165 créent plus de richesse[3] pour une nation qu'un million de travailleurs au QI de 95… Du coup, les écarts de revenus entre individus à forte et à faible capacité cognitive explosent.

En matière d'IA, nous sommes un pays sous-développé

Du point de vue de l'Intelligence Artificielle, la France est comparable à un pays en développement : elle exporte ses « matières premières », les mathématiciens et informaticiens spécialisés en IA, tandis qu'elle importe des biens à haute valeur ajoutée presque exclusivement produits sur la côte Ouest des États-Unis *via* nos smartphones. Chaque fois que nous consultons notre téléphone ou que nous enregistrons nos fichiers d'ordinateur sur le cloud, nous importons de l'IA produite ailleurs qu'en Europe.

Sur les trois cent cinquante start-up qui prétendent faire de l'IA en France, l'immense majorité ne fait en réalité que de l'informatique traditionnelle.

Dans la liste des géants d'IA, il n'y a aucune entreprise européenne. Il y a pourtant, dans nos pays, des chercheurs, des mathématiciens, des informaticiens de niveau comparable à celui des États-Unis et de la Chine. Mais souvent ils traversent l'Atlantique pour exercer leur talent à l'image de Yann Le Cun.

---

1. Peugeot a été créé sous Napoléon Bonaparte !
2. Au moment de la transaction.
3. Bien sûr, la valeur sociale et la dignité des travailleurs ne se résument pas à la valeur économique ou boursière.

La France est capable de former l'un des meilleurs spécialistes au monde de l'IA mais le système économique ne lui offre pas la possibilité de mettre ses exceptionnels talents au service du pays. Résultat : il en fait profiter Facebook[1].

Pourquoi cet exil des cerveaux ? Une fiscalité trop lourde n'est pas le principal handicap : la fiscalité est, en réalité, très forte en Californie. La raison est qu'en Europe, il n'existe pas de plateforme numérique pour développer ce type de projets ambitieux. L'Europe n'a pas de stratégie commune en ce qui concerne l'IA. Cela rappelle la formule d'Emma Marcegaglia, chef du patronat Italien, à Davos : « Quand une technologie apparaît, les Américains en font un business, les Chinois la copient et les Européens la régulent ». Les réponses ou plutôt les ripostes en France et en Europe sont d'une faiblesse affligeante.

Une autre raison est que le gouvernement français pense que les chercheurs doivent travailler quasi gratuitement. Alain Prochiantz, neurogénéticien au collège de France, explique en quelques mots que le monde a changé : « Pour attirer les chercheurs en France, il faut les payer ! »

L'intelligence est la mère de toutes les inégalités

Le QI n'est pas corrélé aux seules différences de revenus. Il est un indicateur assez fiable d'inégalités plus radicales encore, comme par exemple l'espérance de vie. Quatorze années d'espérance de vie séparent les personnes au QI faible de celles au très fort QI… L'intelligence fait vivre plus vieux. La relation est sans doute indirecte – mais n'en est pas moins forte : les personnes au fort QI occupent des emplois moins pénibles, ont plus de moyens pour se soigner et ont une vie plus « saine », ce qui améliore

---

1. Même s'il a installé l'un des centres de recherche de Facebook à Paris.

mécaniquement leur durée de vie[1]. Les cadres dirigeants vivent en moyenne dix ans de plus que les ouvriers agricoles. Cette injustice est révoltante.

Aussi moralement gênant que cela paraisse pour un individu occidental nourri d'idéologie égalitariste, il faut bien reconnaître que le fait que l'intelligence détermine le succès social n'est ni étonnant ni réellement scandaleux. Quelle clé de discrimination serait en effet plus admissible que celle de l'utilité sociale ? Ni la naissance, ni même l'effort pur ne sauraient avoir les mêmes vertus d'utilité collective... L'utilité sociale, pour paraphraser Churchill parlant de la démocratie, est donc sans doute « le pire des critères, à l'exception de tous les autres ».

La corrélation du QI avec toutes les sortes de réussites ne poserait guère de problème si l'intelligence pouvait être acquise par tous ; autrement dit si elle pouvait elle-même être le fruit du mérite dans l'absolu. Malheureusement, et c'est là que le bât blesse, elle est largement héritée, l'école ne faisant que prolonger les différences initiales dues à la naissance. Une vérité que nous voulons ignorer mais que nos descendants ne pourront plus supporter. Parce que la rapide montée en puissance de l'Intelligence Artificielle va élargir de façon dramatique le fossé séparant les bas et les hauts QI. Une inégalité explosive qui va précipiter une crise majeure de l'institution scolaire.

---

1. Il est plus facile de déjeuner d'un turbot avec un filet de citron lorsque l'on est cadre supérieur qu'ouvrier... La *junk food* n'est pas chère.

CHAPITRE 5 :
« TOUT SE JOUE AVANT 0 AN » : L'ÉCOLE EST DÉJÀ UNE TECHNOLOGIE OBSOLÈTE

La tâche de l'éducation est depuis des siècles dévolue à une institution *ad hoc* : l'école. C'est elle qui doit transmettre l'essentiel des savoirs fondamentaux dont l'individu a besoin pour tenir sa place en société et lui être utile. Ceux-ci comprennent non seulement les savoirs de base, comme lire, écrire et compter, mais aussi toutes les connaissances utiles : mathématiques, histoire, littérature, langue... L'intelligence est traduite par la plus ou moins grande capacité des enfants à acquérir, retenir, utiliser et marier ces différents savoirs.

C'est cette capacité à manier le savoir qui est la vraie finalité du système scolaire, et non le savoir en lui-même, comme les humanistes s'en étaient aperçus. Pensons à Rabelais décrivant pour s'en moquer l'enseignement absurde reçu par Gargantua apprenant des livres par cœur et capable de les réciter à l'envers ou encore à la très fameuse phrase de Montaigne disant préférer « une tête bien faite » à « une tête bien pleine ».

L'école n'a au fond jamais réussi à développer de l'intelligence comme elle se l'était imaginé : elle n'a toujours fait que reproduire et entériner des différences d'intelligence qui préexistaient.

Naît-on ou devient-on intelligent ?

La plupart des parents souhaitent que leurs enfants apprennent avec succès ce que l'école tente de leur enseigner. Et pourtant nous avons tous constaté combien les aptitudes des enfants diffèrent, y compris au sein d'une même famille. Lecture, mathématiques, histoire, compréhension des théories scientifiques... : autant de compétences que les enfants acquièrent plus ou moins bien. Ces différences de résultats sont-elles innées ou acquises ? Ont-elles pour cause le contexte de l'apprentissage ou sont-elles la conséquence de dispositions propres à chaque élève ? Les Anglo-Saxons expriment cette question par les mots « *nature or nurture*[1] » – littéralement, « la nature ou la nourriture ».

De façon générale, nous sommes le produit de l'interaction de deux dimensions : les structures internes de notre corps – et surtout de notre cerveau – d'une part, l'environnement dans lequel nous vivons d'autre part[2].

Dans le premier cas, on parle couramment de « prédispositions » à faire telle ou telle chose. On sent bien qu'un enfant va plus ou moins facilement procéder à tel ou tel apprentissage. Cette facilité est la traduction d'une sorte de compétence innée – c'est-à-dire, littéralement, présente à la naissance.

Dans le second cas, l'environnement comprend tout ce que les événements vécus ont pu nous faire apprendre. C'est la part « culturelle » de nos façons de sentir et de penser.

Longtemps niée au nom d'une croyance naïve en la naturalité de l'Homme, la part culturelle de notre comportement

---

1. Expression inventée par Galton.
2. Les lecteurs qui souhaitent de plus larges développements sur la genèse de notre cerveau, et la façon dont notre environnement, notre ADN et le hasard le façonnent en continu, peuvent m'écrire : laurent.alexandre2@gmail.com.

a été reconnue à partir des Lumières, quand les intellectuels ont pris du recul face à la religion et aux institutions chrétiennes prônant l'existence de normes de comportement « naturelles » et d'une humanité immuable. Née des récits de voyages tels que ceux de Bougainville, cette conscience de la relativité des mœurs sera l'un des grands chocs du XVIIIe siècle. C'est le sens des *Lettres persanes* de Montesquieu, publiées en 1721, où l'étrangeté des mœurs françaises est décrite à travers le regard plein d'humour du Persan Usbek. On découvre alors, comme l'écrit Rousseau dans son *Discours sur l'origine et les fondements de l'inégalité parmi les hommes*, publié en 1755, qu'il « est aisé de voir qu'entre les différences qui distinguent les hommes, plusieurs passent pour naturelles qui sont uniquement l'ouvrage de l'habitude et des divers genres ».

Le XXe siècle aura été le moment par excellence où deux visions extrêmes se sont opposées à cet égard, chacune ayant eu des conséquences dramatiques.

D'un côté, le communisme reposant sur l'idée que l'Homme est avant tout culturel et cherchant à nier la part naturelle de l'individu. Si tout est culturel, il est en effet possible de rééduquer l'Homme, de le rendre meilleur – même contre sa volonté. Les camps de rééducation de l'URSS sont nés de cette vision. L'Homme est une pâte à modeler qu'une dictature éclairée, celle du prolétariat, peut rendre bon, c'est-à-dire solidaire et altruiste. Accepter la présence de caractères innés en l'Homme est dans cette optique insupportable, car cela reviendrait à donner des bases objectives aux inégalités. Cela a conduit Staline à donner un immense pouvoir au charlatan Lyssenko et à déporter bon nombre de généticiens au goulag : le Prix Nobel de médecine Jacques Monod s'éloigna alors du Parti communiste français qui soutenait Staline contre la génétique dite « bourgeoise ». Or, dans ce courant de pensée, les différences entre les individus ne sont jamais que la conséquence des jeux sociaux. La part de l'héritage génétique dans nos différences est le point aveugle des doctrines socialistes.

De l'autre côté du spectre idéologique, la vision fasciste croit avant tout en la force de l'inné. Rien ne pourra alors par définition abaisser la race supérieure, ni sauver la race inférieure, la conséquence logique étant l'exaltation inconditionnelle de la première et l'élimination monstrueuse et froide de la seconde... Dans ce cas, c'est la part culturelle de ce que nous sommes qui est le point aveugle de l'idéologie.

Le traumatisme de l'horreur nazie et le refus de croire au goulag stalinien ont durablement biaisé le débat en faveur de la vision marxiste niant toute idée d'une part innée dans ce que nous sommes. C'est d'ailleurs cette horreur du déterminisme qui motivera, on le verra, la future adoption enthousiaste des technologies d'amélioration de l'intelligence.

Corollaire de cette conception : on croit aujourd'hui en la toute-puissance de l'environnement pour expliquer les différences de développement intellectuel des enfants.

L'environnement de l'enfant a deux composantes principales : sa famille d'une part, et l'école d'autre part. Or les contextes familiaux sont profondément inégaux. Un enfant aura la chance de grandir dans une famille attentive où les stimulations intellectuelles seront permanentes ; un autre sera moins bien traité, laissé seul le plus clair du temps devant la télévision... La fondation Terra Nova a montré qu'à quatre ans, un enfant issu d'un milieu populaire a entendu 30 millions de mots de moins qu'un enfant de bourgeois[1]. Une même capacité initiale se développera ainsi plus ou moins.

---

1. Les chiffres sont comparables dans les pays anglo-saxons.

Partant donc du principe que les inégalités entre les enfants sont avant tout dues à ces contextes familiaux, l'école s'est fixé pour objectif de compenser autant que faire se peut ces différences. Y parvient-elle ?

Réduction des inégalités : zéro pointé pour l'école

L'école est l'institution investie de la redoutable tâche de remédier aux inégalités de développement intellectuel. Tâche dont elle s'acquitte particulièrement mal.

Pour les enfants issus de milieux défavorisés, force est en effet de constater l'échec de l'école sur tous ses objectifs, sauf un : jouer le rôle de garderie pendant que les parents travaillent...

Le constat de l'échec de l'école dans la lutte contre les inégalités ne date pas d'hier. En 1964, le sociologue Pierre Bourdieu publie avec Jean-Claude Passeron un livre devenu un classique : *Les Héritiers*[1]. Il dresse un diagnostic implacable de la reproduction sociale française : les filières prestigieuses des grandes écoles et des meilleures formations universitaires, censées permettre une sélection objective sur le mérite, sont en réalité de pernicieuses machines à éliminer les enfants d'origine modeste et à justifier finalement la perpétuation de la domination des « élites ».

Aujourd'hui, le constat de Bourdieu et Passeron pourrait être réécrit presque dans les mêmes termes. En pire. Au sein des grandes écoles, seuls 9 % des étudiants sont aujourd'hui issus des classes socioprofessionnelles modestes contre 30 % dans les années 1950, alors qu'à peine 20 % d'une classe d'âge obtenait le baccalauréat à cette époque. Beau progrès.

---

1. Bourdieu Pierre et Passeron Jean-Claude, *Les Héritiers : les étudiants et la culture*, Éditions de Minuit, 1964.

Il faut se rendre à l'évidence, seulement contestée par les syndicalistes les plus exaltés : l'école est une machine incapable de réduire les inégalités.

L'école inutile ? Tout est joué d'avance

Pour quelle raison l'école est-elle si nulle – osons le mot ? Une première explication aux faibles résultats de l'école est qu'elle ne reçoit pas les enfants assez longtemps pour compenser les différences d'environnement familial. Pour un enfant d'âge scolaire, l'école ne représente en France jamais plus de 20 % du temps éveillé ; la famille reste l'endroit où l'enfant passe la grande majorité de son temps.

Cette domination du temps familial produit automatiquement des inégalités. Selon Bourdieu et Passeron, le mécanisme de reproduction sociale repose avant tout sur l'appropriation dès leur naissance par les « héritiers » d'une culture générale classique – vocabulaire, connaissance des codes sociaux, des grandes œuvres classiques, etc. – indispensable à la réussite dans les cursus prestigieux. Autrement dit, l'environnement familial est la source essentielle des différences de performances, ces dernières étant directement produites par la capacité à connaître et manipuler les différents codes.

Ce genre de conception, qui part implicitement du postulat qu'il n'y a pas de différence innée de capacité, fonde les expériences d'extraction des enfants défavorisées de leur environnement social : ce sont par exemple les « internats d'excellence », dont le principe est d'éloigner les enfants ou les adolescents le plus possible d'un contexte familial culturellement pauvre.

L'incroyable exemple chinois

On sait que les grandes familles viennent de loin. C'est particulièrement bien documenté pour la Toscane où un recensement fiscal très documenté a été réalisé en 1427, à l'occasion d'une grave crise financière. Les familles riches sont restées les mêmes en six siècles. Sur vingt-cinq générations, la mobilité sociale est insignifiante. Dans le cas toscan, il est difficile de différencier la part de transmission qui revient à l'argent, à la culture, aux capacités intellectuelles héritées...

C'est pourquoi l'exemple chinois pose des questions fascinantes : 84 % des familles des élites chinoises[1] de 2017 faisaient en effet déjà partie de l'élite avant la révolution maoïste. Alors même que leurs biens et leurs fortunes ont été confisqués en 1949 et que les bourgeois lettrés avaient beaucoup de difficultés à faire faire des études à leur progéniture. Une preuve stupéfiante de la force de la transmission des dominations sociales de certains groupes, qui comporte sans doute une part d'origine génétique.

Dans un livre à succès, le psychologue américain Dodson affirmait que « tout se joue avant six ans[2] ». Selon lui, les premières années de la vie d'un individu seraient absolument déterminantes à tous les niveaux : réussite sociale et économique et plus généralement épanouissement... L'école obligatoire commençant à six ans, elle arrive comme la cavalerie : trop tard.

Seconde explication à l'échec de l'école : certains éléments de la vie d'un élève, extérieurs à l'école comme à la

---

1. Étude de David S. G. Goodman, professeur de politique chinoise à l'université de Sydney.
2. Dodson Fitzhugh, *Tout se joue avant six ans*, 1986. On attribue souvent par erreur cette idée à Françoise Dolto...

famille, peuvent avoir un impact important sur le résultat final. Une étude néo-zélandaise[1] a montré que la consommation régulière – au moins quatre fois par semaine – et prolongée de cannabis commencée à l'adolescence entraînait une altération des performances intellectuelles. À l'âge adulte, la baisse de QI peut atteindre 8 points... Les conséquences sur la réussite sociale d'une dégradation de cet ordre sont considérables : 8 points, c'est approximativement ce qui sépare un ingénieur d'un technicien, un docteur d'un infirmier... Un fumeur de cannabis fait littéralement partir en fumée tous les efforts de l'école pour développer le QI.

L'école occupe donc une place somme toute modeste dans la liste de toutes les influences environnementales pesant sur le QI.

Mais sa place réelle est encore plus faible. En effet l'environnement tout entier n'explique lui-même qu'une part mineure du QI. C'est terriblement difficile à accepter, mais ce dernier est hélas majoritairement déterminé par notre patrimoine génétique.

Les travaux scientifiques montrent que l'on naît intelligent plus qu'on ne le devient. La génétique est en train d'imposer à nouveau l'évidence gênante que certains de nos caractères ne sont pas acquis mais innés.

Cela veut-il dire que des parents intelligents donneront obligatoirement des enfants intelligents ? Pas nécessairement. Le terme « héréditaire » employé pour décrire le caractère inné est trompeur : un enfant peut parfaitement posséder des mutations génétiques qui lui sont propres[2]. L'intelligence des parents ne détermine pas absolument

---

1. *Comptes rendus de l'Académie américaine des sciences*, publié le 27 août 2012.

2. C'est-à-dire survenues lors de la formation du spermatozoïde ou de l'ovule ou encore aux premiers stades du développement embryonnaire et dont les parents ne sont pas porteurs.

celle des enfants. Des parents à l'intelligence commune enfantant des génies... et réciproquement[1].

La distinction entre ce que l'on appelle couramment « la génétique » et « l'acquis » n'est pas si nette : la façon dont on va vivre, la consommation de certains produits ou l'exposition à certaines substances seront susceptibles de modifier les expressions de nos gènes. C'est ce que l'on appelle l'épigénétique. C'est ce phénomène qui explique qu'une prédisposition génétique à une maladie finisse par se déclarer ou non.

En dehors de cette zone mixte de l'épigénétique, il existe des choses innées qui ne peuvent pas, à l'heure actuelle, être corrigées. Si nous parvenons sans peine à l'accepter s'agissant de la taille ou de la couleur des cheveux – et encore, nous ne l'acceptons que parce qu'il est possible de tricher avec des talons et des teintures –, il semble révoltant d'accepter cette idée concernant l'intelligence. Elle s'hérite plus qu'elle ne s'acquiert, même si génétique et environnement intellectuel, affectif et nutritionnel sont entrelacés de façon extrêmement subtile.

Pour établir ce genre de résultats, une technique largement employée est la méthode des jumeaux, qui permet d'en apprendre beaucoup sur les rôles respectifs de l'inné et de l'acquis. Deux vrais jumeaux partageant par définition quasiment 100 % de leur matériel génétique, toute différence ne peut être due qu'aux variations d'environnement qu'ils ont pu rencontrer[2]. Deux vrais jumeaux qui ont fréquenté deux écoles différentes et/ou ont vécu dans deux

---

1. Cela correspond en général à deux événements génétiques ultra-favorables. La récupération par le futur enfant d'un nombre anormal de bons variants génétiques lors de la fabrication des ovules et spermatozoïdes ou des restructurations génétiques bénéfiques à la plasticité cérébrale dans les cellules souches cérébrales.
2. Il existe toutefois quelques mutations au début du développement embryonnaire qui entraînent de minimes variations génétiques entre deux vrais jumeaux.

familles distinctes sont ainsi de magnifiques cobayes pour explorer les rôles respectifs de l'inné et de l'acquis.

Ces recherches sur les jumeaux ont mis en évidence le fait que le succès scolaire contient une détermination génétique au moins aussi forte que l'école ou les autres variations d'environnement possibles[1]. Puis des travaux[2], menés sur 7 500 paires de jumeaux testés aux âges de sept, neuf et douze ans, ont montré que les différences individuelles de capacités de lecture et de comptage étaient génétiques à 68 %. L'intelligence pure n'est, d'après cette étude, génétique qu'à 42 %, ce qui est paradoxal : alors que les capacités de lire et compter sont réputées être spécifiques à l'apprentissage scolaire et ainsi théoriquement beaucoup plus dépendantes de l'école que l'intelligence en elle-même, elles sont en fait plus dépendantes du patrimoine génétique. Voilà qui devrait inciter le système éducatif à la modestie...

Une autre recherche[3] menée au Royaume-Uni et publiée en 2013 a poursuivi la démythification du rôle de l'école. Les scientifiques ont comparé les résultats obtenus au Certificat général d'éducation secondaire de plus de 11 000 paires de jumeaux de seize ans. Ils ont mis en évidence le fait que le degré de réussite, non seulement dans les premières années de l'école, mais encore jusqu'à seize ans, était fortement dépendant du patrimoine génétique. Le fait de partager un environnement commun

1. Haworth C.M.A., Asbury K., Dale P.S., Plomin R. (2011), « Added Value Measures in Education Show Genetic as Well as Environmental Influence.» PLoS ONE 6 : e16006. doi : 10.1371/journal.pone.0016006.t004.

2. Kovas Y., Voronin I., Kaydalov A., Malykh S.B., Dale P.S., *et al.* (2013), Literacy and numeracy are more heritable than intelligence in primary school. Psychol Sci. doi : 10.1177/0956797613486982.

3. Shakeshaft N.G., Trzaskowski M., McMillan A., Rimfeld K., Krapohl E., *et al.* (2013), « Strong Genetic Influence on a UK Nationwide Test of Educational Achievement at the End of Compulsory Education at Age 16.» PLoS ONE 8(12) : e80341. doi : 10.1371/journal.pone.0080341.

– famille et éducation – n'explique qu'environ un tiers des différences de résultat. Autrement dit, l'école et même la famille ne pèsent pas beaucoup face au poids décisif de la génétique, qui compte pour près des deux tiers du résultat. En synthèse, il est aujourd'hui établi que notre ADN détermine au moins 50 % de notre intelligence. Les environnements familial et scolaire doivent se partager une part déjà minoritaire.

Comme le notent les chercheurs : « Ces résultats montrent que les différences de réussite scolaire ne traduisent pas avant tout la qualité des professeurs ou des écoles. » En général, ce n'est pas l'incompétence de professeurs dévoués, ou même des problèmes de méthode, qui expliquent les mauvais résultats de l'école. Le but même de cette dernière, égaliser les chances à travers l'éducation, est une tâche bien décourageante : non seulement l'école ne représente qu'une partie de l'environnement relativement modeste comparée à celui de la famille, mais encore cet environnement tout entier n'a-t-il qu'un pouvoir limité de changer le destin scolaire d'un individu. Cruelle et implacable génétique.

Plus frappant encore : le rôle de la génétique croît entre l'enfance et la fin de l'adolescence. À ce moment-là, le rôle de l'environnement a encore diminué ; la part génétique compte pour près de 80 % de l'intelligence ! Cette croissance du rôle de l'hérédité jusqu'à vingt ans tend à montrer que c'est finalement moins l'état initial du cerveau qui s'hérite que son caractère plastique. C'est la plus ou moins grande plasticité du cerveau qui fait la capacité à apprendre ; et c'est précisément cette plasticité qui est plus ou moins grande selon les individus au départ. Et c'est la neuroplasticité que mesure le QI et donc la capacité à apprendre.

Ce qui ne veut pas dire bien sûr qu'il n'est pas important alors de stimuler au maximum l'individu : au contraire, chaque point de QI gagné sera d'autant plus précieux[1].

Le QI des Africains va exploser : le retour de l'effet Flynn

Les racistes s'en délectent et les antiracistes n'osent pas aborder le sujet : les Africains vivant en Afrique ont, en moyenne, de médiocres performances aux tests de QI. Cela ne doit rien à l'ADN et beaucoup à l'environnement, même si depuis la fin du XIXᵉ siècle les racistes ont instrumentalisé la génétique pour justifier leurs préjugés procolonisation. Les différences de QI selon l'origine d'une cohorte existent mais s'expliquent essentiellement par nos conditions de vie, pas par les gènes.

Nos capacités cérébrales dépendent de l'interaction entre de nombreuses séquences de nos chromosomes et notre environnement, notamment intellectuel et nutritionnel. L'importance de l'environnement dans la construction de nos capacités intellectuelles est illustrée par l'effet Flynn, du nom du chercheur qui l'a mis en évidence. Le paysan africain pauvre, qui souffre de parasitoses, n'est jamais allé à l'école et a été carencé en iode pendant sa vie fœtale, a le même QI que le paysan savoyard de 1850 : l'Afrique n'a pas encore bénéficié de l'effet Flynn. Un accouchement difficile qui réduit l'oxygénation du cerveau, le paludisme, une déshydratation liée à une gastro-entérite entraînent des dégâts neuronaux : les jeunes Africains avaient naguère

---

1. L'articulation de la génétique et de l'environnement peut être décrite à travers la métaphore de la voiture et de son pilote. Aussi mauvais que soit le pilote, avoir une voiture de course avec un moteur très puissant sera forcément un avantage important, même si cela ne garantit pas la victoire. À l'inverse, un pilote très doué ne pourra jamais gagner la course au volant d'une antique Citroën « deux chevaux ». De la même façon, un bon « câblage » du cerveau permis par la génétique est un bel avantage dans la course à la réussite scolaire. Ensuite, un environnement stimulant pourra aider à développer plus ou moins fortement les prédispositions. En revanche, aucun environnement, aussi stimulant soit-il, ne pourra réellement contrebalancer un médiocre patrimoine neurogénétique.

les conditions de vie les moins favorables de toute la planète au développement neuronal.

Cette situation change : la pauvreté recule, les techniques obstétricales progressent et les grandes maladies commencent à être sous contrôle, notamment grâce à la fondation Bill Gates[1]. En faisant reculer les maladies infectieuses préjudiciables au développement du cerveau des enfants, installer des latrines augmente aussi sûrement le QI de la population que la scolarisation. Par ses combats, Bill Gates sera aussi un des acteurs de l'explosion du QI des Africains.

S'il existe une part génétique à la dispersion de nos capacités intellectuelles individuelles, il n'y a pas de différence de potentiel entre les « races » : leur individualisation est tellement récente dans l'histoire humaine que c'est génétiquement impossible. Le rattrapage africain va le prouver tout aussi clairement que le dépassement des Occidentaux par les Asiatiques.

L'âge d'or des intellectuels et des innovateurs

À l'ère de l'IA, le QI devient plus discriminant que jamais. La différence introduite dans le destin par quelques points de QI, hier déjà notable, sera demain considérable. Un point de QI supplémentaire a un impact de plus en plus fort sur la trajectoire professionnelle, et la réussite au sens large.

Nous vivons une époque formidable et enthousiasmante, comme s'en réjouit l'ancien champion du monde d'échecs Gary Kasparov. Les opportunités se multiplient. Avec les nouvelles technologies, le champ des possibles s'est élargi comme jamais auparavant dans l'histoire de l'humanité.

---

1. Bill Gates a décidé de consacrer la quasi-totalité de sa fortune à révolutionner la santé dans les pays pauvres notamment en Afrique.

Les intellectuels, les innovateurs, les start-uppers, les managers, les scientifiques, les élites mondialisées évoluent comme un poisson dans l'eau dans cette nouvelle société. Cette accélération du futur qui densifie les vies est réjouissante. Gary Kasparov se félicitait récemment de l'explosion de l'Intelligence Artificielle : « Les machines intelligentes vont mener notre vie mentale vers plus de créativité, de curiosité, de beauté et de bonheur », expliquait-il. Il a raison : nous vivons la période la plus enthousiasmante, exaltante, fascinante et vertigineuse que l'humanité ait connue. Des chantiers inimaginables s'ouvrent : conquête de l'espace, recul de la mort, maîtrise de notre cerveau, transmission de pensée, manipulation du vivant... Oui, nous allons vivre l'âge d'or des entrepreneurs, des innovateurs et des intellectuels. La vague des technologies NBIC offre des perspectives extraordinaires pour amplifier l'aventure humaine.

Tous ceux qui le peuvent s'empiffrent dans ce banquet d'innovations auquel l'humanité semble conviée. Les fortunes s'accumulent en quelques années, d'autant plus facilement que toutes les positions acquises dans la vieille économie sont remises en cause. À qui en perçoit les mouvements, le hold-up sur la valeur ajoutée des chaînes de production est un jeu d'enfant. Voguant avec délices sur les vagues d'innovations schumpétériennes, ils se comportent en corsaires de la nouvelle économie, abordant sans ménagement les vieux galions remplis d'or pour les détrousser.

Tout cela est formidable et enthousiasmant. Mais ce qu'oublie Kasparov, qui a un QI exceptionnel de 190, c'est que la faculté de profiter du festin numérique n'est donnée qu'aux innovateurs qui jouissent également d'un QI élevé. Les autres, la grande majorité par définition, dont les performances intellectuelles sont moins bonnes, resteront spectateurs. Les largués de la nouvelle économie accumulent d'autant plus de retard que ceux qui sont montés à bord vont vite et loin. C'est un fossé cognitif qui se recrée ainsi, à la faveur de la fracture numérique, de façon assez semblable à celui qui pouvait opposer il y a cinq siècles un lettré parisien d'un paysan vivant dans une campagne isolée. Selon que l'on est aujourd'hui branché aux nouvelles technologies, capable de les maîtriser et d'en profiter, ou au contraire loin du monde du « Big Data », la différence de trajectoire professionnelle et de patrimoine sera considérable. On peut craindre, en outre, que le QI minimum pour être concurrentiel face à l'IA monte considérablement à partir de 2030[1].

Le tabou du QI est suicidaire

Les publics fragiles veulent de la réassurance. Ils ne sont pas prêts à entendre que l'IA menace tous les gens qui ne sont pas des manipulateurs de data ou dotés d'une forte créativité. Les hommes politiques ne veulent à aucun prix ouvrir la boîte de Pandore de ce débat entièrement miné. Le QI reste un tabou. Emmanuel Macron déclencha, on s'en souvient, une violente polémique menée par les bien-pensants lorsqu'il fit remarquer que la reconversion des ouvrières de Gad serait difficile, puisque beaucoup étaient illettrées. La plasticité cérébrale n'est hélas pas illimitée, sinon les ouvrières de Gad deviendraient *data scientists* ou physiciens nucléaires en suivant une formation. Et elle est inégalement répartie : les différences d'intelligence sont d'abord des différences de plasticité neuronale.

---

1. À titre personnel, et sans que cela constitue une estimation scientifique, je ne serais pas étonné si ce QI minimum concurrentiel montait de 5 à 10 points par décennie. Si une IA forte émergeait, ce chiffre devrait évidemment être revu à la hausse.

La lutte contre les discriminations et les inégalités est devenue le fil rouge d'un pan entier de l'action publique en France. La liste des sources des discriminations reconnues ne cesse de s'allonger, loi après loi : opinion politique, genre et préférences sexuelles, origines sociales, religieuses, ethniques. Le QI est encore le grand absent de ces politiques. Les différences d'intelligence, et leurs lourdes conséquences, sont une réalité indicible pour les pouvoirs publics.

Pour quelle raison le silence des discours publics en matière d'inégalités de QI est-il, à l'heure actuelle, total ? Il est plus facile d'expliquer aux catégories sociales les moins favorisées que leur situation est due à des causes extérieures malignes et qu'elles n'en sont que les victimes, alors qu'en théorie rien ne devrait les empêcher de réussir aussi bien que les autres. C'est sur de telles explications que prospèrent les discours anticapitalistes pour qui les hiérarchies de classes ne sont que la conséquence d'une mondialisation « ultralibérale » où certains, parce qu'ils sont les plus chanceux et/ou les plus malhonnêtes, dominent les autres. Les discours conservateurs, diamétralement opposés, n'acceptent pas non plus l'explication du déterminisme génétique : pour eux, il est plus commode de penser que les différences sociales sont le reflet du mérite des gens dans l'absolu, c'est-à-dire que certains ont plus travaillé pour réussir leur vie.

Dans les deux cas, l'explication est confortable mais parfaitement stérile : dans le premier, les plus défavorisés sont dédouanés de toute responsabilité, et peuvent donc revendiquer des compensations face à ce qui est une injustice sociale ; dans le second les plus pauvres sont responsables de leur situation, et ils n'ont à s'en prendre qu'à eux-mêmes...

Au-delà des idéologies, personne ne veut s'entendre dire que son absence de réussite scolaire ou sociale est due à un manque d'intelligence. Être une victime du système, ou même à la limite un paresseux, a plus de dignité à nos yeux que d'être un défavorisé de l'intellect.

Il n'est pas concevable d'expliquer aux gens que leur situation est bien due à une discrimination, mais que cette discrimination est essentiellement celle de l'intelligence, sur laquelle on a peu de prises. Aujourd'hui, le poids déterminant des inégalités de QI sur la réussite reste ainsi un sujet absolument tabou, alors qu'elles sont les principales sources des inégalités sociales et économiques ! Le déterminisme du QI est ainsi inacceptable du triple point de vue politique, moral et philosophique.

L'aristocratie de l'intelligence n'est pas acceptable

Lorsque les technologies d'augmentation de nos capacités cognitives commenceront à être disponibles, les différences de QI et les inégalités qu'elles engendrent deviendront de plus en plus visibles. Il n'y aura pas d'échappatoire : il faudra agir. Lorsque ces techniques seront accessibles à tous, elles deviendront donc rapidement des standards. Ce genre d'effet massif d'adoption n'est pas sans précédent dans l'histoire. Il s'agit même en fait d'une loi sociologique banale. Toutes les pratiques socialement répandues le sont par mimétisme et contagion[1]. C'est ainsi qu'évoluent les modes et les mœurs.

La passion de l'égalité qui caractérise nos démocraties occidentales rendra la croissance des inégalités de QI insupportable. Et cela d'autant plus qu'il n'y aura plus d'emplois valorisants pour les humains non augmentés dont la capacité de travail sera, à terme, très aisément remplaçable par un robot doté d'IA.

---

1. Ces éléments culturels qui se transmettent s'appellent les mèmes.

Dans quelques années, une intelligence supérieure ne pourra plus être le fruit du hasard et une qualité réservée à une aristocratie. Elle fera partie du kit de survie minimum dont chacun devra être pourvu.

Le QCIA : quotient de complémentarité avec l'Intelligence Artificielle

Le tabou du QI ne résistera pas longtemps face au surgissement de l'IA. Un fort QI est en effet nettement corrélé à l'adaptabilité. Plus l'IA va se diffuser, plus nous aurons besoin de QI élevés pour que nos cerveaux soient complémentaires avec elle. Il serait même pertinent, dans ces conditions, d'affiner le vieil outil du QI pour concentrer l'évaluation des capacités intellectuelles sur cette complémentarité. Ce QCIA – Quotient de Complémentarité avec l'IA – pourrait devenir l'indicateur phare de l'employabilité. Plus personne alors ne pourra continuer à ignorer le scandale des inégalités d'intelligence dont les conséquences éclateront au grand jour. Être intelligent, à terme, ne sera plus une qualité distinctive, mais un prérequis.
Imagine-t-on de surveiller un cancer du poumon sans scanner, ou un diabétique sans mesurer la glycémie ? « S'il est impératif de mieux comprendre la nature complexe et contestée de l'intelligence – notamment ses composantes émotionnelle et créative –, il ne faut pas tomber dans le déni », affirme Nicolas Miailhe, chercheur à la Harvard Kennedy School of Government et cofondateur du *think tank* The Future Society. « La montée en puissance de l'IA et des sciences cognitives couplée à l'hyper-personnalisation de l'enseignement va très certainement donner une importance cruciale aux tests psychométriques ; et donc aux mesures du type QI. Non pour stigmatiser mais pour piloter la montée en puissance de nos cerveaux biologiques et lutter contre les inégalités. La politique de l'autruche revient à abandonner

les plus vulnérables. Avec 9 milliards d'êtres humains et une IA prodigieusement puissante, la compétition va être féroce ; la mesure du QI risque fort d'être cruciale. La France et l'Europe doivent être à la pointe de la recherche en la matière notamment pour reformer la mesure de l'intelligence afin de la rendre moins brutale et réductrice. D'autant que nous allons vraisemblablement passer d'une logique de dépistage à une logique de mesure en continu. »

Pour Nicolas Miailhe, « il est urgent que le gouvernement organise un grand débat public sur l'intelligence pour penser et piloter les grandes transformations à l'œuvre. Un grand débat associant scientifiques, experts, citoyens, enseignants, chercheurs, associations, et acteurs économiques permettrait une politisation salutaire de la question sans pour autant s'engluer dans des discussions sur le déterminisme biologique de l'intelligence, ou la pertinence des mesures quantitatives du type QI. Le courage politique réclame qu'on se saisisse de ces enjeux compliqués – et du passif historique qui va avec... – sans tomber dans des caricatures dangereuses ».

S'il faut lever le tabou du QI, ce n'est certes pas pour en faire un indicateur-roi, mais au contraire pour mieux en finir avec lui. Le QCIA sera le nouveau standard de référence. À la différence du QI traditionnel, il sera évolutif, car indexé sur les progrès de l'IA. Il devra s'adapter aux formes futures de l'IA que nous ne soupçonnons même pas encore, à cette migration de la frontière technologique dont nous sommes encore incapables de prédire précisément la nature, aux nouvelles synergies neurones-transistor qui naîtront à travers une hybridation dont on ignore aussi les modalités précises.

Le QCIA sera notre boussole dans un monde où la question de l'intelligence – sa gestion, son évaluation fine, la connaissance intime de ses multiples facettes – deviendra centrale. L'évaluation de l'intelligence ne visera pas à stigmatiser les gens moins doués mais au contraire à les aider à aller le plus loin que la technologie éducative le permettra, à une époque donnée. Comme l'explique fort justement l'entrepreneur Gilles Babinet : « La priorité est d'augmenter le capital humain. » Mais être intelligent ne signifiera plus la même chose à l'ère de l'IA.

La mise au point et la maintenance de cet indicateur, qui devra être partie intégrante du carnet éducatif que propose le professeur François Taddéi, demandera un effort considérable et permettra de se poser beaucoup de bonnes questions sur le quatuor « école-travail-neurone-transistor ».

Le QCIA pourra être mesuré en temps réel par l'IA de notre smartphone qui sait tout de notre cerveau : l'IA nous aidera à rester complémentaire d'elle-même.

CHAPITRE 6 :
DANS L'ÉCONOMIE DE DEMAIN, L'INTELLIGENCE N'EST PLUS UNE OPTION

La peur de voir la mécanisation remplacer les emplois est aussi ancienne que la mécanisation elle-même et donc que le travail. Historiquement, elle s'est toujours révélée infondée car la hausse de la productivité a été compensée par la hausse de la demande de biens et par la montée en compétence des travailleurs qui trouvaient ainsi de nouveaux emplois.

Mais l'ère NBIC ressemble de moins en moins à une révolution industrielle classique. Ses effets sur l'emploi pourraient être moins idylliques. Beaucoup moins. Ce qui est certain, c'est que l'exigence d'intelligence sera plus élevée que jamais. Et l'échec de l'école plus préoccupant encore.

Aucun emploi n'est immunisé contre le risque lié à l'IA

La spectaculaire vague de l'IA va menacer jusqu'à des activités qui paraissaient particulièrement protégées. Le mouvement de remplacement des tâches routinières est aussi vieux que la mécanisation. Mais ce qui est nouveau au XXIe siècle, c'est qu'il concerne petit à petit des tâches de plus en plus qualifiées qu'on croyait inaccessibles aux machines.

Les premiers calculateurs et traitements de texte ont commencé par remplacer brutalement les hordes de « demoiselles » affectées à la réalisation des calculs fastidieux et à la frappe de mémos dont l'entreprise avait besoin. À l'ère numérique, cette tendance connaît une accélération brutale. Les exemples de disparition d'emplois apparemment qualifiés que l'on aurait crus protégés de la mécanisation se multiplient.

La grenouille et l'orthodontiste

L'évolution de l'orthodontie est révélatrice : ce métier est bouleversé et les orthodontistes n'ont rien vu venir. Le système des bagues et plaquettes nécessite de nombreuses étapes chronophages pour le dentiste : prise d'empreintes, diagnostic, pose des plaquettes, ajustement régulier des arcs et élastiques, retrait des plaquettes, pose d'un arc de contention post-plaquettes, etc. L'orthodontie est un métier intellectuel et manuel. Chaque orthodontiste a son tour de main et ses astuces, fruits d'années de pratique. Avec l'arrivée des gouttières Invisalign, tout cela vole en éclats. Le praticien se transforme en distributeur des produits conçus en Californie par l'IA. Plus de 4 millions de traitements orthodontiques ont déjà été conçus par Invisalign et chaque nouveau patient enrichit le système expert qui devient jour après jour toujours plus performant que les humains.

L'empreinte est prise électroniquement par l'assistante dentaire à partir de milliers de clichés réalisés par une sonde électronique qui passe devant les dents. Les données numériques partent chez Invisalign en Californie qui est à deux pas de Google, Facebook et Apple. Invisalign analyse les données et quelques millions de milliards d'opérations après, l'IA *made in* Californie génère une quinzaine de gouttières transparentes qui sont astucieusement conçues pour déplacer dans le meilleur ordre possibl les dents. Tout cela est calculé à partir de la base de données de 4 millions de patients. Dix mille fois plus que l'expérience d'un orthodontiste. Puis un transporteur de type Fedex envoie les gouttières.

Bien sûr le dentiste conserve la relation client, et continuera à cultiver l'empathie. Mais 99 % de la valeur ajoutée s'est désormais envolée chez le fournisseur... d'IA.

Une grenouille plongée dans une bassine d'eau dont on élève tout doucement la température s'endort sans réaliser qu'elle va mourir. L'orthodontiste est dans une situation comparable : plongé dans la marmite de l'IA, il va mourir tout doucement dans un profond déni technologique. Aucun praticien n'arrivera à la cheville du système. En 2010, tous les prévisionnistes pensaient que l'orthodontie était un métier « 100 % non délocalisable jusqu'à la fin des temps » ; c'est juste le contraire.

Les orthodontistes se rassurent pour l'instant car cette technique n'est pas encore généralisable et parce qu'ils paramètrent certains éléments. Mais, en réalité, ce paramétrage est laissé aux orthodontistes par Invisalign pour faire croire au praticien et au patient que le dentiste est encore utile, ce qui ne peut qu'accélérer la diffusion de son produit. Jusqu'au jour inévitable où l'intermédiaire pourra être supprimé ou marginalisé. Une astuce comparable à celle de L'Oréal qui fait croire à l'esthéticienne prescriptrice de crèmes qu'elle est importante.

L'IA aura bouleversé l'orthodontie en quelques années. Ce processus va se généraliser à l'ensemble de la médecine. Notre biologie est tellement complexe qu'aucun médecin ne peut lutter face à l'IA. Début 2017, une étude publiée par l'hôpital de Stanford a montré que l'IA de Google analyse mieux une lésion cutanée, et notamment les cancers de la peau, que les meilleurs spécialistes dermatologiques. En quelques mois, l'IA a dépassé l'homme dans de nombreuses activités médicales. Des emplois aussi qualifiés que ceux de chirurgiens pourraient être menacés plus vite qu'on ne le pense. Les premiers robots chirurgicaux – principalement le Da Vinci – sont apparus à partir des années 2000. Ils ne sont pas encore autonomes et restent sous le contrôle du chirurgien, qui est en permanence présent derrière la console informatique. Dans les décennies qui viennent, les compétences du robot vont s'enrichir pour remplacer progressivement la fonction actuelle du chirurgien.

Comment le tsunami de données conduit à « la mort des médecins »

En avril 2017, Google a provoqué un vif émoi dans la communauté médicale en annonçant, *via* sa filiale de Santé Verily, la mise en place de sa première cohorte de patients qui ne sera pas prise en charge par le monde académique. Concrètement, Verily va recruter et suivre dix mille volontaires et les équiper d'une batterie d'objets connectés pour suivre à distance, durant quatre ans, l'évolution de leur état de santé. Les cobayes livreront les moindres détails sur eux : des capteurs seront placés dans leur matelas, des prélèvements réguliers de leurs sécrétions seront réalisés, leur génome sera bien évidemment décrypté... 100 millions de dollars sont dédiés à l'opération. Son but est de déterminer les biomarqueurs pouvant indiquer les signes avant-coureurs des pathologies et d'identifier les facteurs de risque encore inconnus. Il ne s'agit probablement que d'un coup d'essai de la part de Google. Dans quelques années, ce sont des millions de personnes à travers le monde qui pourront être suivies ainsi.

Hold-up sur la recherche scientifique en santé

Les données collectées seront d'une richesse, d'une précision et d'une fiabilité sans précédent, ce qui permettra de nourrir l'IA de données bien plus intéressantes que celles qui sortent aujourd'hui des études médicales publiées par les revues scientifiques[1].

La capacité des géants du numérique d'entrer en contact avec une population immense permettra de former des cohortes de gens porteurs de tous types d'affections. C'est une véritable révolution médicale, car l'intérêt scientifique d'une cohorte est directement fonction de sa taille. Les plateformistes vont pouvoir mettre à profit la loi de Metcalfe, encore elle, pour constituer des groupes de patients sur des pathologies hyperspécialisées, faisant progresser la science médicale dans des domaines où elle est encore en échec.

Avec Baseline – c'est le nom de l'opération –, Google ne court-circuite pas seulement le monde feutré de l'entre-soi académique, il pose la première pierre d'une industrialisation de la recherche médicale. Une recherche que seules les grandes plateformes du Net auront les moyens de mettre en œuvre.

Derrière, ce sont évidemment les professionnels de santé dont le rôle sera remis en cause. Même les médecins qui exercent les disciplines les plus sophistiquées seront « challengés », voire remplacés par les automates.

Un radiologue qui analyse une radio ou un scanner l'interprète en fonction de son expérience reposant sur les centaines ou les milliers de radios et d'images qu'il a déjà analysées. Or, la reconnaissance et la construction par l'image sont une des forces de l'IA et un robot-radiologue aura une capacité de mémorisation de milliards d'images, bien supérieure à celle du plus doué des radiologues.

---

1. Jusqu'à 50 à 80 % des études biomédicales ne sont pas reproductibles pour des raisons de faiblesse méthodologique, voire hélas de fraude scientifique. Or la reproductibilité est le critère numéro un de validité scientifique…

Pourquoi le médecin ferait bien d'imiter l'astrophycisien

En 2030, il y aura un million de fois plus de données dans un dossier médical qu'aujourd'hui. Cette révolution est le fruit du développement parallèle de la génomique, des neurosciences et des objets connectés. De nombreux capteurs électroniques vont bientôt pouvoir monitorer notre santé : des objets connectés vont ainsi produire des milliers puis des milliards d'informations chaque jour pour chaque patient.

Les médecins vont affronter une véritable « tempête numérique » : ils devront interpréter demain des milliers de milliards d'informations quand ils ne gèrent aujourd'hui que quelques poignées de données. La profession peut-elle s'adapter à une mutation aussi brutale ?

Puisqu'il est exclu que le médecin vérifie les milliers de milliards d'informations que la médecine va produire, nous allons assister à une mutation radicale et douloureuse du pouvoir médical. Les médecins signeront des ordonnances qu'ils n'auront pas conçues. Le risque est grand que le médecin soit l'infirmière de 2030 : subordonné à l'algorithme, comme l'infirmière l'est aujourd'hui au médecin.

Autre effet collatéral, l'éthique médicale ne sera plus le produit explicite du cerveau du médecin : elle sera produite plus ou moins implicitement par le système expert. Le pouvoir médical et éthique sera aux mains des concepteurs de ces logiciels. Ces systèmes experts seront des monstres de puissance et d'intelligence. Chacun coûtera des milliards de dollars et s'autoaméliorera par l'analyse des millions de dossiers de patients qu'il monitorera. Ne soyons pas naïfs : aucun ne sera français ! Les leaders de l'économie numérique seront sans doute les maîtres de cette nouvelle médecine. La France n'a quasiment aucune chance dans cette bataille[1]. Les systèmes experts seront essentiellement *made in USA* puis *made in China*, là où la constitution de cohortes de millions de patients pour les alimenter a

---

1. Agnès Buzyn, ministre de la Santé, semble comprendre ces enjeux.

déjà commencé. L'exemple de la médecine personnalisée en cancérologie illustre également ce dilemme.

Cette révolution de la cancérologie est le fruit du croisement de la génomique et de l'informatique. Mise au service de la génomique, la puissance accrue des ordinateurs permet une lecture de plus en plus complète de l'ADN. Les anatomo-pathologistes doivent aujourd'hui interpréter des milliers de milliards d'informations pour classer chaque tumeur, alors que l'ensemble des données concernant un patient tenaient jusqu'à présent sur une feuille. L'analyse complète de la biologie d'une seule tumeur représente, par exemple, 20 000 milliards de données. Les anatomo-pathologistes et les cancérologues vont-ils devoir outsourcer[1] leur cerveau dans ce qu'on nomme le *cloud computing*, c'est-à-dire confier la décision aux gigantesques bases de données installées dans l'informatique dématérialisée ? Il semble en tout cas difficile qu'un médecin puisse apprendre par cœur les 100 000 mutations génétiques découvertes chaque jour qui alimentent les bases de données en flux continu. Il devient urgent que les spécialistes du cancer observent comment les astrophysiciens gèrent les exabytes (milliards de milliards de données) qu'ils produisent. Sinon, le pouvoir médical risque de changer de mains.

200 millions de mutations déjà répertoriées

Quelques ordres de grandeur. Dans le génome de chacun de nous, il existe en moyenne 2 millions de mutations par rapport au génome de référence. On connaît déjà 200 millions de *single nucleotide polymorphisms* (SNPs), qui sont les positions de notre ADN pouvant faire l'objet d'une variation chez tout un chacun potentiellement responsable d'effets cliniques. Autour de 2020, on devrait dépasser le milliard de SNPs répertoriés.

Il existe certes un discours médical très répandu, qui préfère insister sur les limites de la génomique. Mais ces limites ne sont qu'une dérisoire protection contre la réalité : nous sommes en fait totalement incapables de traiter ces montagnes de données. Comme la connaissance génomique est encore fragmentaire, cela n'a aujourd'hui que peu de conséquences pour nos patients. Mais, progressivement, notre ignorance pourrait diminuer leurs chances, et la société ne l'acceptera plus. Le praticien, désarmé face aux milliers de milliards d'informations que la médecine personnalisée va produire, devra passer la main. Puisque nous, médecins, sommes incapables de piloter cette révolution, les leaders de l'économie numérique en deviendront les maîtres. La médecine personnalisée sera ainsi inéluctablement le tombeau de la profession telle qu'elle existe aujourd'hui : il est immoral de la freiner et nous sommes incapables de la maîtriser. L'intelligence artificielle des géants du numérique le peut.

Les médecins sont-ils perdus ? Peut-être pas, mais il faut planifier d'urgence la mutation de leur métier.

Pour les médecins, comme pour l'ensemble des autres professions, deux conditions sont nécessaires pour qu'émergent de nouveaux emplois : le marché du travail doit être flexible et les travailleurs doivent être formés, par l'école et la formation professionnelle, aux nouvelles technologies.

L'administration ne mène, hélas, aucune réflexion prospective pour adapter le très rigide système de formation des adultes au déploiement rapide de l'IA. C'est aussi vrai du mandarinat qui ne réfléchit guère à l'évolution des compétences qu'il faut inculquer aux futurs médecins.

Vers un taux de chômage à 80 % ?

L'idée qui faisait consensus[1] parmi les experts jusqu'à il y a peu était que l'innovation finissait toujours par

---

1. Dans un sondage de février 2014 réalisé par l'université de Chicago, seuls 2 % des experts estimaient que, par le passé, l'automatisation de la production avait détruit plus d'emplois qu'elle n'en avait créé aux États-Unis. Source : Chicago Booth IGM Forum, cité *in* Frick Walter, *op. cit.*

créer plus d'emplois qu'elle n'en détruisait. Avec les NBIC, l'optimisme est moins de mise : dans son rapport[1] publié en août 2014, le Pew Research Center souligne que seulement 52 % des experts pensent que l'automatisation va créer plus d'emplois qu'elle n'en détruit. 48 % pensent le contraire... Cette question est en train de devenir brûlante, car elle porte en elle la possibilité d'un déséquilibre rapide de tout notre système économique et social.

Une économie où « le gagnant prend tout »

L'hybridation du numérique, de la robotique et, plus important que tout, de l'Intelligence Artificielle, remet en cause les fondements de l'économie, basé sur la concurrence et l'ajustement « tranquille » de l'offre à la demande[2].

Les entreprises qui disposent des moyens d'investir dans les technologies les plus modernes et d'attirer les cerveaux les plus brillants du monde ont la possibilité de devenir en quelques années des géants mondiaux quasi monopolistiques, propriétaires de milliards de milliards de données.

Cette économie de l'exponentielle pose trois défis inédits. Un défi d'ajustement des marchés d'abord. L'intelligence artificielle accélère constamment. Comment les marchés s'équilibrent-ils quand les entreprises grandissent très vite et quand les technologies ne sont jamais stabilisées ? Les rémunérations peuvent-elles dans ces conditions être fixes, sauf à créer un chômage énorme ? Les prix sont-ils

---

1. Pew Research Center, *AI, Robotics, and the Future of Jobs, Digital Life in 2025*, Août 2014.

2. Laurent Alexandre et Nicolas Bouzou : « Intelligence artificielle, le tsunami », *Le Figaro*, 9 août 2017.

amenés à bouger en permanence ? À être différents selon les utilisateurs ?

Il n'y a pas de médaille d'argent

La nouvelle économie se traduit par une prime au vainqueur. Le succès va au succès et contrairement aux Jeux olympiques, il n'y a que des médailles d'or. L'accès aux ressources numériques étant immédiat et illimité, le consommateur choisit le meilleur portail, le meilleur moteur de recherches, le meilleur réseau social. Pourquoi aller sur un moteur de recherches de second ordre quand on peut aller sur Google tout aussi gratuitement ? On a donc rapidement un monopole ou un oligopole selon les segments qui laisse extrêmement peu de place aux acteurs marginaux. Il ne reste que ceux qui sont dans l'orbite des plateformes numériques. Le principal circuit de distribution sur terre, le téléphone portable, est de surcroit contrôlé par les géants numériques.

Les Européens se sont émus récemment de ces nouveaux modèles entrepreneuriaux. Par exemple, Sébastien Soriano président de l'ARCEP[1] expliquait dans *Le Monde*[2] qu'il est temps de renverser les seigneurs de l'Internet féodal. Il s'insurge contre les monopoles que les effets d'échelle produisent en créant le syndrome du « *Winner takes all* ». Il fait par ailleurs remarquer que l'ère du big data touche à sa fin et que nous entrons dans l'ère du « *full data* » où cette masse immense d'informations fera toute la différence dans la course à l'IA. Pour la première fois, un administratif français[3] a compris les ressorts fondamentaux de la nouvelle économie. Le dernier défi est donc celui de régulation concurrentielle. Il est relativement simple, dans l'industrie ou

---

1. L'autorité de régulation des communications électroniques et des postes.

2. 5 juillet 2017.

3. C'est également le cas d'Henri Verdier qui est le stratège informatique de l'État.

la distribution traditionnelle, de qualifier un abus de position dominante. Qu'en est-il sur des structures de marché oligopolistiques voire monopolistiques, avec des entreprises dites bi-faces, c'est-à-dire qui organisent à la fois l'offre et la demande ? C'est un champ intellectuel et juridique quasi vierge, avec des conséquences géopolitiques puissantes. Il n'est pas certain que nos certitudes économiques et géopolitiques traditionnelles restent valides.

Cette économie crée en outre d'immenses fortunes baties sur ces monopoles qui stimulent l'innovation dans d'autres secteurs. On le voit avec Google et les biotechnologies, avec Amazon et la conquête spatiale ou encore avec Facebook et les neurotechnologies.

Des barrières à l'entrée sans cesse plus hautes

Les géants du numérique obtiennent leur monopole par la concentration d'une quantité invraisemblable de talents qui sont payés à coups de millions de dollars. Cette razzia sur les hauts QI crée une grande barrière à l'entrée pour les entreprises traditionnelles qui pour des raisons financières, psychologiques ou même politique ne peuvent pas payer leurs chercheurs et leurs cadres plusieurs millions de dollars par an. Première barrière.

Le monopole n'est pas construit par des barrières protectrices traditionnelles mais de plus en plus par le fait que l'IA exige d'énormes bases de données. Une étude publiée par Google, le 13 juillet 2017, montre qu'entre une base de données d'un million de photos et une autre de 300 millions il y a un écart considérable dans la qualité de l'Intelligence Artificielle que l'on éduque. Seconde barrière.

L'Ubérisation est un point de détail

Elle aura été l'événement du début de la décennie 2010, mais ce n'est absolument pas la désormais de chauffeurs qui ont été créés et qui ont pu donner du travail à des jeunes issus de banlieue n'auront été qu'une courte parenthèse avant la voiture autonome.

Le monde économique évolue extrêmement rapidement[1] avec un déplacement de la valeur et des compétences nécessaires pour en profiter. Les emplois de demain nécessiteront une très grande flexibilité, une forte complémentarité avec l'Intelligence Artificielle et une transversalité intellectuelle.

Économie du futur = Travailleurs ultra-qualifiés + écosystème numérique + État stratège

Il faudra être ultra-compétent et innovant pour être durablement complémentaire de l'IA, mais le spécialiste de l'investissement technologique, Nicolas Colin, met en garde contre l'illusion du « tout formation ». Il serait illusoire, dit-il, de penser que les freins à la création d'emplois sont uniquement liés à un déficit de formation. Si l'on produisait mille spécialistes de l'IA ou de physique nucléaire au Congo, ils ne trouveraient pas d'emploi faute d'écosystèmes capables de les utiliser.

Il milite finalement pour raisonner un peu moins sur le niveau de qualification de la main-d'œuvre et davantage sur son redéploiement vers les modèles d'affaires en phase avec les modèles numériques. L'entreprise doit inventer des *business models* qui associent tous les nouveaux concepts entrepreneuriaux : le COBOT, c'est-à-dire la fusion entre le robot et l'homme ; la coopétition, c'est-à-dire la création d'écosystèmes où il y a à la fois de la compétition et de la coopération, comme c'est le cas entre Apple et Samsung[2].

---

1. On voit les conséquences de cette révolution entrepreneuriale dans le renouvellement des grandes entreprises. Les principales entreprises, à la bourse de New York, sont des entreprises récentes, créées par des « *self-made men* » et le pourcentage dans les quatre cents plus grandes entreprises américaines des entreprises créées par des « *self-made men* » est en augmentation constante. Elle dépasse les 70 %, la part des « fils à papa » ne cessant de diminuer.

2. Samsung est à la fois le premier concurrent de l'iPhone et le premier fournisseur d'écrans, de mémoires d'Apple.

> Les innovations numériques peuvent avoir un impact
> majeur sur le tissu économique existant. WhatsApp a mis
> moins de cinq ans pour tailler les croupières aux opéra-
> teurs de télécom[1].
> On passe d'innovations incrémentales, pas à pas, à des inno-
> vations de ruptures qui ne sont pas créées par des entre-
> prises traditionnelles mais par des écosystèmes extrêmement
> performants, capables d'attirer à eux les meilleurs salariés
> du monde et adossés à des pouvoirs publics bienveillants.
> Un État stratège devrait soutenir de tels écosystèmes...

Le prospectiviste à succès Jérémy Rifkin annonçait dès 1995[2], dans un livre éponyme, « la fin du travail ». Selon lui, l'augmentation de la productivité et la robotisation des activités vont supprimer massivement des emplois jusqu'à conduire à un monde sans travailleurs ou presque.

Cette tendance ne fera que s'accentuer, soutient-il. *In fine*, seuls quelques emplois très qualifiés subsisteront : innovateurs industriels, scientifiques, informaticiens, consultants, etc. Le marché du travail connaîtra un dualisme radical, opposant les élites manipulant l'abstraction et créant de la valeur à des masses de travailleurs hyper précarisés voire tout simplement inemployés.

Ce pessimisme technologique n'est pas nouveau : en avril 2000 dans l'incontournable revue des geeks *Wired*, le directeur scientifique de Sun Microsystem, Bill Joy, expliquait déjà que « L'avenir n'aurait pas besoin de nous ».

---

1. L'année 2012 a été lourde de symboles à cet égard. Une petite société nommée Instagram est alors rachetée par Facebook pour un milliard de dollars. Elle comptait treize employés... Presque au même moment, une entreprise qui avait compté jusqu'à cent quarante-cinq mille employés se déclarait en faillite, tuée par la photographie numérique. Elle s'appelait Kodak.
2. Rifkin Jérémy, *La Fin du travail*, La Découverte, 1997 (éd. originale 1995).

La mort du travail ?

La fin du travail est un mythe dont on retrouve les premières traces au début de l'Empire romain sous Vespasien, qui bloqua certaines machines de chantier pour protéger les travailleurs du bâtiment. Et Aristote lui-même se demandait ce que les esclaves deviendraient si des métiers à tisser automatiques voyaient le jour. Craignant les effets sur les travailleurs du tricot, la reine Elisabeth Ire d'Angleterre refuse en 1561, au révérend William Lee, le brevet du métier à tricoter les bas[1]. Plus près de nous, le maire de Palo-Alto, cœur de la Silicon Valley et désormais de l'économie mondiale, écrivit au président Hoover en 1930 pour le supplier de freiner le progrès technique qui allait paupériser ses électeurs...

Aujourd'hui, bien des commentateurs craignent un assèchement de la plupart des emplois, à l'exception d'emplois exceptionnels hyper qualifiés et rares. C'est ce qu'a déclaré en 2014 Bill Gates : « La substitution par des logiciels, qu'il s'agisse de conduire, de servir au restaurant ou de donner des soins infirmiers progresse. La technologie va avec le temps réduire le nombre d'emplois, en particulier les moins qualifiés d'entre eux. Dans vingt ans, la demande de travail correspondant à de nombreuses compétences sera substantiellement plus basse. Je ne crois pas que les gens aient intégré cela dans leur modèle mental[2]. »

Justin Reich, professeur à Harvard, dépeint ainsi le futur proche de l'emploi : « Il y aura un marché du travail pour les tâches non routinières qui peuvent être réalisées de façon interchangeable par n'importe qui – et ces tâches ne rapporteront pas assez pour vivre. Et il y aura quelques opportunités créées pour des emplois non routiniers complexes, mais ces nouveaux emplois placés au sommet du marché du travail ne compenseront pas les pertes au milieu et la dégradation

---

1. Huit ans plus tard, il s'installe en France où il construit une manufacture de bas avec l'aide du roi Henri IV.

2. http://www.businessinsider.com/bill-gates-bots-are-taking-away-jobs-2014-3#ixzz3A4VjGLgK.

des emplois inférieurs. [...] Les emplois qui resteront rapporteront moins et seront encore plus précaires qu'aujourd'hui. Le milieu se déplace vers le bas[1]. »
Faut-il croire à la fin du travail ? Cette crainte (ou cet espoir, selon la façon dont on veut la considérer) n'est pas nouvelle, loin de là. À toute époque les gouvernants et la société civile ont bien identifié les métiers menacés par l'innovation sans voir les conséquences de l'augmentation de richesse créée par la nouveauté et l'apparition de nouveaux métiers qui n'existent pas encore. L'économiste Alfred Sauvy faisait remarquer en 1981 : « Ne vous plaignez pas que le progrès technique détruise des emplois, il est fait pour cela. » La quasi-totalité des emplois qui existaient en 1800 ont disparu : 80 % de la population travaillaient alors pour l'agriculture.

À la fin du XIXe siècle, on percevait assez bien les menaces pesant sur les cochers, les conducteurs de diligence, les maréchaux-ferrants, les vingt-neuf mille porteurs d'eau parisiens, les allumeurs de réverbère, les lavandières, les taillandiers et forgerons. En revanche, personne n'imaginait qu'il y aurait, dans le futur, des designers de microprocesseurs, des généticiens, des physiciens nucléaires et astrophysiciens, des techniciens dans les usines Tesla, des chirurgiens cardiaques, des pilotes d'avion, des webmasters et des fabricants de smartphone. Plus la révolution technologique est profonde – et celle que nous vivons avec les technologies NBIC est inédite et vertigineuse –, plus il est difficile d'anticiper les innombrables nouveaux métiers. Les idées révolutionnaires ne manquent pas : designer de bébé, neuro-hacker, terraformateur de Mars, neuro-éducateur, psychologue pour IA... Marc Andreessen met en doute le mouvement massif de suppression des emplois du fait de la robotisation[2]. Difficile d'être plus expert que lui en Internet : il est l'inventeur

---

1. http://motherboard.vice.com/read/if-schools-dont-change-robots-will-bring-on-a-permanent-underclass-report.
2. http://blog.pmarca.com/2014/06/13/this-is-probably-a-good-time-to-say-that-i-dont-believe-robots-will-eat-all-the-jobs/.

du *Web browser* et reste aujourd'hui l'un des hommes les plus influents de la Silicon Valley. Il défend l'idée avancée par Milton Friedman : les besoins des hommes sont infinis, il y aura donc toujours plus à faire. Il n'y a pas ainsi de montant fixe d'emplois, mais potentiellement toujours plus à créer à mesure que certains besoins sont satisfaits. Selon Andreessen, il n'y a aucune raison que la révolution numérique change cette tendance : « En tant que consommateurs nous ne résistons jamais aux changements technologiques qui nous fournissent de meilleurs produits et services, même si cela coûte des emplois. Nous ne résisterons pas plus demain. C'est de cette façon qu'un monde meilleur se bâtit, que nous améliorons notre qualité de vie, que nous en donnons plus à nos enfants et que nous résolvons nos problèmes. » Il suffit donc selon lui de résister à l'erreur qui ferait du freinage technologique la seule chance de préserver les emplois. Au contraire, il convient de « laisser le marché fonctionner afin que le capital et le travail puissent rapidement se réallouer et créer de nouveaux emplois ». Il observe que les nouvelles technologies mettent les moyens de production à portée de chacun comme jamais auparavant : ordinateur personnel, imprimante 3D... En 2020, dans un monde où presque chaque habitant sur terre aura à sa disposition ces nouvelles technologies, chacun aura un accès illimité à l'information, à la communication et à l'éducation. Il est alors « difficile de croire que le résultat ne sera pas une explosion globale de créativité, de productivité et de potentiel humain. Il est difficile de croire que les individus vont acquérir ces capacités puis... ne rien faire du tout avec ».

En réalité, la crainte de la fin du travail traduit fondamentalement un manque d'imagination technologique et sociologique. Les chiffres apocalyptiques de certains prévisionnistes traduisent surtout leur pessimisme. Souvent âgés, ils projettent sur le futur leurs angoisses personnelles. En 1880 déjà, certains intellectuels étaient convaincus que tout avait déjà inventé et que l'aventure humaine arrivait à son terme : nous entrions dans l'extraordinaire foisonnement technologique de la Belle Époque. « Peut-être nos descendants ne vivront-ils que comme des lézards ne pensant qu'à profiter paresseusement du soleil », craignait d'ailleurs Ernest Renan. Non, le monde qui vient ne sera pas celui des loisirs forcés. En réalité, l'aventure humaine ne fait que commencer et tout reste à faire.

Un enfant meurt du paludisme toutes les cinq minutes

D'abord, il nous reste à régler tant de problèmes : le cancer tue encore 20 % des enfants et 45 % des adultes touchés, les maladies infectieuses comme le paludisme font encore des ravages, 2 milliards d'habitants n'ont pas d'eau propre, la guerre civile fait rage en Afrique, une minorité de jeunes fait des études supérieures... Ensuite, la gestion de la société de la connaissance va consommer énormément d'intelligence humaine : coordonner, réguler, policer les différentes intelligences biologiques et artificielles va devenir une des principales activités de l'Homme de demain. Enfin, les NBIC vont nous donner dans le futur un éventail illimité de potentialités.

L'économie deviendra transhumaniste

Bien sûr, l'humanité ne va pas utiliser l'immense quantité d'intelligence à sa disposition pour se contenter de fabriquer des espadrilles bio à la main et des brouettes : à pouvoirs démiurgiques, objectifs démiurgiques. L'humanité n'a de fait aucun besoin de l'IA pour vivre comme en 1950. Les fantasmes transhumanistes sont bien plus fondamentaux – tuer la mort, comprendre nos origines, conquérir le cosmos, augmenter nos capacités... – et vont mobiliser des milliards de nos descendants pendant très longtemps. L'Homme va se découvrir d'innombrables nouveaux objectifs. La simple exploration et colonisation d'une seule petite galaxie sur 500 milliards – notre Voie lactée – va prendre au minimum 50 millions d'années. Quel que soit le degré d'automatisation de nos sociétés futures, il restera un immense besoin de travail ultra-qualifié, ultra-multidisciplinaire et ultra-innovant. À la confluence de l'art, du design, de l'architecture, de la cuisine, du cloud, de l'entrepreneuriat, des neurotechnologies et d'une philosophie dont le but ne sera plus de nous apprendre à mourir, une infinité d'expériences et de missions sont à inventer.

Les nouveaux médias *We demain* et *Usbek et Rika* nous donnent un avant-goût de ce monde où la vie, la technologie et la pensée auront fusionné. Nous avons du travail jusqu'à la fin des temps et si l'on est transhumaniste, on peut ajouter que nous aurons encore plus de travail pour empêcher la mort de l'univers et la fin des temps.

Une bonne nouvelle, certainement, mais qui rend certaines questions plus brûlantes que jamais : quelles compétences nos descendants devront-ils posséder ? Et comment pourrons-nous les leur transmettre ? Le vrai débat, finalement, porte moins sur la disparition des emplois traditionnels, qui est assez certaine, que sur le potentiel de requalification de la population.

Quelles compétences pour l'homme au moment du « second âge des machines » ?

On distingue traditionnellement deux facteurs de production : le capital, constitué des machines, bâtiments et ressources financières, et le travail, qui est produit par les humains. Demain, il faudra ajouter un troisième facteur à l'équation : l'IA.

La productivité dépendra en grande partie de la quantité du couple Intelligence humaine-IA que l'on intégrera au processus. Cela sera le cas d'à peu près tous les secteurs économiques. L'IA sera partout. Tout comme la révolution industrielle avait introduit l'électricité partout, la révolution numérique va tout « cognifier ». Elle va placer des formes d'intelligences spécifiques aux commandes pour nous aider à mieux conduire des voitures, répartir des réseaux d'énergie, construire des immeubles et des routes, et mille autres choses de plus en plus complexes.

Pour les économistes Brynjolfsson et Mcafee[1], nous entrons dans le « second âge des machines ». Le premier avait permis à l'Homme de surmonter ses limites physiques : énergie mécanique appliquée à l'industrie, transport terrestre et aérien, communications... L'Homme peut désormais se déplacer et communiquer grâce à des artefacts qui lui permettent de dépasser les limites d'espace et de vitesse qui étaient les siennes depuis toujours. Nous sommes à présent à l'aube du second âge, celui où les machines vont nous permettre de dépasser nos limites intellectuelles. Une différence fondamentale entre les deux âges des machines est le rythme de progression : alors que depuis le XIXᵉ siècle les machines ne doublaient leur efficience que tous les cinquante ans, l'informatique a institué un rythme totalement nouveau : celui de la fameuse loi de Moore.

C'est à un rythme ahurissant que progressent les capacités informatiques depuis presque une cinquantaine d'années. Le deuxième âge des machines n'a ainsi rien de commun avec le premier.

Le moment crucial où les technologies de la vapeur et de l'électricité ont pénétré toute l'économie va bientôt être atteint par l'IA. Les machines intelligentes, associées à la numérisation des processus de production et à la communication en réseau vont avoir un impact énorme sur la productivité du travail et donc sur les emplois nécessaires.

---

1. Brynjolfsson Erik, Mcafee Erik, *The Second Machine Age – Work, Progress, and Prosperity in a Time of Brilliant Technologies*, W. W. Norton & Company, 2014.

D'un point de vue économique, la plupart des prédictions sont apocalyptiques. Une étude de l'université d'Oxford réalisée en 2013 passe en revue 702 types d'emplois présents aux États-Unis, et annonce que près d'un emploi américain sur deux (47 %) a un risque élevé d'être affecté par la technologie et 19 % ont un risque moyen. Au total, ce sont donc 66 % des emplois qui pourraient disparaître dans les vingt ans qui viennent. Le rapport du Pew Research Center prévoit que le marché du travail sera bouleversé dès 2025.

Quoi qu'il arrive, il paraît clair que de nouveaux métiers qu'on n'imagine même pas encore vont apparaître et qu'ils demanderont des compétences pointues au premier rang desquelles l'adaptabilité, la flexibilité mentale, autrement dit la capacité à apprendre. En 1940, un homme occupait en moyenne 2,7 emplois dans sa vie. En 1970, ce chiffre avait presque doublé. Aujourd'hui, on estime qu'un actif connaîtra une dizaine d'employeurs dans sa vie. Qu'en sera-t-il demain, dans une économie plus évolutive que jamais ? Comme le disait dès 1970 le futurologue Alvin Toffler, « les illettrés du XXIe siècle ne seront pas ceux qui ne savent pas lire ou écrire, mais ceux qui ne savent pas apprendre, désapprendre et réapprendre ».

Les nouveaux métiers seront préférentiellement accessibles aux individus innovants et titulaires de QI élevés. Andreessen recommande ainsi de « se concentrer sur l'accès à l'éducation et le développement des compétences, qui vont elles-mêmes être de plus en plus transmises par les technologies. »

Le revenu universel doit devenir un interdit aussi fort que l'inceste

Un grand nombre de démocraties développées ont fait face à une vague populiste dans le courant de la décennie 2010. Dans ce contexte particulier, le revenu universel de base, qui fascine les penseurs politiques et plaît à une part croissante d'une opinion déboussolée, est la dernière idée à la mode. La crainte d'une destruction massive d'emplois du fait d'une Intelligence Artificielle toujours plus sophistiquée puis de sa fusion avec les robots inquiète l'opinion. Nous avons bâti une économie de la connaissance, profondément inégalitaire, sans réaliser que nous donnions un avantage immense aux gens maîtrisant les données, dotés de plasticité cérébrale leur permettant de changer régulièrement de métiers et de se former leur vie durant : toutes qualités qui sont mesurées par le QI. Un point de QI supplémentaire fera de plus en plus la différence dans la société de la connaissance.

Au-delà des fantasmes, le revenu universel est-il cet outil de modernisation de l'économie et d'adaptation de la population à la révolution des automates intelligents ou bien un piège mortifère – au nom des bons sentiments – pour l'humanité ?

Pourquoi les géants du numérique soutiennent le revenu universel

La Silicon Valley et l'ensemble de la côte Ouest des États-Unis ont bien compris que nous traversons une révolution économique inédite et que l'adaptation des travailleurs sera difficile. La plupart des milliardaires du numérique[1] défendent désormais le revenu universel.

Deux raisons principales à ce soutien inattendu à une mesure prônée lors de la campagne présidentielle 2017

---

1. Mark Zuckerberg, Bill Gates, Peter Thiel, Elon Musk...

par le Parti socialiste français. La première est que la plupart d'entre eux anticipent des destructions massives d'emploi du fait des robots intelligents. Le 25 mai 2017, Mark Zuckerberg dans son discours devant les étudiants de Harvard, par exemple, a décrit les dizaines de millions d'emplois que l'IA allait rapidement détruire. Bill Gates craint aussi des disparitions de métiers entiers. Les dirigeants de Google ont évoqué la transformation radicale voire la disparition de 90 % des métiers. La seconde est qu'ils ne croient pas que l'ajustement schumpetérien, la destruction des anciens emplois puis leur remplacement rapide par les nouvelles activités, va fonctionner cette fois-ci. Par ailleurs, les réformes de la formation et de l'éducation sont trop lentes.

Compte tenu du risque de réduction rapide des emplois et donc d'explosion du chômage, leur crainte est une révolte populiste voire une révolution modèle 1793. Le revenu universel est perçu comme un moyen de calmer les révoltes populaires qui risqueraient de mettre à mal l'industrie de l'IA. À San Francisco, la colère contre les milliardaires du numérique commence à gronder. Des manifestations violentes ont déjà eu lieu pour protester contre l'augmentation vertigineuse des prix de l'immobilier...

Un RU temporaire pour mieux s'adapter à l'IA ?

Aux yeux des leaders de l'économie numérique, le RU est une solution tampon qui permettrait aux gens de s'adapter lorsque leur emploi est détruit par l'IA, de pouvoir déménager le cas échéant et de suivre une formation qualifiante. Il s'agit de fait d'une nouvelle facette de l'État providence couvrant un nouveau risque : le risque IA. En France, Nicolas Colin défend également l'idée que cela permettrait de fluidifier la transformation économique liée au numérique.

Le RU permanent serait suicidaire face à l'IA

Un revenu universel temporaire pourrait peut-être permettre de rebondir. Pour autant, il ne doit pas devenir un alibi pour ne pas réformer l'éducation. Un RU permanent pourrait devenir cauchemardesque s'il endort les citoyens dépassés par l'IA, au lieu de conduire l'État à moderniser le système éducatif. Il faut augmenter la complémentarité avec l'Intelligence Artificielle. Cela suppose de cartographier la frontière technologique pour adapter en temps réel le système éducatif aux progrès de l'IA et accroître le QI de nos enfants. L'horrible réalité est que le tabou du QI traduit moins la honte d'un peuple qui se sent dépassé que le désir inconscient et inavouable des élites intellectuelles de garder le monopole de l'intelligence, qui les différencie de la masse. Ce qui est politiquement et moralement inacceptable. Le RU serait une façon commode de confiner ladite masse dans le calme et l'apathie, laissant les meneurs du monde dans la quiétude douillette de leur entre-soi.

Au lieu de tout espérer du RU, il faut combattre la désynchronisation complète entre nos institutions – dont l'école – et la technologie qui galope. Sinon nous risquons de créer une société ultra-inégalitaire ressemblant furieusement à celle mise en scène par Fritz Lang dans son film de 1927, *Metropolis* : une poignée d'hommes à très haut potentiel gouverneront une armée de sous-citoyens abandonnés au RU. En attendant que l'IA devenue forte nous fabrique « Matrix », un monde où nous serons tous devenus égaux en esclavage face à la machine...

Sauver les naufragés du numérique

Nous avons mis le doigt dans un engrenage terrible. Au lieu de moderniser la formation professionnelle et l'éducation, nous acceptons la marginalisation de groupes entiers de citoyens. En 1962, Joan Robinson était prémonitoire : « La misère d'être exploité par les capitalistes n'est rien comparée à la misère de ne pas être exploité du tout. » « Les damnés de la terre étaient au XIXe siècle les colonisés et les surexploités ; au XXIe siècle ce seront les hommes inutiles », ajoute Pierre-Noel Giraud[1].

Des pans entiers de la population ne suivent plus les progrès et constituent une horde de naufragés du numérique. Nous n'avons pas le droit de démissionner et de les abandonner. À la vitesse à laquelle l'IA ira, sortir du marché du travail pour un jour, ce sera bien souvent sortir pour toujours. Personne ne redeviendra un travailleur actif après dix ans de RU, période pendant laquelle chaque unité d'IA sera devenue mille fois moins chère.

À la question la plus importante au XXIe siècle : « que devient notre cerveau face à l'IA quasi gratuite ? », la réponse ne peut être : les jobs aux robots, les loisirs aux hommes.

Il faudra, bien sûr, une nouvelle sécurité sociale – celle de 1945 était bien adaptée à un monde de salariés mais est obsolète à l'ère de l'IA – pour accompagner des mutations technologiques foudroyantes qui seront souvent mal anticipées. En revanche, le revenu universel permanent qui conduirait en quelques siècles les hommes à devenir des larves nourries par l'IA, créant ainsi la servitude volontaire qu'Étienne de la Boétie avait théorisée à seize ans, devrait être interdite à l'échelle mondiale. Ce devrait être une loi fondamentale de l'humanité, un interdit fondateur moderne aussi fort que l'inceste.

L'absence d'effort intellectuel dégrade rapidement la neuroplasticité. Google a changé le cerveau des chauffeurs de taxis londoniens : depuis qu'ils utilisent Waze au lieu de retenir le plan de leur ville, le volume de l'hippocampe[2] mesuré par imagerie cérébrale – Scanner et IRM – a net-

---

1. *L'Homme inutile*, Odile Jacob. 2015.
2. Zone du cerveau qui est essentielle dans la mémorisation.

tement diminué ! Le revenu universel pourrait rapidement « atrophier » nos cerveaux en effondrant la plasticité cérébrale.

Aux gens qui seront bousculés par le choc technologique, nous devons donner un droit à la formation tout au long de la vie et non des allocations à vie. Ce n'est pas le revenu qui doit être universel mais le développement du cerveau.

L'école prépare pour l'économie... d'hier

On sait déjà que notre école prépare mal aux métiers d'aujourd'hui : le taux de chômage actuel, qui coexiste avec près de cinq cent mille emplois vacants, traduit en grande partie le décalage entre les emplois existants et les compétences disponibles. La situation n'est d'ailleurs pas propre à la France. La journaliste anglaise Allister Heath livrait[1] ce constat désabusé dans *The Telegraph* en juillet 2013 : « Les écoles sont les pires technophobes mais les universités ont aussi échoué à suivre le mouvement, requérant encore des étudiants une présence à plein temps et des droits de plus en plus lourds pour avoir le privilège d'écouter des cours souvent médiocres. Le résultat est un échec massif : les écoles inutiles et les universités de plus en plus coûteuses et à côté de la plaque fournissent une éducation qui ne convient ni aux étudiants ni à leurs employeurs. Ce problème d'inadéquation est la raison essentielle de notre taux si élevé de chômage des jeunes. »

Comment peut-on alors espérer que l'école, dans sa forme actuelle, prépare aux métiers de demain ? Ces tâches complexes non routinières dont on ne connaît pas la teneur, comment le système actuel pourrait-il y

---

1. *The Telegraph*, « Schools are Failing our Children Simply Because They Are Technophobes », 09 juillet 2013.

préparer ? Comment, autrement dit, un système encore centré sur l'enseignement en silo de matières quasiment inchangées depuis le XIXe siècle, par des personnels formés il y a trente ans et sélectionnés pour leur stricte conformité aux canons scolaires – *via* les concours de recrutement comme l'agrégation – pourrait-il préparer à un monde du travail radicalement différent ? Le consultant en technologie Bryan Alexandre[1] déclare ainsi : « Le système éducatif n'est pas bien positionné pour se transformer afin d'aider à former les diplômés capables de concourir contre les machines. Ni dans les délais, ni dans les proportions voulues. La grande masse des gens est préparée pour la mauvaise économie. »

Face à ce défi de la montée rapide des exigences intellectuelles des futurs emplois, l'école est aujourd'hui profondément démunie. Ce n'est certes pas faute de bonne volonté de la part des enseignants ou d'efforts de nos enfants. L'école est dans une impasse car elle ne représente en réalité qu'une part extrêmement faible des mécanismes générateurs de l'agilité cognitive. Cette faiblesse congénitale de l'école est d'autant plus problématique que le monde pour lequel elle est censée préparer nos enfants sera plus consommateur d'intelligence que jamais. Hier, l'inaptitude de l'école à améliorer l'intelligence des élèves était une source d'injustice – car cela confortait les inégalités héritées –, demain, cette inaptitude sera dramatique, car elle produira une dislocation sociale.

Inefficace et de plus en plus inadaptée, l'école est aujourd'hui au pied du mur. Sa transformation est inéluctable ; il ne s'agit pas cette fois de changer les programmes et de déclarer, comme le fait chaque nouveau ministre

---

1. Cité in Pew Research Center, *AI, Robotics, and the Future of Jobs, Digital Life in 2025*, août 2014.

de l'Éducation nationale, que l'éducation est « une priorité »... Il n'est plus temps pour cela. La réforme, en réalité, sera imposée de l'extérieur, par les neurotechnologies américaines voire chinoises qui vont faire un hold-up sur l'éducation.

CHAPITRE 7 :
LA PREMIÈRE MÉTAMORPHOSE
DE L'ÉCOLE : LA BRÈVE ÈRE
DES « EDTECHS »[1]

L'école doit donc faire face à deux défis majeurs : celui de son inefficacité actuelle d'une part, celui de son incapacité structurelle à préparer aux compétences de demain d'autre part. L'école va heureusement connaître dans l'avenir immédiat – dès 2020 – une métamorphose progressive vers une plus grande individualisation de l'enseignement grâce à une utilisation croissante des technologies numériques dopées à l'IA.

Dans un premier temps, elle verra ainsi arriver les nouvelles technologies d'apprentissage avec ravissement ; pensant y trouver une mine de gain d'efficacité et d'économies potentielles.

Elle ne s'apercevra qu'ensuite que ces technologies préparent, à terme, son remplacement.

---

1. Les edtechs (Education Technologies) regroupent toutes les technologies appliquées à l'éducation.

A-t-on encore besoin d'une salle de classe ?

L'école est la solution actuelle au problème de la transmission à une population nombreuse de savoirs possédés par un nombre restreint de personnes. L'idée n'est pas neuve : elle a été trouvée il y a plusieurs milliers d'années. Probablement depuis l'apparition de l'écriture vers 3000 avant notre ère. Dans une société qui devenait plus complexe, il était essentiel de transmettre une quantité de savoirs que les parents n'avaient ni le temps ni parfois la capacité de transmettre. Au début réservé aux futurs professionnels de l'écriture et au clergé, détenteurs du pouvoir, l'enseignement s'est au fil des siècles démocratisé pour devenir un point de passage obligé des enfants de toutes conditions. Une spécialisation de l'activité s'imposait. En Grèce antique, le pédagogue – l'esclave qui conduisait l'enfant – menait les enfants aux cours du *didaskalos* puis plus tard du *grammaton* – le maître. Ce dernier enseignait collectivement les savoirs de base : lire, écrire, compter, réciter les poèmes d'Homère. Ensuite, le jeune Grec apprenait le chant et quelques instruments, avant de se consacrer à l'activité essentielle : la culture physique, exercice préparatoire à la fonction militaire de tout citoyen. Car bien sûr, l'apprentissage ne concerne que les citoyens, à l'exclusion donc des femmes, des esclaves et des étrangers. Ne vont à l'école, sauf exception, que les enfants qui ont la chance de pouvoir, du fait de leur statut de citoyen et de leur fortune, consacrer du temps au *skolê*, mot qui donnera « école » et signifie en grec « loisir studieux ».

Mais, sous sa forme actuelle, l'école est véritablement née au Moyen Âge. Durant ce millénaire où toute l'Europe était centrée autour du christianisme, la transmission du savoir était avant tout une affaire religieuse. Si l'école était d'abord celle des clercs – on y transmettait et discutait les Saintes Écritures –, il existait en parallèle un système de transmission des savoirs fondamentaux depuis la haute époque carolingienne : les *trivium* et *quadrivium*. Le *trivium* correspond aux savoirs liés à la langue : grammaire, rhétorique, dialectique. Le *quadrivium* correspond aux savoirs liés aux nombres : arithmétique, géométrie, musique, astronomie. Ce n'est qu'à partir du XIIᵉ siècle que les premières universités sont apparues, structurant progressivement un enseignement supérieur : théologie bien sûr, mais aussi droit et médecine. Ce sont les fameuses « facultés » dont les étudiants parlent encore aujourd'hui par tradition, bien qu'elles n'existent plus en réalité.

Dès le Moyen Âge, la forme de la classe apparaît : un groupe d'élèves placé dans une pièce sous la direction d'un maître. Les méthodes et les savoirs ont varié, mais la forme est la même. Le cours *ex cathedra* – « à partir de la chaire » –, aussi appelé cours magistral, est depuis des siècles la forme de base de l'enseignement.

Quoi de commun entre un bloc opératoire dans un hôpital en 1900 et un autre en 2020 ? Rien ou presque. Les technologies qui y sont présentes, les savoirs qui y sont déployés par les hommes et les femmes qui y travaillent, les normes qui en régissent l'organisation : le siècle qui sépare ces deux scènes a creusé entre elles un fossé radical.

Prenez maintenant une salle de classe à un siècle de distance : rien n'a changé, si ce n'est peut-être la couleur du tableau – noir hier, blanc aujourd'hui. À part cela, ce sont presque les mêmes meubles, bien souvent la même disposition et les mêmes méthodes.

On objectera que cette permanence est dictée par le fait que le problème de la transmission du savoir n'a pas changé depuis un siècle, et même un millénaire : il faut bien trouver une façon de « faire passer » le savoir dans les jeunes cerveaux. Pour y parvenir, on n'a encore rien trouvé de mieux que la mise en relation d'une personne détentrice de ce savoir avec celle qui en manque. On n'a pas non plus trouvé mieux – ou pu faire mieux – que le groupe d'élèves le plus restreint possible, mais rarement en dessous d'une vingtaine en pratique. Et cela d'autant plus que les contraintes économiques et sociales sont plus fortes que jamais : il serait impossible de mettre un professeur devant chaque élève, et la division du travail social fait de l'école à la maison une rareté réservée aux plus fanatiques – et courageux – des parents.

Le système d'éducation le plus efficace est objectivement celui du préceptorat : un enseignant par petits groupes d'élèves, attaché à les faire progresser au rythme le plus adapté. Mais ce système, parfaitement opérationnel lorsqu'il ne s'agissait que d'enseigner aux fils d'une petite élite sociale, n'a jamais pu satisfaire à l'objectif de massification de l'éducation. L'école actuelle s'est alors imposée comme la solution certes insatisfaisante mais pragmatique. Et il ne faut pas oublier que l'école doit aussi fabriquer une communauté nationale de citoyens : le préceptorat n'est pas idéal pour créer cet esprit collectif.

Chacun sait bien, et le professeur le premier, qu'un enseignant dans une classe risque d'adopter une impitoyable mais pragmatique approche gaussienne : s'adapter au plus grand nombre – au centre de la cloche – en laissant sur le bord de la route les élèves plus rapides ou plus lents. Dans l'école classique, les surdoués et les moins doués se retrouvent souvent réunis dans un même sacrifice. L'école telle qu'elle se fait est comparable au médicament d'hier : une solution moyenne conçue pour l'organisme moyen et dont le malade moyen profitera donc, aux dépens des malades des bouts de la courbe, ceux dont la maladie est plus subtile, différente.

L'inadaptation structurelle de l'école à la diversité des caractères et des aptitudes, aux fluctuations des attentions, aux différences de vitesse, de maturité, d'intérêt : tout cela est connu. Mais, jusqu'à présent, il n'y avait pas de véritable alternative. D'où la permanence d'une salle de classe qui n'a pas changé ou si peu. D'où aussi la constance des syndicats d'enseignants qui jusqu'à présent faisaient de l'augmentation des moyens alloués l'alpha et l'oméga du projet d'amélioration de l'école.

Le combat, en réalité, est inégal. Tous les milliards du monde ne compenseront pas entièrement les inégalités génétiques – du moins pas aujourd'hui. Il est tout de même indispensable aujourd'hui de rattraper *une partie* de ces inégalités. Pour ce faire, l'école devra utiliser toutes les ressources des neurosciences.

Dans les décennies qui viennent, l'école va connaître une transformation radicale. De plus en plus, l'éducation va se rapprocher de la médecine : les neurosciences vont absorber l'école. L'école sera demain personnalisée comme la médecine le devient.

Personnaliser l'enseignement, enfin

Les recherches en sciences cognitives se sont donné pour objectif de parvenir à une meilleure compréhension des processus cognitifs et sensori-moteurs sous-jacents à l'apprentissage. Ces travaux cherchent à comprendre comment les élèves assimilent les différents savoirs. Il s'agit de donner aux enseignants les armes pour être plus efficaces. En se mariant aux outils numériques, les sciences cognitives mettent néanmoins en évidence l'obsolescence de la salle de classe. Il devient évident que d'autres technologies de transmissions seraient beaucoup plus efficaces.

En rupture avec le caractère uniforme de l'enseignement traditionnel, les nouvelles technologies vont permettre une individualisation maximale de l'enseignement. Comme le note Emmanuel Davidenkoff[1], les techniques qui avaient été inventées il y a des siècles, pour une élite, sont en train d'être réactivées, à moindre coût, grâce aux nouvelles technologies : « Hérodote et Érasme pratiquaient la *learning expedition* ; un directeur de conscience n'a pas grand-chose à envier à un coach ; le *serio ludere* du Quattrocento italien préfigure les *serious games* du XXIe siècle ; Célestin Freinet n'avait pas besoin de Twitter pour faire correspondre les élèves ; la *flipped classroom* (classe inversée) avec son *professeur-précepteur* n'est pas très éloignée du lycée du XIXe siècle… »

Même l'enseignant le plus traditionnel ne peut plus ignorer le développement des MOOC (*Massive Online Open Course*) : des cours vidéo mis en ligne, assez souvent gratuitement.

Les MOOC se sont d'abord développés dans les universités américaines, et spécialement les plus prestigieuses d'entre elles, comme Harvard ou Yale.

Qui ne connaît pas aujourd'hui la Khan Academy ? En 2004, Salman Khan[2] a commencé à créer de petites vidéos pour aider sa cousine en mathématiques. En 2013, la Khan Academy[3] était suivie tous les mois par plus de 6 millions d'inscrits… Aujourd'hui, plusieurs écoles aux États-Unis ont commencé à adopter le matériel vidéo mis à disposition par la Khan Academy et se concentrent sur l'aide à l'utilisation de ces outils par les enfants.

L'enseignement supérieur français s'éveille lui aussi rapidement à ces nouveaux modes d'enseignement.

---

1. Davidenkoff Emmanuel, *Le Tsunami numérique. Éducation : tout va changer, êtes-vous prêt ?*, Stock, 2014.
2. Khan Salman, *L'Éducation réinventée*, J.C. Lattès, 2013.
3. https://fr.khanacademy.org/.

Des plateformes se développent pour centraliser les différents MOOC, fonctionnant comme des sortes de You-Tube des cours en ligne. Créée en 2012, Coursera[1] propose par exemple plus de sept cents cours venant d'institutions telles que le MIT, Stanford, HEC, Polytechnique, l'École polytechnique de Lausanne...

Et ce n'est qu'un début. Emmanuel Davidenkoff a cette comparaison : pour lui, les MOOC d'aujourd'hui ne sont que l'équivalent de l'ancien jeu vidéo de ping-pong, quand ceux de demain s'apparenteront au populaire *World of Warcraft*. Pour l'heure, il s'agit seulement d'une réplique en vidéo de l'antique cours magistral. L'interactivité est quasiment nulle. Tels qu'ils existent aujourd'hui, ils sont plutôt une forme transitoire d'une métamorphose qui débute. Il n'empêche, ils représentent déjà, d'un point de vue péda-gogique, un progrès sur lequel tout le monde s'accorde.

Ils permettent, tout d'abord, d'ouvrir un accès aux meil-leurs cours, quel que soit l'endroit où l'on vit – pour peu que l'on dispose d'une connexion Internet. Là où un amphi pouvait au mieux accueillir quelques centaines d'étudiants qui devaient faire le déplacement, les plus grands profes-seurs peuvent être simultanément regardés par des dizaines de milliers d'internautes.

Plus besoin non plus d'être étudiant à temps plein, dûment inscrit à la suite d'un processus complexe : en deux minutes, un professionnel qui le souhaite peut s'inscrire à un cours en ligne et le suivre quand il le veut. La formation tout au long de la vie, dont chacun reconnaît la nécessité, est en train de connaître un développement sans précédent.

Le changement le plus notable permis par les MOOC est sans doute l'introduction de modes de progression dif-férenciés : tests sanctionnant chaque niveau d'apprentis-sage permettant l'accès au niveau supérieur, évaluations

---

1. https://www.coursera.org/.

mutuelles des étudiants, apprentissage mixte articulant cours en présentiel et en ligne, etc. L'essor de l'apprentissage adaptatif – *adaptative learning* – constitue une première ébauche prometteuse de personnalisation de l'éducation à partir des nouvelles technologies. Le principe est exactement le même que celui d'Amazon suggérant des livres qui, d'après les précédentes commandes et consultations, devraient vous intéresser. Dès aujourd'hui, un algorithme est capable de décortiquer le comportement de l'élève face à des vidéos et des tests et d'adapter les propositions en conséquence. De nombreuses plateformes d'apprentissage en ligne se créent. La société américaine Knewton a mis au point un logiciel qui utilise les données collectées au cours du travail de l'élève ou de l'étudiant pour préconiser des sujets à étudier. Plusieurs millions d'élèves utiliseraient déjà ce type de logiciels dans le monde.

La technologie est encore balbutiante, mais il n'est pas difficile d'imaginer où elle pourra mener, d'autant plus qu'elle a déjà convaincu d'importants investisseurs[1].

Ces techniques de suivi et de personnalisation à l'aide des systèmes d'enseignement à distance vont, dans les années qui viennent, connaître des progrès. Du logiciel, on pourrait même imaginer passer à un puissant complément de professeur. Ces outils capables d'adapter les exercices aux difficultés de l'élève et de contrôler les degrés d'assimilation seront bientôt plus performants qu'un professeur devant faire progresser de concert une trentaine d'enfants. Le préceptorat autrefois réservé aux enfants des classes ultra-favorisées redeviendra plus accessible.

L'école est encore à la traîne de ces innovations, mais finira par être rattrapée par elles. Des entités privées

---

1. Bill Gates a apporté plus de 170 millions de dollars à des projets d'apprentissage adaptatif.

investissent massivement dans leur développement, telle la plateforme MOOC Coursera, qui en 2017 a levé 64 millions de dollars pour intégrer l'IA dans son offre éducative. Mais les enseignements primaire et secondaire restent bien souvent, dans la plupart des pays, calqués sur le modèle traditionnel que nous avons tous connu et que nos grands-parents avaient déjà connu. L'enseignement supérieur semble lui accomplir un *aggiornamento* plus rapide. Comme le décrit Emmanuel Davidenkoff[1], les innovations pédagogiques se multiplient dans les universités et écoles supérieures, remettant en cause les structures établies.

Pédagogie : tuons la pensée magique

L'éducation ressemble à la médecine de 1950. L'intuition des pédagogues se passe de toute validation scientifique. Nous savons désormais, nous médecins, à quel point cela conduit à sacrifier des malades sur l'autel de notre ego et de nos mauvaises intuitions. Par exemple, le premier médicament anti-SIDA qui a été utilisé en vain par l'acteur américain Rock Hudson était considéré par tous les spécialistes qui l'avaient testé comme remarquablement efficace. Les médecins ne voulaient pas d'une évaluation du médicament pour ne pas retarder la mise à disposition générale de la « molécule miracle ». Les autorités avaient, heureusement, exigé un essai clinique rigoureux *versus* placebo, avec tirage au sort, et en double aveugle – ni le médecin ni le malade ne savent si le médicament reçu est un principe actif ou un grain d'amidon. Patatras, contrairement aux certitudes des médecins, le nouveau médicament accélérait la mort des patients par rapport au groupe qui avait reçu le placebo.

---

1. Davidenkoff Emmanuel, *op. cit.*

L'intuition médicale tue

Les exemples d'anciens traitements inefficaces ou dangereux en médecine se comptent par milliers : notre intuition médicale est mauvaise conseillère et nous l'avons admis même si cela a été une terrible blessure narcissique. En pédagogie, on est resté à un stade archaïque ou l'évaluation rigoureuse est l'exception : on préfère les anathèmes, les arguments d'autorité, la paresse intellectuelle et les traditions. Le débat sur les avantages de la méthode globale et syllabique dans l'apprentissage de la lecture est un exemple affligeant de cet amateurisme : vingt ans de chamailleries infantiles au lieu de réaliser des études rigoureuses. Les médecins ont longtemps tout ignoré de la physiologie ; la plupart des enseignants ignorent tout du fonctionnement cérébral qui est pourtant le cœur de leur métier. Le cerveau des élèves est leur outil de travail !

Une blessure narcissique pour les enseignants

Il est humain de refuser la rigueur scientifique. Les professionnels souffrent de découvrir que leur intuition les trompe et fait du mal à la cause à laquelle ils tiennent ; la santé des malades ou le développement éducatif des élèves. Les médecins ont résisté pendant plusieurs décennies aux essais randomisés des médicaments... mais face à l'IA, on ne peut pas attendre 2050 pour que les professeurs s'y mettent.

Par ailleurs, la rationalité complique énormément le travail des professionnels. En médecine l'évaluation rationnelle a fait passer, par exemple, la prise en charge d'un cancéreux d'un choix à partir de quelques critères conduisant à un nombre très réduit d'alternatives thérapeutiques à un maquis inextricable d'options qui dépendent de milliers – et bientôt de milliards, avec le séquençage ADN – de critères radiologiques, cliniques, biologiques et génétiques. Il était intellectuellement mille fois plus simple d'être cancérologue en 1930. Mais le taux de mortalité avoisinait les 100 %.

Aujourd'hui pour chaque sous-sous-sous-sous-type de cancer du sein, il y a des congrès, des symposiums, des webcasts, des forums de discussion, des études sur des milliers de patientes.

La médecine a donc accompli sa révolution en faveur de la science. On en est bien loin en ce qui concerne la pédagogie en 2017. Il faut aider les enseignants – sans les stigmatiser – à faire le travail de deuil que nous médecins avons fait... pour le plus grand bien de nos malades. Le passage de l'école de l'ère du bricolage empirique à celui de l'expérimentation scientifique sera comparable à celui qu'a connu la médecine quand les médecins de Molière ont été remplacés par d'authentiques scientifiques. Les écoles deviendront les équivalents des CHU – Centres hospitaliers universitaires – où l'on procédera à des essais éducatifs randomisés équivalents des essais cliniques en médecine, pour éprouver les nouvelles techniques d'enseignement. L'ère de l'idéologie et des rebouteux de la pédagogie prendra fin, pour laisser place à celui de la preuve statistique. On n'enseignera plus au hasard ni par hasard. Ce sera la fin de l'enseignement dogmatique, comme autrefois on a cessé d'administrer saignées[1] et clystères quand il a enfin été prouvé que, dans le meilleur des cas, cela ne servait à rien...

Bill Gates a très justement déclaré que l'enseignement était la tâche la plus importante au XXIe siècle, mais restait la moins évaluée !

La gestion de la complexité cérébrale est essentielle

Il existe un certain nombre d'évaluations pédagogiques rigoureuses, notamment dans les pays anglo-saxons. Elles montrent plusieurs choses essentielles : il n'y a aucune solution miracle, beaucoup de bonnes intentions sont néfastes et les résultats sont souvent inattendus et décevants.

---

1. On pratiquait même des saignées chez les gens souffrant d'anémie, ce qui, inutile de le préciser, n'arrangeait pas leur état.

Il n'y aura aucune pédagogie miracle parce que les interactions entre éducation, structure et fonctionnement du cerveau sont innombrables et d'une complexité intimidante. La complexité neurotechnologique de l'éducation se résume en trois points clés :
– L'apprentissage modifie dynamiquement l'organisation du cerveau : suivre un simple cours crée, détruit et modifie des milliers de milliards de synapses et crée même de nouveaux neurones.
– L'architecture du cerveau à un moment donné – son câblage et sa dynamique électrochimique – influence massivement la capacité d'apprendre.
– Les méthodes pédagogiques elles-mêmes influencent les effets de l'éducation sur l'organisation du cerveau.
Le cerveau est donc un ordinateur atypique : le hardware et le software[1] sont fusionnés. Une telle complexité impose un immense travail de réflexion sur la neuroéducation dans les prochaines décennies pour que l'éducation quitte son amateurisme.
Il n'y aura aucune réponse universelle, simple et intuitive. L'éducation personnalisée sera aussi complexe que la médecine personnalisée.

Un grand plan de formation
aux neurosciences est urgent

Une bonne connaissance du cerveau chez les enseignants est un préalable à la modernisation de l'école. Or, la situation est risible. Une étude réalisée en Angleterre en 2008-2009 auprès d'étudiants[2] à quelques mois d'être affectés comme professeurs fait froid dans le dos. 11 % des futurs professeurs sont convaincus qu'on peut penser sans cerveau, 45 % ne croient pas que la pensée soit l'effet de l'activité cérébrale...
Comprendre le cerveau est indispensable... ne serait-ce que pour repérer les charlatans qui diffusent des neuromythes

---

1. Le cablâge électronique et le logiciel.
2. Terminant le PGCE.

comme l'idée stupide que nous n'utiliserions que 10 % de notre cerveau. Des théories éducatives farfelues[1] ont d'ailleurs connu, ces dernières décennies, une forte diffusion dans plusieurs pays, dont le Royaume-Uni.

En 1860, aucun chirurgien ne se lavait les mains avant d'opérer, en 2017 quasi aucun enseignant n'évalue le cerveau avant d'enseigner.

Mais le grand neuroscientifique Stanislas Dehaene, professeur au Collège de France, est optimiste : « Nous sommes sur le point de passer d'une politique éducative liée au monde politique à une politique éducative liée au monde scientifique[2]. » Il est convaincu que l'école française doit revoir toute sa pédagogie et que les connaissances sur les cerveaux doivent faire partie du cursus des enseignants.

Le séquençage ADN des élèves deviendra une évidence

La connaissance des caractéristiques génétiques des enfants permettra de paramétrer encore plus finement l'enseignement puisque notre façon d'apprendre dépend largement de notre ADN. Une révolution culturelle s'annonce pour les professeurs qui n'imaginent pas lire un jour dans les cerveaux et l'ADN des enfants.

Craig Venter, dont le rôle a été déterminant dans le premier séquençage complet de l'ADN humain, a créé en 2013 *Human Longevity Inc.* (HLI), qui vise à séquencer des millions d'êtres humains. L'objectif de cette société est de corréler l'ADN avec notre état physique, médical et cognitif. Compte tenu de la complexité des interactions entre mutations, Craig Venter estime qu'il faudrait séquencer 10 millions d'individus pour identifier la quasi-totalité de la composante génétique des maladies et de nos caractéristiques. Son programme de séquençage devrait dépasser 1 million d'individus par an, pour lesquels il dispose d'un dossier médical électronique de grande qualité, grâce à un accord avec des assureurs de santé. Le but avoué est de créer

---

1. L'Educational Kinesiology, par exemple.
2. *Le Point*, 22 juin 2017.

un logiciel permettant d'optimiser la prise en charge des patients et d'augmenter leur espérance de vie. Cette base de données permettra aussi de développer des logiciels de personnalisation de l'enseignement en fonction de nos caractéristiques génétiques.

Au vu des résultats de l'étude[1] citée plus haut sur le rôle de l'ADN dans les résultats scolaires menée au Royaume-Uni, les chercheurs émettaient une recommandation sur l'adaptation du système d'éducation : « Nous suggérons que le système éducatif reconnaisse l'importance du rôle de la génétique. Plutôt qu'un modèle passif d'instruction (*instruere* : "mettre à l'intérieur"), nous proposons d'adopter un modèle actif d'éducation (*educare*, "faire sortir, naître") dans lequel les enfants créeraient leur propre expérience éducative sur la base de leur prédisposition génétique, ce qui se rapproche de l'idée d'un apprentissage personnalisé. » À partir du moment où chaque enfant aura son génome séquencé à la naissance et que nous saurons mieux comprendre de quelle façon il conditionne nos modes d'apprentissage, il sera possible de bâtir un programme d'éducation *ad hoc* reposant sur la connaissance fine des particularités de chacun. L'adaptation de l'éducation selon le génome et les caractéristiques neurobiologiques – qui ne cessera de progresser grâce à la puissance d'analyse de l'IA – permettra une personnalisation toujours plus fine de l'enseignement.

La fin du bricolage éducatif

À partir de 2030 environ, l'éducation va sortir de l'âge du bricolage pour devenir une science exacte. Demain, l'apprentissage sera une technologie. Les neurosciences

---

1. Shakeshaft N.G., Trzaskowski M., McMillan A., Rimfeld K., Krapohl E., *et al.* (2013), « Strong Genetic Influence on a UK Nationwide Test of Educational Achievement at the End of Compulsory Education at Age 16 », PLoS ONE 8(12) : e80341. doi : 10.1371/journal.pone.0080341.

vont permettre de dépasser ce stade auquel l'humanité est bloquée depuis toujours. Avec les NBIC, nous entrerons dans l'ère de l'industrialisation de l'école. Avant d'entrer, encore plus tard, dans sa robotisation intégrale.

Aujourd'hui notre câblage et fonctionnement neuronal, et donc ce que nous sommes, est le fruit de la conjugaison de nos gènes et de notre environnement nutritionnel, éducatif et affectif. Demain, une troisième composante viendra s'ajouter : les actions neurotechnologiques.

L'éducation traditionnelle n'est rien d'autre qu'une manipulation artisanale du cerveau. « Quand un vieux meurt c'est une bibliothèque qui brûle », dit fort poétiquement l'adage. La transmission de l'information entre humains reste un processus artisanal et lent. L'apprentissage s'opère à travers ces centaines d'heures de cours, ces milliers de feuilles griffonnées à la hâte par les élèves et les étudiants, ces heures de révisions...

Il s'agit de techniques extrêmement rudimentaires de manipulation neuronale : pour créer des liens entre neurones – c'est-à-dire apprendre –, nous ne connaissons pour l'instant que cela... Les enseignants actuels sont à ceux de demain ce que les alchimistes du Moyen Âge étaient aux scientifiques d'aujourd'hui : des bricoleurs fondant leur pratique sur quelques vagues préceptes empiriques.

Ce qui va révolutionner l'éducation est identique à qui est en train de révolutionner la lutte contre le cancer. Pour lutter efficacement contre des tumeurs qui ont toutes leur identité génétique propre et donc, pour simplifier, leurs points de faiblesse particuliers, il est nécessaire d'analyser chaque tumeur. Un traitement particulier sera alors apporté pour tuer les cellules déviantes. Une frappe chirurgicale, à mille lieues des thérapies traditionnelles que sont la chimio et les rayons. L'éducation procédera de la même façon : elle constituera une « méthode » spécialement concoctée pour chaque élève.

L'apprentissage devient une véritable science fondée sur l'observation objective de la structure du cerveau et de ses modes de réponse[1]. Les progrès sont nombreux en ce domaine.

À terme, on peut imaginer que les cours soient systématiquement paramétrés *via* des enregistrements de l'activité cérébrale pour que leur rythme, progression et organisation générale correspondent exactement à l'état cérébral de l'élève.

Dans quelques décennies, enseigner sans connaître les caractéristiques neurocognitives et génétiques d'un enfant paraîtra aussi absurde et antédiluvien que de soigner un cardiaque sans ECG ou un cancéreux sans scanner ou IRM.

Inutile d'apprendre à coder à tous !

Le code informatique est la base de la révolution informatique. Doit-on généraliser son apprentissage ? La question est bien difficile, tant il existe un consensus pour répondre oui... C'est, en apparence, une proposition logique et pleine de bon sens qui est en réalité absurde. Ce n'est pas parce qu'une technologie est ubiquitaire que tout le monde doit s'y former : a-t-on envisagé que 100 % des jeunes deviendraient électriciens en 1895, lorsque l'électricité s'est généralisée et est devenue la base de la deuxième révolution industrielle ? L'éducation a toujours les mauvais réflexes : en 2017, on veut généraliser l'apprentissage du code informatique de base au lieu d'apprendre aux enfants à raisonner sur l'information pour, notamment, dépister les « *fake news* ». C'est aussi décalé que de généraliser la sténo en 1970 au lieu d'apprendre aux enfants à rédiger.

Avoir une culture générale informatique est, bien sûr, essentiel pour être un citoyen comprenant les enjeux numériques

---

1. Burns Martha, « The Neuroscience of Learning : Brain Fitness for all Ages », *Scientific Learning*, automne 2011.

et capable de participer au débat politique sur le monde qui vient. Mais les plans de formations massifs de développeurs informatiques bac plus 2 conduiront à beaucoup de désillusions. Ils arriveront sur le marché du travail précisément au moment où le code informatique bas de gamme sera largement automatisé grâce à l'Intelligence Artificielle qui sera quasi gratuite.

Ainsi, le patron de Nvidia, l'un des plus importants fabricants de microprocesseurs dédiés à l'IA, explique : « L'IA va manger le logiciel. » Bien sûr, il y a un immense besoin d'architectes informatiques et de *data scientists*. Mais ces métiers ne seront accessibles qu'à des esprits multidisciplinaires de très haut niveau. Codeur informatique bas de gamme sera un passeport pour Pôle emploi ! Le spécialiste de l'IA Serge Abiteboul résume dans *Le Monde* l'horrible réalité d'une phrase assassine et bien peu *politically correct* : « *Data scientist* est un métier qui demande énormément de neurones. »

La métaphore de la langue étrangère (le code serait la nouvelle langue étrangère) est inadaptée : tout le monde peut devenir bilingue par immersion linguistique précoce, seule une minorité – hélas – pourra maîtriser le code informatique pour en faire un métier. Il faut bien sûr donner une culture numérique de base à tous les enfants pour les aider à se mouvoir dans le futur, mais il est plus crucial encore de former leur esprit critique, ce qui les protégera de la concurrence par l'IA. Pour un gamin normalement doué, il est mille fois plus important de lui apprendre à savoir lire, résumer et critiquer un texte que lui faire ânonner quelques banalités informatiques.

Dans un monde où l'informatique, devenue IA, va piloter les voitures, les avions, réguler les pacemakers et les cœurs artificiels, augmenter nos cerveaux avec les implants d'Elon Musk, décider du traitement des cancéreux et protéger les arsenaux nucléaires contre les hackers, il serait naïf de penser qu'il y aura de gros débouchés pour les codeurs amateurs. Le codeur de l'avenir sera à la convergence de multiples savoirs, droit, sécurité, gestion de la complexité, neurosciences : ce sera davantage un travail de polytechniciens passés par la Harvard Law School que d'amateurs bien intentionnés.

Xavier Niel, le premier entrepreneur français à avoir décrypté le futur, est un précurseur de la formation des jeunes au code informatique avec la création de l'école 42 : c'est une admirable réussite qui commence à essaimer. À côté de station F, le plus grand incubateur de start-up au monde, c'est un modèle d'intégration pour beaucoup de jeunes même pour ceux qui ont décroché du système scolaire. Mais même Xavier Niel doit mettre un peu d'humanité – Histoire et philosophie... – au programme de l'école 42 pour assurer l'avenir à long terme de ses étudiants.

L'hyperpersonnalisation de l'éducation

L'évolution de l'enseignement va être comparable à celle qu'a connue la production de biens et services depuis un siècle – en beaucoup plus rapide.

À partir de la fin du XIXe siècle et du début du XXe siècle, les usines ayant commencé à mécaniser la production en utilisant l'organisation scientifique du travail inventée par Taylor et le travail à la chaîne de Ford fondent leur succès sur l'abaissement du coût moyen grâce à la production de masse. Mais une production qui est alors uniforme. Comme le disait Ford avec humour, à propos de sa célèbre Ford T, « le client peut choisir sa voiture de la couleur qu'il souhaite... à condition que cela soit le noir. » C'est le triomphe du *one size fits all* : une seule taille pour tous.

À cette uniformité des débuts de la production de masse succèdent les premières segmentations. On cherche à différencier le produit de base afin de l'adapter à des demandes différentes : par exemple des voitures sportives différentes des voitures familiales. Après l'offre *one to many* – « un pour beaucoup » – des premiers temps, cette offre segmentée peut être qualifiée de *one to few* : « un pour quelques-uns ».

Puis, à partir des années 1990, les outils informatiques se développant, l'offre industrielle a réussi à se personnaliser : une voiture peut être produite sur commande, avec une panoplie étendue d'options précisément choisies par le client. C'est le début de l'aspiration à l'offre *one to one*, « l'offre personnalisée ». Cette aspiration ne devient vraiment réalité qu'à partir des années 2000, quand la connaissance très fine du client, permise par exemple à travers la collecte des données de surf sur Internet, va permettre d'adapter extrêmement précisément l'offre à la demande[1].

L'éducation, avec un siècle de décalage, pourrait bien franchir à toute vitesse ces différentes étapes. Pendant des millénaires, elle a dû se contenter du *one size fits all*, à l'exception notable des enfants privilégiés bénéficiant d'un précepteur personnel. Rien n'a changé ou si peu depuis l'école de Jules Ferry[2] de ce point de vue, si ce n'est une timide segmentation des formations et un début de personnalisation à travers les matières en option.

Les MOOC et les différents cours en ligne vont dans un premier temps créer des cursus personnalisés, équivalents des offres *segmentées*. Mais il ne s'agira pas encore d'une véritable personnalisation – *one to one*.

Avec le développement de formes plus élaborées d'Intelligence Artificielle – et sans qu'il soit nécessaire que cette intelligence dépasse celle de l'homme –, les logiciels vont adapter précisément la façon dont ils aident les élèves. Plus qu'aujourd'hui, les tutoriels de demain pourront poser des questions particulières et offrir des

---

1. C'est le cas du site du distributeur en ligne Amazon qui personnalise finement les promotions et propositions apparaissant aux yeux de l'internaute.
2. Ou même celle de Platon.

explications, présenter des exemples spécifiques pour illustrer des principes abstraits, utiliser les tests comme outil pédagogique plutôt que comme simple évaluation.

L'IA secondera alors le professeur, et saura même encourager, être attentif aux problèmes spécifiques, gérer le rythme d'apprentissage...

À mesure que les neurosciences progressent, c'est-à-dire que l'on comprend de quelle façon tel ou tel cerveau humain apprend le mieux, il devient possible d'améliorer l'efficacité du temps passé à la transmission de savoir.

L'adaptation de l'école aux nouvelles méthodes ne sera pas un long fleuve tranquille. À mesure que l'on saura mieux maîtriser la neuroéducation, le schéma traditionnel de l'école « en présentiel » où un professeur fait, d'une façon ou d'une autre, face pendant des heures à un groupe d'élèves, apparaîtra comme contre-productif. Comme le dit John Medina, « si vous vouliez créer un environnement éducatif qui est directement opposé à la façon dont le cerveau fonctionne, vous concevriez probablement quelque chose ressemblant à une salle de classe[1] ». La neuro-éducation signera la reconfiguration complète de la salle de classe telle que nous la connaissons aujourd'hui.

> **La typologie des métiers complémentaires de l'IA**
>
> Outre sa lenteur d'adaptation aux nouvelles techniques, le plus préoccupant est que le système éducatif ne mène pas non plus de réflexion prospective stratégique pour adapter le très rigide système de formation au déploiement rapide de l'IA. Elle envoie nos enfants là où l'IA risque de les laminer et néglige les formations où ils auraient le plus de chances d'être complémentaires et donc protégés.

---

1. Medina John, *Brain Rules : 12 Principles for Surviving and Thriving at Work, Home, and School*, Pear Press, 2009.

On peut esquisser une typologie des emplois menacés et donc des actions à mener pour orienter et reconvertir les citoyens. Elle est contre-intuitive : la destruction des métiers actuels va se faire en suivant deux gradients ; la quantité de travail manuel et l'importance de la composante intellectuelle.

Les emplois non manuels même hautement qualifiés demandant de longues années d'études subiront le choc en premier. Ce sont en effet les salariés travaillant dans le tertiaire qui vont être les plus touchés ; l'IA pure progresse beaucoup plus vite que la robotique. La robotique reste en effet une « alouette » d'IA, dont le coût s'effondre, et un « cheval » de mécanique dont le coût ne baisse que lentement. Ainsi, la radiologie sera intégralement automatisée bien avant le métier d'aide-soignante hospitalière. Google l'a compris, qui a vendu en 2017 sa filiale de robotique Boston Dynamics au milliardaire transhumaniste japonais Masayoshi Son. La robotique est la révolution de demain... mais l'IA est celle d'aujourd'hui.

Sans surprise, les salariés peu qualifiés, occupant un emploi non manuel sont menacés. Le travail de comptable, par exemple, est à la portée de n'importe quelle IA bas de gamme. Ces employés de bureau, contrôleurs de gestion de base, vont massivement disparaître. À l'image des secrétaires, qui ont quasiment déjà rejoint le musée des professions disparues.

Mais les métiers à fort contenu cognitif, sans composante manuelle, vont aussi être gravement touchés d'ici à 2030 : le radiologue ou le développeur informatique, par exemple. Ces métiers de manipulation de symboles vont connaître la concurrence de l'IA du fait des progrès foudroyants du *deep learning*. La mort des radiologues est une question d'années : la machine va bientôt réaliser leur travail beaucoup mieux qu'eux !

Une niche protégée existera pendant encore longtemps pour les travaux manuels peu qualifiés du fait du coût très élevé des robots polyvalents. Ceux de Boston Dynamics sont très impressionnants mais valent encore plus d'un million de dollars l'unité. Leur emploi pour ramasser les feuilles du jardin public, nettoyer les toilettes des aéroports ou tenir lieu de femme de chambre n'est pas pour demain. Dans vingt ans peut-être.

Dernière et quatrième case, les métiers très innovants et manuels. Cette dernière niche est celle des emplois impliquant une forme de créativité. Les artistes – musiciens, écrivains, plasticiens, acteurs, etc. – auront toujours leur place. Une place déjà limitée aujourd'hui par rapport à la population totale, et qui n'a pas de raison de l'être moins demain.

La haute gastronomie livre l'un des meilleurs exemples des emplois créatifs qui vont perdurer. Les grands chefs ayant trois macarons au guide Michelin, comme Guy Savoy, Alain Ducasse ou Arnaud Lallement sont à la fois manuels et intellectuels. On ne le dit pas assez : tous ont un quotient intellectuel très élevé même s'ils n'ont généralement pas suivi le cursus traditionnel malgré de grandes capacités cognitives. Alain Passard, à L'Arpège, est l'un des plus grands chefs ; il a la réputation justifiée d'être un innovateur permanent, qui s'appuie sur une adresse manuelle exceptionnelle.

La main innovante est imbattable par l'IA et les robots. Être complémentaire de l'IA ne passe donc pas principalement par l'apprentissage du code informatique : il faut juste être là où l'IA est incapable d'être. Doté du QI d'un polytechnicien et d'une main inimitable par un robot, Alain Passard est à l'avant-garde des humains imbattables par les automates intelligents, bien davantage que les codeurs informatiques.

L'Éducation nationale dans les affres du deuil

L'école est une magnifique institution inclusive, où des maîtres sous-payés et insuffisamment considérés essaient tant bien que mal de suppléer des parents parfois démissionnaires et d'intégrer des populations qui n'en ont pas toujours envie. Nous lui devons tous énormément. Mais juger de sa qualité sur ses meilleurs éléments est comme apprécier l'attrait du loto du seul point de vue des gagnants. La technologie scolaire est depuis longtemps déjà sous le feu des critiques, du fait de son manque d'efficacité. Avec la révolution de l'Intelligence Artificielle, elle risque d'être soufflée comme une bicoque par un blaste nucléaire.

Quel nouveau modèle pour l'école ?

L'histoire a fourni maintes illustrations de la difficulté de la machine publique à évoluer avec son temps. Les écoles de commerce, il faut s'en souvenir, se sont développées à la fin du XIXe siècle en raison du refus de l'université d'intégrer des cursus consacrés à des matières jugées indignes comme « l'administration » – on ne disait pas alors le management.

Il y a peu de raisons que l'Éducation nationale fasse tout à coup et spontanément preuve d'audace et d'agilité. Nombre d'auteurs, dont Davidenkoff, pensent que le futur de l'école émergera du secteur privé.

La faillite de l'enseignement des langues est un exemple frappant. Voici près de quarante ans que le constat de la faiblesse du niveau en langues des Français a été formulé. En France, on continue de produire des générations entières d'handicapés des langues[1].

Il y a fort à parier que l'école traditionnelle mettra beaucoup de temps à faire son deuil d'elle-même. J'entends déjà les commentaires. « Comment ? Des marchands de savoir prétendent remplacer à bon compte nos professeurs par des ordinateurs, de vulgaires machines ? La marchandisation de l'éducation est celle de nos enfants ! Ne les laissons pas devenir les produits d'une éducation privée à but lucratif, défendons le remarquable système d'enseignement solidaire et durable que le monde nous envie. » Le système politique étant ce qu'il est, on ne peut pas non plus exclure une

---

1. Qui parlent anglais comme l'ancien président Nicolas Sarkozy, c'est-à-dire Maurice Chevalier sans le canotier.

volonté de freiner voire interdire ces offres alternatives et de vouloir rendre obligatoire la fréquentation d'une école traditionnelle au nom de la préservation de l'emploi de nos professeurs – un vivier électoral immense. Ce genre de velléité ne serait au fond pas tellement différent des efforts déployés depuis 2013 pour préserver le monopole des taxis contre les nouvelles offres de transport utilisant à plein les nouvelles technologies, notamment pour la géolocalisation... Mesures protectionnistes aussi absurdes que si l'on avait interdit l'automobile en 1905 pour ne pas heurter les maréchaux-ferrants.

Dans tous les cas, la résistance des politiques sera aussi vaine qu'un barrage de sable contre la marée.

Les phases suivantes du deuil – marchandage, dépression et enfin acceptation – arriveront enfin, mais d'autres institutions pourraient avoir pris de l'avance depuis bien longtemps.

Le dynamisme des initiatives éducatives totalement indépendantes qui émergent avec les nouveaux outils de communication ringardise l'école traditionnelle même si peu à peu, les outils numériques entrent pourtant à l'école.

Qui sera le Montessori[1] du XXIe siècle ?

Smartphone + Professeur charismatique + Plateforme

Les jeunes passent quatre heures par jour sur leur smartphone. Les géants du numérique ont donc une connaissance de plus en plus fine des caractéristiques cognitives de nos enfants. Parce qu'ils nous accompagnent en permanence, nos smartphones sont des objets tout désignés pour être demain des capteurs polyvalents.

---

1. Maria Montessori développa une pédagogie révolutionnaire en 1907, toujours enseignée dans les écoles Montessori qui forment les enfants de l'élite éclairée et fortunée. Elle était médecin, philosophe et psychologue.

L'Internet des objets permettra d'approfondir encore notre connaissance intime de nos cerveaux. L'émergence d'enregistreurs cérébraux et biologiques non invasifs très peu coûteux capables de mesurer de nombreuses constantes en permanence va permettre de corréler ces données[1] à nos caractéristiques cognitives pour optimiser l'enseignement. L'IA des GAFA permettra demain de déterminer très précisément les meilleures méthodes d'enseignement pour chaque enfant.

TEDx : une bonne école pour les enseignants

Ce serait une erreur de penser que l'enseignement deviendra purement technologique. La motivation des enfants dépend énormément du charisme des professeurs : les *story-tellers* sont de grands enseignants dont on retient les cours sa vie durant. Les professeurs devraient être formés par les organisateurs de TED. Ainsi, Michel Lévy-Provençal, le fondateur de TEDx Paris, fabrique de grands orateurs. L'Éducation nationale devrait lui envoyer les jeunes professeurs.

Transmettre l'amour de la connaissance

Le professeur doit apprendre aux enfants à prendre soin de leurs cerveaux. Convaincre les enfants de manger moins gras, de rester minces, de faire du sport, de suivre les médias dans plusieurs langues, de ne pas fumer de haschisch fait partie des tâches essentielles de l'enseignant moderne. Tout cela augmente le QI.

Le Montessori du XXIe siècle sera celui qui unira cette dimension technologique avec les capacités d'entraînement du professeur. Le futur n'est pas au robot précepteur

---

1. La marée des données collectées permet, grâce à des ordinateurs surpuissants, de mettre en lumière des corrélations insoupçonnées entre facteurs. La connaissance du cerveau fera un pas décisif lorsque nous pourrons recouper l'activité neuronale de millions de personnes avec les actions associées : activité des organes, gestes, mouvement des yeux, réponse à différentes situations...

faisant ingurgiter la connaissance à un enfant isolé, séparé de ses copains. Le développement de l'intelligence collectivepasse par le travail de groupe. L'enseignant doit être un catalyseur qui fait aimer la connaissance à l'enfant. L'esprit critique est essentiel à l'ère de l'obésité informationnelle : trier les messages est fondamental.

Il est saisissant de voir que beaucoup des leaders de la Silicon Valley ont été formés dans des écoles Montessori ou inspirées par elle. L'État doit demain garantir une éducation au standard « Montessori » en commençant par les enfants issus de milieux défavorisés.

L'école va devenir une industrie mondiale

La neuroéducation nécessitera des bases de données de taille supérieure à la population d'enfants français. Il n'y aura pas plus de place pour des acteurs nationaux qu'il y aurait un marché pour un Spotify de la région Aquitaine. Trop petit ! Les géants du numérique seront très probablement les vainqueurs.

Il est bien possible que ce soit Mark Zuckerberg, qui est le plus engagé de tous les géants du numérique dans l'action politique. Au point qu'on le soupçonne de vouloir se présenter à la présidentielle américaine de 2020. Le patron de Facebook a d'ailleurs déclaré : « Nous savons que l'enseignement personnalisé est la meilleure solution. »

Mais Google a de gros atouts dans cette course à l'éducation 2.0 : on ne ment pas à Google alors qu'on ment massivement sur Facebook. Et Google possède la plus grande base de données mondiale sur le psychisme humaine : nos 4 000 milliards de requêtes annuelles livrent tout de notre fonctionnement cognitif et seront un matériau extraordinaire pour industrialiser l'apprentissage.

Les modalités d'acquisition des connaissances dans vingt ans emprunteront beaucoup de leurs traits aux nouvelles habitudes nées à l'ère numérique : place importante des travaux collaboratifs et de l'entraide entre pairs, liberté de choix dans la progression et les matières, grande diversité des écrans utilisés, etc.

La journaliste Allister Heath esquisse sa vision de ce que serait une école qui correspondrait enfin au monde dans lequel nous vivons : « Une solution à la crise qui étrangle l'éducation serait que les salles de classe ressemblent beaucoup plus aux autres lieux de travail contemporains. Dans le futur, les écoles et les parents vont pouvoir contrôler le progrès des élèves en temps réel, avec un apprentissage ajusté bien plus précisément aux besoins individuels. Les enfants apprendront les bases en ligne par le biais des meilleurs tutoriels mondiaux, et ce y compris le soir de chez eux. Ils feront alors en classe ce qui constituait autrefois les devoirs à la maison, avec des professeurs les aidant à faire leurs exercices en ligne, leurs projets de sciences pratiques, leurs rédactions, inversant la logique traditionnelle. L'éducation supérieure sera de plus en plus conduite à distance, avec des professeurs "superstars" donnant des conférences à des millions de gens dans le monde et les autres professeurs perdant leur emploi[1]. »

Il existerait un moyen tout simple pour réveiller plus rapidement notre système scolaire : la mise en concurrence, en rupture totale avec la centralisation syndicalisée qui prévaut aujourd'hui. Les conditions sont réunies pour que le marché de l'éducation devienne plus compétitif et innovant, en intégrant beaucoup plus de technologie. Une telle ouverture pourrait avoir lieu en France, où le système éducatif va être déverrouillé par le très réformateur ministre Blanquer.

Dans un futur proche, on peut prévoir l'émergence d'offres d'éducation numérique innovantes.

---

1. *The Telegraph*, « Schools are Failing our Children Simply Because They Are Technophobes », 09 juillet 2013.

À moyen terme, des institutions nouvelles proposeront aux parents un suivi de la progression en utilisant tous les nouveaux outils et les méthodes numériques. Leur principale valeur ajoutée sera la certification des niveaux, qui jouera le rôle que jouent déjà aujourd'hui les diplômes : les certificats de telle ou telle institution d'enseignement numérique vaudra comme signal positif de compétence pour des employeurs. Un basculement des élèves vers de nouvelles solutions éducatives plus performantes inciterait alors à réfléchir au statut des professeurs.

Pour faire réellement face, il faudrait non seulement muscler sévèrement la direction de la prospective au sein de l'Éducation nationale, mais encore lui donner bien plus de pouvoirs. Cela impliquerait des gens capables d'imaginer le futur et les nouveaux modèles en décryptant les tendances de fond. Combien y a-t-il de spécialistes de génétique au ministère ? Combien d'experts en neurosciences et en big data ? Combien de gens qui sont au moins conscients des réalités et des enjeux que nous décrivons ?

L'école va faire face à un tsunami en deux vagues très rapprochées : la première va remettre en cause la plupart des métiers auxquels elle prépare ; la seconde va rendre obsolète toute la technologie de transmission sur laquelle elle repose depuis toujours…

Pour autant, quels que soient les efforts accomplis par le système scolaire pour se moderniser et adopter massivement les « Edtechs », et ils sont nécessaires, ils ne suffiront malheureusement pas.

Cette première métamorphose de l'école au cours des vingt prochaines années ne fera en effet qu'effleurer l'ampleur du changement qui interviendra à plus long terme. Au-delà de l'école, c'est le problème de la transmission du savoir lui-même qui ne se posera plus dans les mêmes termes.

Les vingt prochaines années vont transformer l'école ; mais les cinquante suivantes vont la contraindre à adopter une forme entièrement différente. Les salles de classe pourraient être définitivement fermées.

2035-2060 –
L'ÉCOLE DE DEMAIN
SERA TRANSHUMANISTE
OU NE SERA PAS

Entre 2035 et 2060, les technologies de transmission des connaissances vont accomplir des pas de géant.

« "Reine Rouge, dit Alice, c'est étrange, nous courons vite et le paysage autour de nous ne change pas ?" La Reine, qui court à côté d'Alice, répond : "Nous courons pour rester à la même place." » Cet épisode d'*Alice au pays des merveilles* de Lewis Carroll pourrait bien être la métaphore parfaite de la situation de l'école dans vingt ans. Il a été utilisé par Leigh Van Valen pour décrire une hypothèse centrale de la biologie évolutive : l'évolution permanente d'une espèce est nécessaire pour survivre aux évolutions des espèces avec lesquelles elle coévolue. Quand une espèce s'adapte pour mieux faire face aux dangers que représente un prédateur, ce dernier va à son tour évoluer pour ne pas mourir de faim. L'évolution ne permet donc pas la survie une fois pour toutes, mais est une nécessité permanente.

L'école ne pourra pas se contenter d'avoir accompli une première métamorphose. Nécessaire, cette dernière se révélera vite insuffisante.

Admettons que l'école sache bientôt accomplir une rupture avec ses structures et ses méthodes classiques. Elle intègre les ressources numériques pour enseigner, elle personnalise massivement à l'aide des neurosciences et de la génétique. La transmission de connaissance passe de l'ère du bricolage primitif à celui du processus normalisé et personnalisé fondé sur une connaissance scientifique du cerveau.

Cela ne suffira pas.

Dans quelques dizaines d'années, l'IA fusionnera avec la robotique, le coût des robots chutera radicalement et leur diffusion en masse accentuera cette chute – comme la voiture était passée en quelques années du statut de bien luxueux à celui d'équipement de base. Les robots seront aussi plus polyvalents : ils seront aux robots hyper spécialisés d'aujourd'hui ce que les smartphones sont au téléphone à cadran d'il y a trente ans.

L'école aura beau utiliser les meilleurs logiciels personnalisés, elle ne pourra plus nous apprendre assez pour que nous soyons, avec notre état biologique actuel, en situation de rivaliser. Il n'y aura qu'une solution : une montée en puissance radicale de notre cerveau en utilisant tout le potentiel des NBIC. Ainsi, nous pourrons plus aisément faire jeu égal avec les machines, ou en tout cas rester dans la course.

La personnalisation de l'enseignement grâce aux neurosciences n'aura été qu'un premier stade de la mutation de l'écosystème de l'intelligence – autrement dit de la façon dont l'humanité organise la transmission de l'intellect. Il sera rapidement complété par une action non plus d'adaptation de l'enseignement mais d'adaptation du cerveau lui-même. La neuroéducation ne sera plus alors seulement une méthode scientifique pour mieux apprendre, elle s'enrichira d'un nouveau volet d'action : la neuroaugmentation. Il va en effet devenir possible d'augmenter l'intelligence non pas en jouant sur l'environnement – l'apprentissage –, mais en agissant soit en amont de la naissance, soit directement sur la machine cognitive qu'est le cerveau lui-même.

L'école deviendra alors transhumaniste et trouvera normal de modifier le cerveau des élèves en utilisant toute la panoplie des technologies NBIC.

CHAPITRE 8 :
DE LA NEUROÉDUCATION
À LA NEUROAUGMENTATION

Nous devons gérer une rupture brutale, imminente et inéluctable. Pour y faire face, notre seule arme est notre cerveau reptilien très modestement domestiqué par la civilisation. Le silicium et l'eugénisme deviendront notre viatique dans le monde d'une IA omniprésente. La nécessité d'augmenter nos capacités cognitives apparaîtra rapidement évidente et incontournable. La compétition d'un monde où l'IA existe sera comme le Tour de France cycliste des années quatre-vingt-dix : une course où celui qui n'est pas dopé n'a aucune chance de terminer à moins de dix minutes du vainqueur d'étape.

La guerre des deux écoles n'aura pas lieu

Il faut le répéter, parce que c'est une source d'incompréhension contemporaine concernant l'IA : elle s'éduque plus qu'elle ne se programme. En ce sens, il y a bien aussi une école pour la jeune IA, que les experts appellent « *AI teaching* ». Mais cette école est incomparablement plus rapide que la nôtre, celle des cerveaux biologiques. La guerre des deux écoles est perdue d'avance.

Du fait d'immenses écarts de productivité, la concurrence est très inégale entre les deux écoles : il faut trente ans pour produire un ingénieur ou un radiologue en chair et en os ; quelques instants pour éduquer une IA, lorsque les bases de données nécessaires sont disponibles.

L'école de l'IA est eugéniste et darwinienne. Les chercheurs de Facebook par exemple génèrent 10 000 IA par jour, les éduquent, les évaluent, gardent les meilleures et euthanasient les autres. Les humains progressent eux lentement, génération après génération, les moins aptes cessant de se reproduire. C'est du moins ce qui se passait jusqu'à il y a peu : depuis quelques milliers d'années, la société vient heureusement protéger les plus faibles. Nous avons brisé la sélection darwinienne aveugle pour nous-mêmes, ce qui freine le mécanisme de sélection. Aucune amélioration naturelle de notre intelligence ne peut être attendue d'une sélection ainsi réduite à la portion congrue.

Un autre levier d'amélioration des IA est la loi de Stevenson. Selon cette loi empirique, la capacité à analyser le fonctionnement des groupes de neurones croît exponentiellement. Comprendre l'activité neuronale permettra de décrypter le cerveau humain. Demis Hassabis, le patron de Deepmind-Google, est persuadé que cela enrichira considérablement les techniques d'IA.

Ce processus darwinien n'est évidemment pas applicable à l'éducation traditionnelle ! Notre cerveau est une machine fantastiquement polyvalente et transversale, mais il apprend lentement et il faut recommencer l'ensemble du processus à chaque génération.

L'école est un artisanat archaïque tandis que l'éducation des cerveaux de silicium menée par les géants du numérique devient la plus puissante des industries. D'un côté des enseignants mal considérés et mal payés, de l'autre des développeurs de génie payés en millions de dollars. D'un côté, cinq millions d'écoles de par le monde qui ne capitalisent que trop peu sur leurs expériences. De l'autre, 10 écoles de l'IA chez les GAFA ainsi que leurs équivalents chinois les BATX.

La rapidité d'apprentissage de l'IA est multipliée par 100 chaque année alors que l'école n'a guère changé depuis la Grèce antique. En définitive, les ordinateurs acquièrent nos capacités ordinaires à un rythme extraordinaire, même si l'IA n'est pas encore dotée d'une conscience artificielle. Sergey Brin, le cofondateur de Google, a d'ailleurs confessé en 2017 à Davos que l'IA progresse en réalité bien plus vite que tous les pronostics et qu'il avait sous-estimé cette révolution.

Les limites biologiques de notre cerveau

Notre cerveau est un outil remarquable, polyvalent et économe en énergie, mais au débit limité à quelques octets par seconde. En 2017, deux ordinateurs échangent déjà 1 000 milliards d'informations par seconde... On passera pudiquement sur le fait que l'IA ne dort pas, ne mange pas, ne vieillit pas, voyage à 300 000 kilomètres par seconde et peut se subdiviser en quelques millièmes de seconde... Notre ordinateur « fait de viande » est affligé sur ces points d'un handicap fondamental face aux cerveaux de silicium.

La sélection darwinienne étant à l'arrêt puisque la mortalité infantile a heureusement quasiment disparu, seules des modifications génétiques embryonnaires pourraient améliorer la compétitivité de notre « hardware neuronal » face aux IA. Le potentiel d'amélioration est sans doute significatif mais pas illimité ; il existe des limitations physiques à l'augmentation de nos capacités intellectuelles que le silicium n'a pas.

Si notre cerveau grossissait, cela allongerait la longueur des axones qui relient les neurones entre eux, ce qui serait néfaste pour leur efficacité et imposerait, par ailleurs, de généraliser la césarienne.

La réduction de la taille des neurones entraînerait des artefacts et donc des excitations accidentelles des réseaux neuronaux. Et la multiplication du nombre de connexions synaptiques conduirait à une augmentation de la consommation énergétique du cerveau dont on suppose qu'elle est une des origines de la schizophrénie.

Si l'on regarde froidement la réalité, il est vraisemblable que les Edtechs associées à une stimulation précoce des enfants et à une personnalisation pédagogique optimale puissent faire passer le QI moyen d'une population de 100 à 125.

Il est possible que la cohabitation avec l'IA accroisse nos capacités cognitives : la coévolution avec le silicium nous ferait découvrir de nouvelles façons de raisonner ce qui réorganiserait nos réseaux neuronaux. La lecture fait appel à des circuits cérébraux qui n'étaient pas prévus pour lire : en moins de dix mille ans, la sélection darwinienne aurait été bien incapable de faire émerger des aires cérébrales dédiées. Nos relations avec l'IA pourraient entraîner un phénomène comparable.

La sélection et la manipulation génétique embryonnaire devraient permettre à chacun d'atteindre le QI d'un Leibniz, que l'on estime rétrospectivement – il est mort deux cents ans avant l'invention du QI – à 220. Au-delà, seules les méthodes neuroélectroniques semblent envisageables au prix de notre cyborgisation partielle ou complète[1].

Le tsunami de l'IA ira trop vite et trop haut

Si la fin du travail n'est pas une perspective envisageable à court terme, dans une perspective de quarante ou cinquante ans, il n'est pas possible d'être aussi catégorique concernant les humains non augmentés. Si l'on inclut l'arrivée de robots dotés d'IA, les perspectives sont plus radicalement

---

1. Cela ne remet pas en cause le fait que le QI est un indicateur qui n'est plus parfaitement adapté à l'écosystème d'intelligences en train d'émerger.

négatives encore. Même les emplois actuels les plus qualifiés qu'un Rifkin croyait voir perdurer pourraient être détruits. Dans un scénario extrême, aucune compétence, même la plus pointue, ne serait inaccessible aux machines. La rapidité et l'infaillibilité d'exécution des machines intelligentes rendraient absolument non compétitif le travail humain[1]. Le 24 juillet 2017, la *Harvard Business Review* faisait le constat que même les consultants de haut vol seraient bientôt remplaçables par l'IA.

Pour rester dans la course, l'être humain aura deux choix, d'ailleurs pas exclusifs l'un de l'autre : l'eugénisme biologique et la neuroaugmentation électronique.

Génétique ou cyborg : le grand bond en avant de l'intelligence

Augmenter les capacités intellectuelles de la population va devenir possible. Il existe deux groupes de technologies, en réalité complémentaires : l'amélioration par la voie purement biologique[2] d'une part, la voie électronique d'autre part.

---

1. Pour Louis Del Monte, le paradoxe pourrait alors être que seuls des emplois particulièrement peu qualifiés subsistent, leur coût très bas rendant l'utilisation d'une machine sous-optimale. En réalité cette période ne peut être que très temporaire. Ces emplois seraient vraisemblablement sous-payés pour être compétitifs. Si l'on y réfléchit, le travail humain est structurellement plus coûteux que celui d'une machine (à partir du moment où sa diffusion aura permis une baisse de son prix de revient, ce qui est loin d'être le cas aujourd'hui) : l'humain ne peut travailler pleinement que quelques heures par jour. La machine, en revanche, peut travailler de façon ininterrompue pendant des années, est beaucoup plus rapide, ne tombe pas malade, n'a pas besoin de week-end, de vacances, de retraite, ne fait pas grève.

2. L'utilisation de cellules souches génétiquement modifiées est également envisageable à moyen terme.

Le scénario *Gattaca*

Premier type de technologies : celles qui utilisent les ressources biologiques. L'intelligence étant en partie génétique, il s'agit d'identifier les caractéristiques génétiques associées à de meilleures capacités cognitives. La recherche s'était jusqu'à présent essentiellement concentrée sur l'identification des marqueurs associés à des intelligences faibles, pour évaluer le risque de « déficience mentale ». S'intéresser aux marqueurs des QI élevés est tout récent, c'est pourquoi nos connaissances à ce sujet sont pour l'instant limitées[1]. Mais des laboratoires puissants sont désormais lancés sur la piste, notamment en Chine et aux États-Unis.

Le scénario de *Gattaca*[2], film d'Andrew Niccol réalisé en 1997, décrit une société ayant délibérément fait le choix d'un eugénisme massif et systématique. Comme dans le roman d'Aldous Huxley, *Le Meilleur des mondes*, c'est à ces individus de première classe que sont réservés les postes de l'élite sociale.

Même s'il est possible d'améliorer considérablement l'efficacité de l'apprentissage, cette voie a ses limites, la génétique explique à elle seule deux tiers de nos capacités intellectuelles. Dès lors, l'utilisation des technologies génétiques permettrait plus efficacement d'augmenter l'intelligence des populations.

---

1. Ma réflexion sur l'eugénisme correspond aux événements que j'anticipe. En aucune manière à mes choix de société. Je regrette depuis longtemps que la réflexion sur ces sujets si sensibles se déroule seulement au sein des groupes ultra-conservateurs. Cela dit, j'ai toujours choisi de discuter avec eux – notamment avec la manif pour tous – alors qu'il est de notoriété publique que je combats leurs positions sur le mariage gay auquel je suis personnellement favorable. Je pense qu'il faut toujours dialoguer avec les groupes qui ne partagent pas mes options philosophiques.

2. Dans *Bienvenue à Gattaca*, certains parents préfèrent, pour des raisons philosophiques, avoir des enfants naturels, non augmentés.

Les Chinois sont prêts pour le dopage du QI *in utero*

Des expérimentations récentes ont augmenté les capacités intellectuelles de souris en modifiant la séquence de leur ADN. L'augmentation des capacités cognitives pourrait être prochainement démontrée chez le singe. Seraient-elles acceptables pour l'espèce humaine ?

Une polémique scientifique animée oppose les partisans de l'interdiction de la modification des embryons humains à des groupes favorables à ces manipulations. Dans un avis du 4 septembre 2016, le groupe Hinxton (un réseau international de chercheurs, de bioéthiciens et de politiques) affirme que la modification génétique des embryons humains serait une « valeur inestimable » pour la recherche.

Au-delà des opinions d'experts, la position de la société civile sur l'utilisation de ces technologies chez l'homme sera cruciale. Faudra-t-il se limiter à corriger des anomalies génétiques responsables de maladies ou, comme le souhaitent les transhumanistes, augmenter les capacités, notamment cérébrales, de la population ? Une enquête internationale menée par l'agence de communication BETC révèle des différences considérables entre pays à propos de l'acceptation de « l'eugénisme intellectuel ».

Les Français sont ultra-bioconservateurs : seulement 13 % jugent positive l'augmentation du quotient intellectuel des enfants en agissant sur les fœtus. Alors que respectivement 38 % et 39 % des Indiens et des Chinois y sont favorables. Chez les jeunes Chinois branchés, ce pourcentage atteint même 50 %. Les Chinois sont de fait les plus permissifs en ce qui concerne ces technologies et n'auraient aucun complexe à augmenter le QI de leurs enfants par des méthodes biotechnologiques.

Les pays où régnera un consensus sur l'augmentation cérébrale des enfants pourraient, lorsque ces technologies seront au point, obtenir un avantage géopolitique considérable dans une société de la connaissance.

L'eugénisme nous révolte s'il s'agit d'éliminer *a priori* les filles par exemple. Mais il faut reconnaître qu'il est déjà une réalité parfaitement acceptée chez nous : grâce aux diagnostics précoces encouragés et pris en charge par la Sécurité sociale, 96 % des enfants trisomiques dépistés sont éliminés. De plus en plus, nous sommes capables de procéder à des diagnostics préimplantatoires pour éviter qu'une maladie génétique fatale ne se transmette des parents vers les enfants, évitant autant de drames horribles. On pourra bientôt intervenir sur le génome de l'embryon pour « réparer » certains problèmes génétiques. Et chacun salue ces avancées en songeant qu'elles permettent une vie meilleure. Au sens étymologique, eugénisme signifie en grec « bien naître ».

Difficile de ne pas voir où mène le toboggan eugéniste : les parents veulent le meilleur pour les enfants et souhaitent leur donner toutes les chances possibles dans la vie – comment les blâmer ? Ils vont peut-être avoir tendance à vouloir choisir la taille, la couleur des yeux et des cheveux de leurs enfants. Mais plus encore, ils réclameront ce qui a un rôle déterminant dans la réussite sociale : un fort QI. Dès que cela sera possible et accessible, la demande d'amélioration de l'intelligence pour les futurs enfants va exploser... surtout lorsque les parents se rendront compte que les enfants de leurs voisins ont 50 points de QI de plus que les leurs.

Serait-il moral, par exemple, d'interdire à un paysan tanzanien pauvre, qui n'a guère été favorisé par son environnement, d'augmenter le QI de ses enfants pour qu'ils fassent des études ? Au nom de quelle morale pourrions-nous l'empêcher ?

Comment procède-t-on ? La technique est simple[1] dans son principe : on sélectionne les embryons qui présentent

---

1. En réalité, nous connaissons assez bien les variants génétiques qui conduisent à des handicaps intellectuels. Mais la recherche sur les variants, sans doute très

les marqueurs génétiques qui sont corrélés à de bonnes capacités intellectuelles... Il s'agit à proprement parler d'eugénisme : on influence les naissances de façon qu'elles produisent des individus ayant les caractéristiques attendues.

Une étude menée par Shulman et Bostrom[1] en 2013 a montré que la sélection d'embryons donnerait rapidement des résultats sensibles. Dans les dix à quinze ans, ces techniques pourront permettre, si on le souhaite, une certaine augmentation des capacités cognitives des individus ainsi « produits ». Mais cette augmentation restera limitée, et ne dépassera pas les augmentations collectives de QI que l'on a pu observer par le passé, par l'effet Flynn, du fait d'un environnement globalement plus stimulant.

Néanmoins, Shulman et Bostrom montrent qu'il est possible d'aller beaucoup plus loin. L'utilisation de cellules-souches humaines de gamètes permet de procéder à une sélection itérative d'embryons *in vitro*. L'effet cognitif pourrait devenir beaucoup plus conséquent sur plusieurs générations.

Il n'est même pas nécessaire d'attendre que les générations se succèdent réellement tous les vingt-cinq ans pour que les effets puissent être obtenus : les générations peuvent se faire en quelques semaines. Avec les cellules souches des embryons on refait en éprouvette ovules et spermatozoïdes en quelques semaines.

Le tableau suivant présente le nombre de points de QI gagnés d'après l'étude. Si une sélection du meilleur embryon parmi dix est répétée sur cinq générations, le gain moyen de QI est de 60 points...

---

nombreux, qui favorisent de bonnes capacités intellectuelles est balbutiante : il faudra beaucoup d'IA pour les repérer.

1. Shulman Carl et Bostrom Nick, « Embryo Selection for Cognitive Enhancement : Curiosity or Game-changer ? », *Global Policy* 5(1)· Février 2014.

Sélection d'embryons	Nombre de points de QI gagnés
1 sur 1	4,2
1 sur 10	11,5
1 sur 100	18,8
1 sur 1 000	24,3
5 générations de sélections de 1 sur 10	60
10 générations de sélections de 1 sur 10	120

Tableau 1 : gains de QI maximums
associés à une sélection d'embryons[1]

Il n'est pas nécessaire d'aller si loin pour changer la trajectoire de vie d'un enfant : 20 points de QI sont tout ce qui différencie un adolescent qui patauge au lycée d'un étudiant qui traverse l'université avec succès...

Imaginons le fossé qui pourrait se créer en l'espace d'une génération, entre des parents non augmentés – vous et moi – et une progéniture dotée de 50 points de QI supplémentaires. Les problèmes de communication parent-enfant prendront une nouvelle dimension : les parents continueront à ne pas comprendre leurs enfants, mais cette fois-ci, ce sera aussi par manque d'intelligence.

Le désarroi des professeurs sera au moins aussi grand que celui des parents : la sélection d'embryons va rendre la tâche éducative ingrate... Des années d'effort de cohortes de maîtres seront remplacées par quelques opérations en éprouvette. Tout comme la fluoration de l'eau a rendu moins utiles les dentistes – orthodontistes exceptés[2] –, un

---

1. Shulman Carl et Bostrom Nick, *ibid.*
2. Avant Invisalign...

peu d'eau fluorée marchant mieux que les efforts de milliers de professionnels pour préserver des caries...

Le progrès dans la recherche à partir de dérivés de cellules-souches dépendra beaucoup de l'évolution des régulations. En fait, Shulman et Bostrom prédisent que l'attitude de la société – traduite par les instances de régulation – sera un facteur décisif de progrès ou de stagnation des connaissances à l'avenir. Pour l'instant, tout indique que l'attitude des pays les plus puissants – Chine et États-Unis – est particulièrement ouverte et que les investissements arrivent. Le potentiel économique de ce marché est immense, comme l'est d'ailleurs l'ensemble du marché de la sélection génétique. Ce n'est pas un hasard si 23andme, la filiale[1] de Google spécialisée dans le business de la génétique, a obtenu le 24 septembre 2013 de l'US patent un brevet numéroté 8543339 B2 au titre éloquent : « Sélection des gamètes des donneurs sur la base de calculs génétiques[2] ». Son objet, en clair : sélectionner les embryons pour fabriquer des bébés « améliorés » en fonction des critères choisis. Les grandes sociétés du Net seront bien placées pour pénétrer ces marchés dès qu'ils seront accessibles.

Contrairement à ce que prévoient les fictions d'anticipation, la sélection embryonnaire ne concernera pas qu'une petite partie de la population. Elle sera généralisée. Il sera en 2100 jugé aussi étrange de laisser de petits enfants naître avec un QI inférieur à 160 qu'aujourd'hui de mettre sciemment au monde un bébé porteur de trisomie ou gravement déficient mental[3]. Une stigmatisation sociale s'attachera

---

1. Google est minoritaire au capital de 23andme.
2. « *Gamete donor selection based on genetic calculations* ».
3. La façon dont la société traite les trisomiques 21 est un constat. J'ai à maintes reprises souligné que la décision sociétale de généraliser l'eugénisme sans réflexion ni débat philosophique et politique me troublait énormément. Je ne me réjouis pas de l'entrée probable dans l'hyper-eugénisme.

aux enfants nés « naturellement », par le jeu du hasard de la cuisine génétique. Il paraîtra aussi baroque d'avoir un enfant naturellement qu'aujourd'hui de vouloir accoucher chez soi. On peut même penser qu'au nom de la protection de l'enfant, des lois viennent dans le futur décourager voire interdire de telles pratiques primitives qui créeraient de fait des parias incapables de s'intégrer économiquement et socialement.

CHAPITRE 9 :
POURQUOI L'IMPLANT
INTRACÉRÉBRAL S'IMPOSERA

La seconde voie pour rester dans la course avec l'IA est celle du cyborg, proposée par Elon Musk. Elle est beaucoup plus prometteuse, dans un premier temps au moins. Pour une bonne raison : elle sera technologiquement plus rapidement au point, et plus puissante. La sélection et la manipulation génétique impliquent de savoir parfaitement quelles zones de l'ADN toucher pour parvenir aux deux objectifs principaux qu'auront tous les parents : rendre très intelligents et faire vivre longtemps en bonne santé. Or, s'il est facile de repérer les marques génétiques liées à la couleur des yeux ou au type de métabolisme hépatique, ce qui détermine l'intelligence est le fruit d'un cocktail subtil de facteurs. Ces deux qualités essentielles que sont l'intelligence et la santé ne sont pas comme des interrupteurs que l'on pourrait allumer ou éteindre à sa guise. Ils sont très complexes. Par ailleurs, la crainte que l'humain OGM ne soit plus humain sera forte.

Autre problème de taille : la technologie génétique ne pourra profiter par définition qu'aux nouvelles générations[1].

---

1. Modifier génétiquement un cerveau adulte semble bien difficile...

Il sera difficile à entendre pour les humains nés alors que les connaissances eugéniques seront encore trop modestes pour permettre d'augmenter tout le monde dès la naissance, qu'ils deviendront des grands-parents débiles pour leurs petits-enfants... La volonté d'augmentation sera forte et immédiate. « *Neuro subito*[1] ! » Il faudra augmenter les gens le plus vite possible, et il ne sera pas concevable d'attendre vingt-cinq ans qu'une nouvelle génération correctement modifiée naisse et grandisse, au risque de mettre au rebut une génération entière. Comme le re-paramétrage du vivant est trop lent, le recours à la technologie électronique s'imposera.

Elon Musk lui-même a souligné en avril 2017 que la piste génétique était trop lente, au moins pour la période de transition, face à une IA qui galope : « La révolution de l'IA rend le cerveau humain obsolète. » Il oublie seulement un point : les modifications génétiques se transmettent de génération en génération alors que ses implants Neuralink devront être intégrés dans le cerveau à chaque génération.

Un dernier point est préoccupant : il est possible que les implants de type Neuralink augmentent davantage les capacités intellectuelles des gens déjà doués, ce qui accentuerait les inégalités.

Le Far West neurotech : l'intelligence branchée sur le cerveau comme une clé USB[2]

La sélection d'embryons constitue une amélioration cognitive *a priori*. Pour ceux qui sont déjà nés mais qui veulent pouvoir augmenter leurs capacités intellectuelles,

---

1. Le slogan ne sera plus « *sancto subito* », comme criaient les fidèles lors de la mort de Jean-Paul II.
2. Une remarquable analyse sur la complexité de ces technologies est présente sur le blog d'Olivier Ezratty : www.ezratty.net.

d'autres technologies[1] sont en cours de développement[2]. Mais ces techniques chimiques sont pourtant très peu de choses à côté de l'efficacité des techniques plus invasives que sont les implants neuronaux dont Elon Musk est le leader.

Il s'agit de marier l'ordinateur au cerveau, en faisant de notre cerveau un organe cyborg. Le neurone est alors branché sur des composants électroniques pour en augmenter les capacités, exactement comme on ajoute une carte mémoire ou un disque dur externe à son ordinateur pour en améliorer les performances. Concrètement, c'est évidemment nettement plus complexe.

Maîtriser le code neuronal

Pour construire des logiciels permettant aux composants électroniques de dialoguer avec le cerveau, il faut percer son code[3]. Autrement dit, les scientifiques ont besoin de connaître le langage utilisé pour activer les neurones, comme ils connaissent désormais le code universel du vivant : l'ADN.

Notre cerveau est en permanence parcouru par des impulsions en grand nombre : probablement mille milliards par seconde... Le code neuronal est encore loin d'être totalement et clairement connu, mais les progrès sont notables. Les technologies d'implants se développeront peu à peu grâce à l'augmentation des capacités informatiques

---

1. Certains pensent que des pilules d'amélioration cognitive pourraient apparaître dans le futur, et deviendraient « une partie acceptée de la panoplie des professionnels de la pédagogie ». Ces techniques pourront aussi bénéficier aux enfants déjà augmentés par sélection.
2. Jones R., Morris K. and Nutt D. (2005), *Drugs Futures 2025 ? Foresight : Brain Science, Addiction and Drugs State of Science Review*, at www.foresight.gov. uk and in Nutt D., Robbins T., Stimson D., Ince M. and Jackson A. (2006), *Drugs and the Future*, Academic Press.
3. *MIT Technology Review*, « Cracking the brain's code », 17 juillet 2014.

qui font progresser la compréhension du fonctionnement cérébral et la cartographie de l'esprit humain.

Nous savons déjà fabriquer des prothèses visuelles[1] branchées sur le cerveau ou le nerf optique. La société américaine Second Sight a par exemple développé, pour les malvoyants, une prothèse bionique de l'œil qui se compose de lunettes munies d'une micro-caméra, d'un petit ordinateur portable à la ceinture et d'un implant rétinien. L'ordinateur permet de traduire les images perçues par la caméra en instructions transmises à l'implant rétinien, où elles sont retraitées en signaux électriques à destination du cerveau par le nerf optique.

Des implants intracrâniens existent aussi pour soigner les victimes de troubles psychiatriques ou de la maladie de Parkinson. Ils créent des impulsions qui permettent de stimuler certains circuits neuronaux défectueux.

Dernière application thérapeutique en date : des tétraplégiques peuvent désormais commander un ordinateur ou une machine par la pensée, *via* des implants intracérébraux ou un casque qui analyse les ondes cérébrales.

Ces avancées sont de formidables espoirs pour les malades. Appliquées à l'éducation, elles sont de stupéfiantes promesses de révolutions.

La neuroéducation devra beaucoup à Alzheimer

La maladie d'Alzheimer est la maladie neuro-dégénérative la plus répandue. Parce qu'elle implique de lourds

---

1. Cette nouvelle technologie permet d'aider les porteurs d'une forme incurable de dégénérescence rétinienne appelée rétinopathie pigmentaire, qui touche près de quarante mille personnes en France. La prothèse permet à des patients qui avaient perdu entièrement la vue de percevoir des mouvements, s'orienter et se déplacer, reconnaître des objets comme des fruits ou des couverts et lire des caractères.

traitements palliatifs, c'est aussi la pathologie la plus coûteuse. Une grande partie de la recherche sur le cerveau est dédiée à la comprendre. Ce sont ces recherches qui constituent d'ores et déjà la base de connaissances scientifiques permettant de progresser dans les techniques de « manipulation » du cerveau : apprendre, répétons-le, c'est modifier des connexions entre neurones. Ce qui peut servir à soigner un malade atteint d'Alzheimer peut aider un patient sain à améliorer ses connexions, donc sa mémoire et son intelligence...

C'est ainsi indirectement, par le biais des recherches curatives pour le cerveau que les neurosciences sont en train de devenir le nouvel Eldorado des recherches en pédagogie[1]... Cela n'est pas anodin car, dans un premier temps, cette lutte contre une maladie neurodégénérative désamorce par avance tout débat sur la justification d'une recherche conduisant à la neuroaugmentation. Une équipe de recherche avouant chercher le moyen de fabriquer des petits génies à la pelle aurait du mal à trouver des financements et ferait l'objet de vives critiques – sauf en Chine, on l'a vu... –, mais si elle parvient à ces résultats à partir de travaux visant à soigner des malades, cela devient légitime et beau.

Alzheimer sera la porte d'entrée des technologies de la neuroamélioration : un cheval de Troie commode pour la diffusion massive des technologies d'amélioration du cerveau. La génération nombreuse du baby-boom devient, soixante-dix ans plus tard, celle d'Alzheimer. Et pour l'instant, la médecine est impuissante : l'alternative se résume à deux changements de couches par jour dans un EHPAD[2] pour les gens modestes, ou bien six changements

---

1. TLRP, « Neuroscience and Education : Issues and Opportunities », Rapport du *Teaching and Learning Research Programme*, Institute of Education, University of London.
2. Établissement d'hébergement pour personnes âgées dépendantes.

de couches dans des EHPAD de luxe... Peu réjouissant dans tous les cas. La déchéance qu'engendre cette maladie est si terrible, pour le malade et peut-être plus encore pour son entourage, que chacun plébiscitera l'utilisation des technologies aussi transgressives soient-elles, pourvu que l'on évite le naufrage de la démence. Plutôt transhumains[1] et dignes que gâteux... La neurotransgression sera déjà là, toute prête, quand l'école voudra s'en saisir à son tour.

Le coming-out transhumaniste d'un grand neurochirurgien

L'évolution philosophique du professeur Alim Louis Benabid, inventeur des implants intracérébraux pour traiter la maladie de Parkinson, est édifiante. Opposé à l'augmentation cérébrale depuis toujours, il a confié avoir basculé[2]. Il a déclaré : « Mon attitude a changé. Au début, je disais il ne faut absolument pas faire ça. On n'est pas tous intelligent de la même façon. En quoi ce serait gênant si on stimulait le cerveau ? A-t-on peur de rendre l'autre plus intelligent ? de propulser le QI ? C'est pour qu'il n'y ait pas de problèmes qu'on respecte un statu quo. » De l'homme réparé à l'homme augmenté, il n'y a qu'un pas : l'élite médicale est déjà prête à suivre Elon Musk.

---

1. Les transhumains seront les individus qui, demain, accepteront d'utiliser toutes les technologies disponibles pour remplacer les organes défectueux et surtout augmenter leurs capacités physiques ou intellectuelles. On parlait plutôt autrefois de cyborg.
2. *Sciences et Avenir*, juillet 2017.

Une machine à réussir plutôt qu'à sélectionner

La neuroaugmentation arrive, mais pour s'en saisir avec succès, les professeurs ne pourront plus être les mêmes. À partir du milieu de ce siècle, le personnel de l'école aura fondamentalement changé.

Des spécialistes de très haut niveau consacreront leur vie professionnelle à l'éducation, notamment celle des tous jeunes enfants.

Le gros du travail aura lieu avant même l'entrée à l'école proprement dite. La sélection embryonnaire sera réalisée lors de la conception et la neuroaugmentation électronique sur les très jeunes enfants. Le travail de l'équipe éducative débutera avant la naissance puisqu'elle aidera les parents à paramétrer la sélection embryonnaire.

Le jardin d'enfant et le primaire deviendront un moment clé. Cette période sera l'objet de toutes les attentions. Le personnel chargé de veiller à cet instant crucial n'aura rien à voir avec les éducateurs et professeurs des écoles d'aujourd'hui... Les qualifications requises ne seront plus les mêmes. Il y aura des bac plus 10 dans les crèches pour profiter de la fenêtre magique où un million de connexions synaptiques sont établies chaque seconde et aider à bâtir les cerveaux plastiques, épanouis et innovants. Les docteurs en neurosciences vont remplacer les éducateurs.

À l'école, la vraie autorité reposera entre les mains de nouveaux acteurs. L'ingénieur éducationnel et le médecin spécialisé en neuropédagogie seront chargés du paramétrage optimal de l'enseignement reçu par chaque élève en fonction de ses caractéristiques neuronales et des modalités d'augmentation cérébrale dont l'enfant aura bénéficié. L'enseignant sera devenu une sorte de coordinateur qui s'assurera que l'élève suit convenablement le cursus prescrit. Il remplira un peu le rôle d'un coach[1] chargé de suivre les élèves. Il sera, comme à Singapour, respecté, admiré et très bien rémunéré. Le suivi de l'apprentissage sera permanent afin que l'adaptation soit parfaite. Dans ce processus, l'échec ou l'impossibilité d'apprendre ne seront pas des options : le processus cognitif connu à fond et abordé scientifiquement fera de l'enseignement une mécanique de précision.

Il sera le fait d'un écosystème complexe composé de généticiens, de neurobiologistes, de neuroélectroniciens, de neuroéthiciens et de spécialistes d'IA appliquée à l'éducation. Les polémiques sur les meilleures méthodes éducatives prendront fin. Les méthodes que l'on utilisera procéderont d'évaluations rigoureuses et indépendantes, et non de lubies, de modes pédagogiques ou de choix idéologiques.

Il ne sera bien sur pas possible de développer dans chaque école des logiciels dédiés. De la même façon, qu'il n'y a pas un équivalent de WhatsApp spécifique pour chaque canton, il y aura une poignée d'applicatifs éducatifs − destinés au marché mondial − qui aideront chacun à manager sur le long terme des cohortes de centaines de millions d'élèves[2].

Un dossier éducatif numérique suivra chaque individu, sa vie durant, et monitorera la complémentarité avec l'IA de chaque individu.

L'Éducation nationale sera dirigée par des scientifiques humanistes de haut niveau. Le professeur François Taddéi en est le modèle.

---

1. Le rôle d'entraîneur des professeurs a été parfaitement démontré dans une grande analyse faisant la synthèse de mille deux cents études pédagogiques en 2005.
2. Il est envisageable − si l'Europe cesse de geindre contre les GAFA et se met à travailler − que l'un d'entre eux soit européen.

L'école changera ainsi radicalement de modèle : de machine à sélectionner les meilleurs par le moyen d'un échec de masse, elle deviendra une infaillible machine à faire réussir tout le monde. L'échec ne sera plus une option dans l'école de 2060.

CHAPITRE 10 :
L'ÉCOLE DE 2060
RENDRA TOUS LES ENFANTS
INTELLIGENTS

Le droit au QI élevé pour tous deviendra aussi évident que l'égalité raciale ou entre hommes et femmes.

L'amélioration cérébrale sera d'abord une nécessité économique : elle sera la condition *sine qua non* d'accès aux emplois hyperqualifiés du futur. En réalité, la raison principale qui poussera à l'adoption massive des techniques d'amélioration du QI sera la pression sociale en faveur de l'égalité, et la peur d'une révolution menée par les gens moins doués, abandonnés et désarmés face à l'IA.

La démocratisation de l'intelligence biologique est le principal moteur de l'égalité

Quelles seront les conséquences sur l'éducation des neuro-technologies ? L'augmentation des capacités cognitives des individus deviendra une tâche technique ; elle fera l'objet d'une opération médico-technologique de routine. L'institution scolaire, dans ses méthodes comme dans son objet, deviendra obsolète. L'apprentissage va changer de dimension.

Les enfants formés par neurorenforcement entreront en compétition avec ceux formés par l'école traditionnelle, s'il y en a encore. Lorsque les technologies d'amélioration cérébrale seront au point, la compétition sera aussi déloyale qu'entre le TGV et une diligence... Il faut vingt-cinq ans pour former un travailleur. Il ne faudra *in fine* que quelques minutes pour neurorenforcer un patient. Dans la fable de La Fontaine biotechnologique, la tortue école n'arrivera pas avant le lièvre neuroaugmenté.

La concurrence de l'IA sera l'un des moteurs importants d'une généralisation du neurorenforcement chez les enfants : de plus en plus, il s'agira pour les parents du seul espoir d'assurer un avenir à leurs enfants. Une motivation qui viendra s'ajouter à un autre levier non moins puissant : notre passion de l'égalité qui nous conduira à adopter une sorte de « droit opposable à l'intelligence ».

La neuroaugmentation sera le vaccin du XXIe siècle

La neurorévolution sera comparable à la Révolution française. Là où 1789 était une révolution bourgeoise dirigée contre les privilèges de la naissance, la neurorévolution marquera l'abolition des privilèges de l'intelligence.

Il sera aussi jugé dangereux de maintenir des écarts de capacités cognitives, ne serait-ce que parce que les gens moins doués pourraient être facilement manipulés par l'IA. Les bourgeois ont imposé la vaccination et l'hygiène car les microbes des pauvres les menaçaient ; les élites de 2050 craindront que les gens moins doués ne détruisent l'ordre social. Le neurorenforcement sera le successeur de l'hygiénisme pasteurien.

Le fait que les inégalités d'intelligence soient vécues comme un problème n'est pas nouveau en soi. De nombreux exemples existent dans l'histoire. Les individus présentant un QI plus bas ont souvent été stigmatisés comme une menace potentielle pour l'ensemble de la population, puisqu'ils étaient perçus comme porteurs d'une potentielle dégradation catastrophique de l'intelligence. La règle fondamentale de toute civilisation, l'interdit de l'inceste, a précisément pour objet d'éviter la « dégénérescence » liée aux reproductions consanguines. Nos ancêtres avaient parfaitement compris que l'intelligence était un trésor précieux, et qu'elle se transmettait d'autant mieux que les alliances étaient lointaines. Cette préoccupation de sécurité génétique n'a pas disparu avec la modernité. Elle a pu prendre des formes terrifiantes. En 1928, l'assemblée législative d'Alberta a adopté le Sexual Sterilization Act : censée protéger le patrimoine génétique de la population, la loi favorisait la stérilisation des déficients mentaux. Il s'agissait de protéger la population des tares et vices qui, pensaient les scientifiques à l'époque, étaient directement liées à une faiblesse mentale : crime, prostitution, alcoolisme, perversions sexuelles... La loi ne fut supprimée qu'en... 1972.

Autrefois, la seule solution politique pour y parvenir était de se livrer à un terrible eugénisme « antidéficients ». Demain, cela sera certes plus humain, mais sans doute pas moins eugéniste : on rendra les « déficients » plus intelligents.

Dans quarante ou cinquante ans, accepter l'inégalité d'intelligence paraîtra aussi anormal, malsain et pathétiquement barbare que d'accepter une supériorité sociale fondée sur l'appartenance à la noblesse ou à la race blanche. On s'indignera à l'idée qu'on ait pu tolérer sans problème que deux individus supposés égaux soient en pratique séparés par 40 points de QI.

Cette affirmation peut sembler étrange. Mais on aurait étonné les citoyens des années 1960 si on leur avait dit que cinquante ans plus tard le mariage homosexuel deviendrait légal[1]. Les lignes morales bougent vite, très vite. Ce

---

1. En 1981 l'homosexualité était encore un crime au sens du code pénal et en 1990 une maladie mentale au sens de l'OMS.

qui semble absurde et dérangeant peut en quelques années devenir évident et normal. Et réciproquement.

La lutte contre les inégalités est au cœur de notre modernité

L'histoire de notre société peut largement être analysée comme étant celle de la progression du principe d'égalité. La grande innovation de la Grèce antique, la démocratie, est avant tout une victoire du droit sur le principe à l'époque dominant de l'autocratie. Plutôt qu'à un dirigeant omnipotent, le pouvoir était pour la première fois partagé par un ensemble de citoyens égaux. La progression de ce principe d'égalité a ensuite pris de longs siècles, puisque ce n'est véritablement qu'à partir de la Révolution que la société traditionnelle de classe issue du féodalisme a été remise en cause en France. Au cours de la fameuse nuit du 4 août 1789, l'assemblée constituante abolit les privilèges féodaux, accomplissant une remise à plat radicale de la société de classe de l'Ancien Régime. La Déclaration des Droits de l'Homme et du Citoyen est adoptée quelques jours plus tard, le 26 août. L'article 1 est bien connu : « Tous les hommes naissent libres et égaux en droits. »
Le fameux triptyque républicain – liberté, égalité, fraternité – n'apparaîtra que dans la Déclaration des droits de l'Homme de 1795[1]. Le principe d'égalité y est précisé en ces termes : « L'égalité consiste en ce que la loi est la même pour tous, soit qu'elle protège, soit qu'elle punisse. L'égalité n'admet aucune distinction de naissance, aucune hérédité de pouvoirs. »
En réalité, l'égalité étendue à tous les humains sans distinction, telle que nous la concevons aujourd'hui, mettra encore beaucoup de temps à progresser. L'esclavage dans

---

1. Qu'on appelle aussi Déclaration de l'an III.

les colonies françaises n'a ainsi été aboli qu'en 1794 et l'égalité des hommes de couleur et des Blancs restera longtemps pour le moins imparfaite. L'égalité des droits entre les hommes et les femmes ne figure que dans le préambule de la Constitution de 1946...

L'universalité déclarée de l'égalité n'empêchera pas une progression très lente de l'idée de suffrage universel. En 1791, le suffrage reste censitaire : seuls pouvaient voter les citoyens qui payaient un impôt minimum – équivalent à trois journées de travail. Par la suite, le suffrage universel masculin s'imposera par épisodes – en 1792 et 1799 par exemple –, mais la Restauration marquera un retour du système censitaire, jusqu'à la Révolution de 1848 qui instaure à nouveau le suffrage masculin... Il ne deviendra réellement universel qu'après la Seconde Guerre mondiale.

Cette lenteur n'est pas propre à l'Europe. Aucun pays n'est plus épris d'égalité que les États-Unis. Comme le soulignait le sociologue Philippe d'Iribarne[1], l'idée d'égalité est le socle même de la société américaine. Fondée par des marchands protestants pour lesquels la liberté d'entreprendre était primordiale, la société américaine a toujours conçu l'égalité en droits de ses membres comme le corollaire incontournable de cette liberté.

Malgré tout, cet idéal d'égalité a longtemps été réservé aux seuls « Blancs » – on parle aujourd'hui de « caucasiens ». Pendant toute la période où l'esclavage existait aux États-Unis, jusqu'à son abolition en 1865, il n'était pas question d'égalité pour les Noirs. Si la fin de l'esclavage marque une égalité théorique entre les Américains quelle que soit leur couleur – ils sont tous désormais citoyens américains, relevant de la même Constitution et théoriquement des mêmes droits –, l'égalité réelle mettra presque un siècle à s'imposer. En 1896, la Cour suprême des États-Unis formule la doctrine « *separate but equal* » qui permet d'instituer une ségrégation de fait sans renoncer à l'idée que tous les citoyens sont égaux. Certains sont donc

---

1. D'Iribarne Philippe, *La Logique de l'honneur*, Seuil, 1993.

« plus égaux que d'autres », pour reprendre la fameuse phrase d'Orwell : l'égalité réelle entre les races aux États-Unis devra attendre de longues décennies. Le mouvement des droits civiques commence symboliquement en Alabama, en 1955, quand Rosa Parks, une humble couturière, refuse de céder sa place à un passager blanc dans le bus[1]. Cette première brèche dans le système en entraînera d'autres, non sans de difficiles luttes. Le Civil Rights Act du 2 juillet 1964 déclare illégale toute discrimination fondée sur la race, la couleur, la religion, le sexe ou l'origine nationale. Le cas américain montre avec force combien les pays ont, au-delà du socle commun de l'égalité en droits, des conceptions différentes de la façon dont l'égalité doit être assurée. Alors que les États-Unis ont mis en place – et bien qu'ils en reviennent quelque peu – des mécanismes de discrimination positive, la France reste très réticente à l'idée que l'égalité de fait se traduise par le mécanisme inégalitaire d'un avantage particulier, même temporaire.

Au-delà des différences culturelles entre les pays, il existe tout de même un mouvement commun des pays développés vers une attention de plus en plus grande à l'égalité.

La révélation du caractère avant tout génétique des inégalités aura deux conséquences. L'insuffisance de l'école éclatera au grand jour, et surtout tous les espoirs d'égalisation se reporteront sur les neurotechnologies. Quand les

---

1. À cette époque, les quatre premiers rangs étaient réservés aux Blancs, les Noirs étaient tolérés au milieu du bus mais ils devaient céder leur place et aller s'asseoir au fond si un Blanc arrivait. Rosa Parks finit au poste de police et écopa d'une amende de 15 dollars. Ce qui n'aurait pu être qu'un anecdotique délit dans un système de ségrégation raciale verrouillé – surtout dans le sud des États-Unis – va être l'étincelle qui va radicalement changer la société américaine. Un pasteur de vingt-six ans encore inconnu, Martin Luther King, lance une campagne de boycott contre la société de bus qui durera plus d'un an. En novembre 1956, la Cour suprême déclarera anticonstitutionnelle la loi ségrégationniste dans les bus.

inégalités de QI deviendront évidentes aux yeux de tous, elles deviendront un scandale politique.

L'égalisation des intelligences sera une évidence : augmenter le QI pour préserver la démocratie

Pourquoi, les différences de QI, aujourd'hui ignorées ou acceptées sans mal, seraient-elles demain subitement insupportables ? Parce que l'on peut seulement revendiquer l'égalisation de choses sur lesquelles on peut agir. Jusqu'à aujourd'hui, l'intelligence n'en fait pas vraiment partie. Comme la beauté, elle fait partie de ces inégalités sur lesquelles on préfère jeter un voile pudique et observer un silence gêné.

C'était la vocation de l'école de pallier autant que faire se peut les inégalités produites par la conjugaison de l'héritage génétique et d'un environnement familial plus ou moins stimulant. Une vocation inaboutie, faute de réelle marge d'efficacité.

Pauvreté et cerveau

Le Monde titrait le 15 mars 2017 : « Comment la pauvreté maltraite le cerveau » et rappelait les propos de la neuroscientifique Angela Siragu qui est convaincue qu'être équipé d'un cerveau performant est ce dont ont le plus besoin les enfants défavorisés pour accéder à l'ascenseur social. Les liens entre catégorie sociale et fonctionnement cérébral sont un sujet d'étude crucial à l'ère de l'économie de la connaissance : un préalable à la réduction des inégalités. L'imagerie cérébrale montre, chez les enfants pauvres à QI médiocre, un amincissement des zones corticales liées aux fonctions intellectuelles et une diminution de la substance grise.

Agir précocement est capital, mais difficile et ingrat. Aux États-Unis, le « Perry Preschool Project » a testé un programme intensif d'aide aux enfants issus de milieux pauvres et à bas QI. Les résultats ont été encourageants pour l'insertion sociale et le taux de délinquance mais très décevants sur le QI, qui n'a en moyenne quasiment pas augmenté. Ce type d'études devrait être développé en France mais elles doivent, bien sûr, être menées avec éthique : elles établissent le lien complexe et dérangeant entre pauvreté, environnement culturel, bagage génétique et QI. Le lien entre SES – statut socio-économique – et QI est établi depuis longtemps. Comme l'explique pudiquement Franck Ramus, chercheur à Normale sup : « En moyenne, les personnes les plus défavorisées socialement sont aussi les plus désavantagées génétiquement[1]. » Pour combattre ce terrible déterminisme, il faudra regarder cette vérité en face.

Quand il existera des technologies simples pour permettre la mise à niveau des intelligences, quand les moins bien dotés pourront en un tournemain égaler la capacité cognitive et la vivacité des meilleurs, quand les meilleurs eux-mêmes pourront étendre leur mémoire aussi facilement que l'on branche aujourd'hui un disque externe sur son ordinateur, alors il deviendra intolérable et absurde de ne pas le faire. On remerciera certes l'école pour ses bons et loyaux services, mais on se précipitera sur les derniers implants bioniques augmentant la mémoire et les capacités de calcul.

Un autre indice de l'inéluctabilité du glissement vers des solutions d'augmentation du cerveau est la montée en puissance de la procréation médicalement assistée. Au départ strictement limitée aux couples hétérosexuels, l'ouverture aux couples homosexuels est inévitable. Au nom de l'égalité entre les tendances sexuelles, la technique sera mise au service de tous. Chez les géants du numérique, la congélation

---

1. *Le Monde*, 15 mars 2017.

d'ovocytes pour permettre aux femmes ingénieures de faire des enfants, une fois leur carrière assurée, est désormais payée par l'entreprise. Les entreprises qui fabriquent le futur ont déjà intégré l'idée que la PMA doit remplacer la procréation artisanale. Or, la PMA est un préalable à la sélection et la manipulation des embryons, qui nécessitent une fécondation *in vitro*…

La généralisation des technologies d'amélioration de l'intelligence passera comme une lettre à la poste et ne fera même pas débat. Au contraire, on verra toutes les bonnes âmes défendant l'égalité et la solidarité venir exiger des aides d'État pour que chacun ait accès au QI très élevé.

Cela ne signifie pas que tout le monde aura accès à l'intelligence bionique en même temps. On peut même craindre dans une première phase une explosion des inégalités.

La marche vers l'égalisation de l'intelligence commencera par une explosion des inégalités

L'éditorialiste de l'incontournable revue médicale *The Lancet* exprimait en 2012 son inquiétude concernant le développement des technologies de renforcement cérébral. Ce n'est pas l'utilisation de ces technologies qui lui posait problème, mais bien le fait qu'il n'était pas certain que les étudiants moins riches puissent y avoir accès demain. Pour éviter une sélection impitoyable des étudiants fondée sur une intelligence qui refléterait avant tout les différences de fortune, il en appelait à la création future de bourses de renforcement cérébral pour les étudiants plus modestes…

Dans son avis numéro 122[1], le Comité consultatif national d'éthique pour les sciences de la vie et de la santé

---

1. « Recours aux techniques biomédicales en vue de "neuroamélioration" chez la personne non malade : enjeux éthiques », décembre 2013.

s'inquiétait aussi de l'apparition d'une société à deux vitesses :

« Le désir d'être neuroamélioré peut sembler être largement partagé, par conformité sociale, mais sa réalisation n'est possible que pour quelques-uns. Le risque est alors grand d'aboutir à une classe sociale "améliorée", constituée d'une petite minorité d'individus bien informés et disposant des ressources financières suffisantes pour y accéder. »

Il est très probable que les techniques de neurorenforcement seront dans un premier temps particulièrement coûteuses. Elles feront aussi un peu peur et seuls les parents riches et éduqués feront le choix de les employer sur leurs enfants. Ce sont les parents des catégories sociales et professionnelles ultra-supérieures qui seront sensibilisés le plus tôt à l'intérêt de ces nouvelles techniques. Pour dire les choses rapidement, les enfants des polytechniciens-Harvard seront les *early adopters* des technologies de renforcement cérébral[1].

Il s'agira au début « d'écoles 2.0 » hyper-spécialisées – et hyper-coûteuses. On sera loin de l'école publique gratuite pour tous.

Mais les inégalités qui en naîtront ne mettront pas longtemps à sauter aux yeux de tous. En termes de reproduction sociale ce sera du Bourdieu puissance 1 000… Le mammouth éducatif pourra jouer les autruches quelque temps, former des élèves pour le même marché du travail sera rapidement comme organiser des courses de voitures où les uns sont en Formule 1 et les autres en caisse à savon… L'État devra agir et trouver un moyen de financer le renforcement neuronal pour tous, qui deviendra un slogan de campagne électorale.

Imagine-t-on aujourd'hui qu'un enfant atteint de leucémie n'ait pas droit à la chimiothérapie parce que ses

---

1. Ce qui pourrait accroître les inégalités intellectuelles.

parents ne peuvent la lui offrir ? Cette seule idée provoque l'indignation. Demain, il en sera de même pour l'intelligence : on ne supportera pas que l'argent puisse justifier l'exclusion des enfants pauvres de la grande distribution de points de QI...

Une autre option pourrait évidemment être envisagée par les pouvoirs publics : l'interdiction pure et simple des nouvelles technologies. Pas d'intelligence augmentée, donc pas de problème. On ne peut pas exclure qu'un parti bioconservateur parvienne à interdire l'utilisation des biotechnologies de l'amélioration cognitive, au motif du « principe de précaution ». C'est clairement l'orientation que prend d'ailleurs l'avis du Comité national d'éthique : « Le médecin devra en effet, au cas par cas lors d'une demande de neuroamélioration, se positionner au mieux dans le cadre de la relation clinique et selon un éventuel guide de bonnes pratiques. La société dans son ensemble devra s'interroger sur le type de médecine qu'elle souhaite : doit-elle rester dans son rôle traditionnel de prévention, diagnostic et traitement des maladies, ou doit-elle élargir son champ d'intervention à ce phénomène ? Les enjeux sont potentiellement majeurs en termes de priorités de santé et de modalités de prise en charge financière. L'élargissement du champ de la médecine à la neuroamélioration biomédicale du sujet non malade comporterait un risque majeur de distorsion des priorités de santé, risque qui ne pourrait que s'aggraver si les ressources publiques étaient engagées. Une telle distorsion mettrait à mal l'exigence de justice sociale alors même que les méthodes de base susceptibles de favoriser le développement psycho-cognitif – au premier rang desquelles la nutrition, l'éducation, l'apprentissage et l'activité physique – sont déjà si inégalement réparties. »

En clair : il faut selon le Comité fermer le champ de la neuroamélioration car les inégalités sont déjà trop grandes entre les enfants et l'État n'aurait jamais les moyens d'aider tout le monde... Pas sûr que ce genre d'anathème bien-pensant soit efficace. En fait, on peut être sûr du contraire.

Les moratoires technologiques durent de moins en moins longtemps

Kevin Kelly[1] a colligé tous les cas de moratoires concernant des recherches scientifiques ou nouvelles technologies depuis mille ans. La conclusion est claire : aucun ne résiste durablement. Ils durent même de moins en moins longtemps. En 2016, le principal résultat de la tentative de moratoire sur les modifications génétiques embryonnaires a été l'accélération de la publication des travaux chinois sur soixante-quatre embryons humains. Le 2 août 2017, les Américains leur ont emboîté le pas en publiant une série de 59 manipulations génétiques sur des spermatozoïdes avec un taux de succès qui nous rapproche d'une utilisation médicale de ces outils. Ce double bras d'honneur scientifique a tué dans l'œuf le moratoire international. Lors du moratoire d'Asilomar de 1976 sur les manipulations génétiques de bactéries, les chercheurs avaient tout de même respecté l'interdiction quelques trimestres...

Même dans le cas, auquel nous ne croyons pas, où une interdiction triompherait, la transgression serait trop facile, et donc probablement massive. Les responsables politiques qui feront voter la loi seront les premiers à faire augmenter leurs enfants en sous-main, exactement comme, aujourd'hui, ils plébiscitent le système éducatif tout en ayant bien soin de contourner la carte scolaire pour leurs

---

1. http://kk.org/thetechnium/the-futility-of/.

propres enfants en les inscrivant dans des établissements performants...

À long terme[1], il ne sera pas plus difficile pour des futurs parents de procéder aux technologies de modification de quelques séquences de l'ADN d'un embryon que de partir aujourd'hui à l'étranger faire un bébé *via* une mère porteuse. Prendre un embryon lors d'une FIV et changer des dizaines de séquences de l'ADN du futur bébé pour le rendre plus intelligent coûtera moins de 100 dollars... La *Do It Yourself Neurobiology* arrive. Comment empêche-t-on alors une société à deux vitesses où les enfants dont les parents auraient respecté l'interdiction seraient les dindons de la farce et deviendraient des parias ? L'interdiction sera aussi peu tenable que la prohibition aux États-Unis dans les années 1920...

Le plus probable est donc que, d'une façon ou d'une autre, l'État en vienne à adopter une politique d'égalisation des QI par le haut. La question du financement, dans une société dont l'économie n'aura plus rien à voir avec la nôtre, est secondaire. Poser, comme le fait le Comité national d'éthique, les problèmes des ressources publiques de 2013 comme postulat pour penser les choix de 2030 ou 2050 est tout simplement un anachronisme. D'une façon ou d'une autre, soyons-en sûrs, l'État finira par aider ceux qui ne le peuvent pas à se neuroaugmenter.

Le Piketty de 2060 sera neurobiologiste et non fiscaliste

On pourrait écrire à l'avance le discours qu'un député opportuniste prononcera à l'Assemblée nationale pour

---

1. Il faudra attendre que les ciseaux à ADN deviennent plus précis : actuellement ils génèrent des modifications génétiques non souhaitées en plus de celles pour lesquelles on les utilise.

défendre à la tribune sa proposition de loi pour la généralisation des implants d'amélioration cognitive, laquelle sera rapidement votée. Nous sommes quelque part aux environs de l'année 2040 :

Mesdames et Messieurs les députés,

Vous le savez, les scientifiques ont mis au point il y a quelques années des implants dits « d'amélioration cognitive » désormais largement commercialisés sous plusieurs marques. Si le coût de ces implants a considérablement chuté depuis quelques années, tombant sous la barre des 1 000 euros, il reste encore prohibitif pour bon nombre de nos concitoyens.

La proposition de loi que je vous présente, qui institue un nouveau droit opposable à l'amélioration cognitive, est portée par la raison et la justice.

La raison, car il paraît évident qu'il n'est pas possible de laisser le moindre travailleur ne pas bénéficier de l'aide cognitive sans laquelle plus aucun emploi ou presque n'est accessible. La robotisation de notre économie est telle que nos emplois exigent un QI de 130 au moins et des capacités mnésiques considérables. L'employabilité des Français exige que l'on donne un accès plein et entier à tous les dispositifs ad hoc.

La justice ensuite, car on ne peut tout simplement pas concevoir de laisser se développer un monde à deux vitesses où les plus démunis sont entraînés dans une spirale d'exclusion sociale, la pauvreté enfermant dans la pauvreté, génération après génération. Il n'y aurait pas de sens de continuer à subventionner l'éducation comme nous le faisons encore, au nom de l'égal accès de tous au savoir, si nous ne donnions pas aussi accès à ces nouvelles sources de performance.

C'est pourquoi, Mesdames et Messieurs les députés, chers collègues, je vous demande de voter avec moi cette proposition de loi qui est marquée du sceau de l'urgence.

En agissant ainsi, l'État ne fera finalement que prolonger la logique des systèmes de solidarité auxquels il est si attaché. Dans notre France sociale-démocrate, les inégalités nées du libre marché sont censées être compensées par le mécanisme de la fiscalité. Les impôts et prélèvements en tout genre servent à une redistribution tous azimuts : les bien-portants payent pour les malades, les jeunes cotisent pour les plus âgés, les actifs employés supportent financièrement les chômeurs, etc. De façon générale, ceux qui disposent des moyens financiers sont mis à contribution pour aider les autres. Or les moyens financiers sont toujours le résultat, à un moment donné, d'une utilité sociale jugée supérieure apportée par les individus[1], laquelle est *in fine*, et indépendamment de tout jugement moral, l'expression d'une forme d'intelligence. Pour le dire de façon abrupte, la solidarité, au fond, n'est rien d'autre qu'un mécanisme d'atténuation des conséquences de la différence de performance neuronale.

L'immense succès du livre de l'économiste Thomas Piketty[2] dénonçant le creusement des inégalités de richesse dans le monde en est une puissante illustration. Là où une intelligence normale gagne entre 15 000 et 35 000 dollars par an, les petits génies au QI de 160 comme Zuckerberg, Page ou Brin gagnent des milliards de dollars. Aucune fiscalité, sauf à être purement confiscatoire – mais alors elle empêche la création de valeur – ne pourra compenser de telles différences. L'arme fiscale a ses limites.

Au XXIIe siècle, la réduction des inégalités ne se fera plus par la fiscalité, mais par le *neuroenhancement*. Il sera possible d'égaliser directement l'intelligence, réduisant

---

1. Ou ceux dont ils héritent.
2. Piketty Thomas, *Le Capital au XXIe siècle*, Seuil, 2013.

de fait la nécessité de mécanisme de redistribution *a posteriori*. L'économiste Ricardo[1] avait raison : le vrai but de l'économie est de réduire les inégalités, ce qui passe aujourd'hui plus que jamais par la réduction des inégalités intellectuelles.

---

1. Ricardo s'opposait sur ce point à Malthus dans les années 1820.

CHAPITRE 11 :
DU TOBOGGAN EUGÉNISTE
À LA DICTATURE NEURONALE :
TROIS SCÉNARIOS POUR UN FUTUR

S'il est possible de résoudre le problème des intelligences « moyennes », en les augmentant, les inégalités d'intelligence, aujourd'hui acceptées par la force des choses, seront demain insupportables. Nous allons alors massivement adopter les technologies d'augmentation. La diffusion des techniques d'amélioration créera ainsi un « anti-meilleur des mondes » : plutôt qu'une société inégalitaire, il pourrait bien s'instituer une société égalitaire d'individus ayant de très hautes capacités cognitives.

Le passage à une société d'intelligence augmentée généralisée ne se fera pas en un seul mouvement. Comme souvent lors de transformations sociales profondes, les frictions seront nombreuses et douloureuses pendant un temps. La prospérité de la seconde moitié du xxe siècle a été chèrement payée par un xixe siècle d'exploitation des masses laborieuses déracinées, deux guerres mondiales et les pires régimes jamais expérimentés... La société ultra-égalitaire n'aura elle que deux problèmes à gérer à ses débuts mais ils sont vertigineux : ceux qui ne voudront ou ne pourront pas avoir accès au renforcement cérébral d'une part, et la surenchère eugéniste et neurotechnologique de certains pays d'autre part. Ces deux problèmes se déclinent en deux scénarios extrêmes pour l'avenir du monde.

Premier scénario : l'hypothèse du grand bond en arrière conservateur

Nous avons pris l'habitude de penser que le progrès allait de soi, que la tendance naturelle de notre société était d'aller vers l'élaboration et l'adoption de technologies sans cesse plus sophistiquées. Pourtant, cette dynamique est historiquement très circonscrite : une poignée de milliers d'années. Et encore ce mouvement a-t-il été très lent et limité à certaines régions du globe, ne s'accélérant vraiment que depuis un tout petit siècle. La réalité de la majeure partie de l'histoire humaine, c'est l'absence de progrès. Les Égyptiens de l'Antiquité ont observé de façon presque inchangée les mêmes codes artistiques pendant trois mille ans. Les aborigènes d'Australie ont gardé pendant quarante mille ans des traditions et un patrimoine technologique à peu près inchangés... En réalité, la régression des savoirs est aussi possible. Des découvertes scientifiques peuvent tomber dans l'oubli, des techniques maîtrisées peuvent cesser de l'être. La compréhension du monde peut aller vers plus de superstition. Tout comme la démocratie n'est pas l'aboutissement inévitable et définitif de tout régime politique...

De la même façon qu'il n'y a pas de fin de l'histoire politique, comme l'annonçait par erreur Francis Fukuyama[1], il n'y a pas de marche inéluctable vers le progrès. Les exemples abondent. En 1700 avant J.-C., les palais de Crète comportaient des systèmes d'assainissement élaborés. Vers 1400, l'invasion de la Crète par les Mycéniens réduit

---

1. Fukuyama Francis, *La Fin de l'histoire et le Dernier Homme*, Flammarion, 1992.

à néant la civilisation minoenne. Au début de notre ère, la ville de Lyon était alimentée en eau par six magnifiques aqueducs. Après la chute de l'Empire romain d'Occident et les invasions barbares, Lyon devra attendre mille cinq cents ans avant de revoir l'eau courante...

Le scénario de la réaction conservatrice contre l'IA est-il crédible ? Les mouvements luddites en Angleterre ou celui des Canuts à Lyon avaient marqué, entre la fin du XVIIIᵉ et le début du XIXᵉ siècle une réaction contre le progrès technique. En 1779, un certain Ned Ludd, en colère parce qu'il avait été fouetté pour sa lenteur au travail, brise deux machines à tricoter. Son nom deviendra légendaire. En 1811, des émeutes ont lieu près de Nottingham – la fameuse ville de Robin des bois –, et plusieurs machines sont détruites. Le nord de l'Angleterre s'embrase de mouvements similaires. Les ouvriers y brisent les métiers à tisser, les tricoteuses, les moulins et toutes ces machines nouvelles qui semblaient voler le travail en même temps qu'elles le rendaient inhumain. D'autres révoltes eurent lieu parmi les ouvriers agricoles contre les premières batteuses. On estime que plus d'un millier de machines furent ainsi détruites. La tête de Ludd fut mise à prix. La répression fut d'une particulière violence : envoi de troupes armées pour réprimer les émeutes, emprisonnements, pendaisons, déportations...

Hier comme aujourd'hui, les révoltes luddites n'ont jamais suffi à enrayer le progrès. Depuis, tous les néo-luddismes, comme la bataille menée par des taxis incapables de sauter le pas technologique face à Uber, n'ont réussi au mieux qu'à freiner temporairement le progrès. Jamais à le stopper.

Malgré tout, l'hypothèse de la victoire politique d'un parti techno-conservateur ne peut pas être écartée. L'élection de Donald Trump en 2016 aux États-Unis a illustré la force d'un électorat déboussolé face au nouveau monde qui émerge. Plus les mutations économiques seront profondes et viendront nourrir le désarroi sur le marché du travail, plus les partis proposant des solutions simplistes pour que tout redevienne comme avant vont prospérer.

La généralisation des implants neuronaux, et plus encore la sélection embryonnaire seront, à coup sûr, des pas difficiles à franchir pour la société. Les bioconservateurs qui s'élèveront contre la transhumanisation des esprits ne manqueront pas.

Les amish[1] de l'intelligence resteront minoritaires

Le mouvement d'égalisation de l'intelligence sera sans doute massif, mais probablement pas total. Au début, la société numérique aura ses amish, refusant le progrès pour des raisons philosophiques ou religieuses. En pratique, le rattrapage se fait, *in fine* : les amish eux-mêmes acceptent de plus en plus l'électricité et le réfrigérateur... ils n'ont finalement qu'un petit siècle de décalage.

Le tournant bioconservateur ne concernerait au surplus que quelques zones du monde bien limitées. Il n'est pas vraisemblable que le monde entier s'entende pour faire un moratoire radical. La réaction de rejet des nouvelles technologies n'est plausible que dans certains pays très religieux ou dans ceux de la vieille Europe... Avec le passage rapide du reste du monde au transhumanisme neuroaugmenté, la rupture sera radicale. Même dans les pays qui auront officiellement mis des barrières aux nouvelles technologies, les élites mondialisées trouveront toujours le moyen de les adopter, exactement comme la « gestation pour autrui », bien qu'interdite, est d'ores et déjà pratiquée par les Français à l'étranger. Les barrières ne joueront dès lors que pour les populations prétendument protégées.

---

1. Groupe religieux américain qui refuse par principe le progrès technologique.

En quelques années, deux humanités apparaitraient : l'une au QI hyper élevé, l'autre devenue, par la force de la relativité, déficiente mentale. Ces populations ne seront plus guère employables que pour des tâches extrêmement simples, celles-là même malheureusement qui auront été entièrement automatisées. On peut imaginer que l'on créerait alors un statut particulier pour ces populations qui percevront une sorte de « minimum social d'infériorité cognitive ». Dans les pays techno-orientés, le gouvernement cherchera vivement à les influencer pour qu'elles finissent par rentrer dans le rang. En attendant, les neurorenforcés réclameront une modification du droit de vote afin d'exclure les populations non augmentées au « vote stupide et mal informé »… Protéger et nourrir les « débiles légers » qui souhaitent le rester, passe encore, mais viendra un moment où leur donner en plus un droit de peser dans les décisions politiques et économiques paraîtra excessif. Il semblera demain aussi absurde aux humains augmentés dotés de 180 de QI de me demander mon avis, que de donner aujourd'hui le droit de vote aux chimpanzés.

Finalement, il est difficile de croire en un scénario durable et généralisé de régression technologique. La pression à l'adoption sera trop forte, en particulier au moment fatidique et angoissant de la reproduction. À l'heure actuelle nous acceptons avec une relative sérénité de lancer les dés du hasard pour déterminer les caractéristiques de nos enfants, nous contentant de sélectionner notre partenaire de reproduction. Les ratés sont nombreux, et un résultat favorable – un enfant intelligent, en bonne santé et beau – est toujours une bénédiction dont les parents ne cessent pas de remercier le ciel. Demain, quand il sera possible – et même probablement conseillé – de cesser d'avoir recours au hasard pour se reproduire, la pression à l'utilisation des techniques disponibles sera irrésistible.

La trajectoire d'acceptation par les parents de la neuro-augmentation de leurs enfants n'a même pas besoin de débuter sur les chapeaux de roue. Une adoption par seulement 1 ou 2 % des parents suffirait à bouleverser la société. Aujourd'hui, la proportion de QI supérieurs à 160 est de 0,0003 %, soit 3 sur 100 000 personnes. Concrètement, 2 % de la population ayant un QI de 160 équivaudrait à un pays qui aurait un Jacques Attali, un Mark Zuckerberg, un Emmanuel Macron ou un Bill Gates par immeuble… La structure du marché du travail serait ainsi modifiée radicalement même si les refus étaient au départ largement dominants.

Les familles refusant la technologie verraient leurs enfants marginalisés à toute vitesse et changeraient d'avis. Il n'y a qu'à regarder l'histoire des innovations et les trajectoires de leur diffusion pour comprendre qu'il suffit qu'une partie infime de la population commence à adopter un produit pour entraîner un effet de contagion décisif. Qui peut aujourd'hui se passer d'Internet sans être assimilé à un marginal ? En 1995, le taux d'accès au Web n'était en France que de 1 %…

Nous avons un autre motif de penser que le camp bio-conservateurs ne gagnera pas la partie : la bataille des idées a en réalité déjà été remportée par le camp transhumaniste.

Le fait qu'absolument aucune voix ne se soit élevée lors de la pose du premier cœur artificiel, en décembre 2013 à l'hôpital Pompidou[1], est emblématique du fait que la transhumanisation des esprits a déjà commencé. Certes, il y avait déjà des prothèses et des objets implantés en nous : pacemaker, valves artificielles, prothèses de hanche, etc. Mais aucun n'est aussi complexe que le cœur, dont l'importance n'est pas seulement fonctionnelle mais aussi sym-

---

1. Le malade souffrait d'une insuffisance cardiaque terminale.

bolique. Celui qui vit avec un cœur artificiel est, *de facto*, devenu une sorte de cyborg. Autrement dit un humain dont le « fonctionnement » répond non seulement à ses composantes biologiques, mais aussi à des artefacts technologiques. Nulle dissonance ne s'est fait entendre dans le concert de louanges qui a accueilli l'innovation[1]. Du cœur aux autres organes, y compris les oreilles et les yeux, puis aux membres, et enfin au cerveau, il n'y aura que des différences de degré mais pas de nature dans la transhumanisation.

Face à cette banalisation de l'intégration de technologies bioélectroniques en nous, les réticences des bioconservateurs paraîtront rapidement aussi rétrogrades que celles des amish aujourd'hui.

Nous faisons donc l'hypothèse que le courant bioconservateur restera marginal, un peu exotique, et presque sympathique dans sa totale déconnexion d'avec les pratiques communément admises…

Le risque résulte beaucoup plus d'une fuite en avant dans l'utilisation des technologies, la concurrence mondiale aidant, que d'une régression bioconservatrice.

Huxley contre Huxley

Le terme « transhumanisme » remonte aux années 1950, mais sa popularisation date des années 1990, lorsque les chercheurs commencent à cerner les promesses de la convergence NBIC. Les transhumanistes soutiennent une vision radicale des droits de l'humain. Pour eux, un citoyen est un être autonome qui n'appartient à personne d'autre

---

1. Même si le patient n'a pu vivre que soixante-quatorze jours, sa femme s'est elle-même félicitée de la tentative : « C'est une chose merveilleuse, qu'ils font là, ça va sauver des milliers de vie. J'espère que les prochains pourront vivre plusieurs années avec cette prothèse. Ce sera quelque chose de formidable. » France Info, *Ils ont fait l'actu*, 22 juillet 2014.

qu'à lui-même, et qui décide seul des modifications qu'il souhaite apporter à son cerveau, à son ADN ou à son corps grâce aux NBIC. Ils considèrent notamment que la maladie et le vieillissement ne sont pas une fatalité : le désir d'immortalité est central dans cette nouvelle religion.

« Le Meilleur des mondes » est la société eugéniste « idéale » décrite dans les années trente par Aldous Huxley (1894-1963) dans son génial roman d'anticipation qui inspirera en 1997 le film *Bienvenue à Gattaca*.

Avant même l'invention du terme, Aldous Huxley a été le premier opposant à une société transhumaniste de manipulation de l'Homme par l'Homme, utilisant la biologie et les neurotechnologies pour organiser un ordre social stable. Ironie de l'histoire, l'inventeur et propagandiste du transhumanisme est son propre frère sir Julian Huxley (1887-1975), biologiste de haut niveau, premier directeur de l'UNESCO et fondateur du WWF. Homme de gauche, il pensait que la génétique allait permettre de réduire les inégalités intellectuelles entre les êtres humains et défendait le monde que son frère rejetait violemment.

Après guerre, nous sortions d'une période où la génétique avait été instrumentalisée pour justifier le racisme, la Shoah ainsi que les opinions conservatrices et coloniales. On l'a un peu oublié : deux Prix Nobel français, Claude Richet et Alexis Carel, qui avaient bâti une vision raciste et inégalitaire de la société, ont inspiré plusieurs théoriciens du IIIe Reich et l'entourage de Philippe Pétain. Le mot eugéniste étant devenu sulfureux après les horreurs nazies, Julian Huxley inventa donc en 1957 un néologisme synonyme d'eugénisme de gauche : « le transhumanisme ».

Paradoxalement, c'est en Israël que l'éradication d'une maladie génétique à l'échelle d'une communauté entière a été menée à bien pour la première fois. La maladie de Tay-Sachs a quasiment disparu avec l'aide du Rabbinat et de l'organisation ashkénaze orthodoxe Dor Yeshorim, qui ont encouragé le test des futurs mariés. Il s'agit à ce jour du plus « performant » exemple d'eugénisme d'État :

la terrible maladie de Tay-Sachs qui terrasse les enfants avant l'âge de quatre ans est quasi éradiquée !

En réalité, les conflits entre transhumanistes et bioconservateurs passeront demain à l'intérieur des partis politiques, des familles et même au sein de nos propres consciences.

Le clivage bioconservateurs-transhumanistes reconfigure la politique

Le clivage gauche-droite est dépassé au XXIe siècle : *in fine*, l'opposition bioconservateurs contre transhumanistes sera le clivage politique le plus pertinent de notre siècle. Il supplantera l'opposition gauche et droite qui devient désuète. Si au XXe siècle l'alternative fondamentale a sans doute été de choisir entre plus d'État et moins d'État, entre la confiance en la puissance publique ou en la loi du marché, entre la prééminence donnée au collectif plutôt qu'à la liberté individuelle, à l'exigence de solidarité plutôt qu'à celle de responsabilité, de tels choix ne correspondent plus aux enjeux essentiels de notre société. L'érosion électorale des grands partis, l'abstention galopante et plus généralement l'indifférence grandissante à la politique sont sans doute les conséquences du décalage de plus en plus sensible entre les propositions politiques et la réalité dont témoigne l'incapacité des politiques à avoir un impact tangible sur le réel. Opposer droite et gauche à l'ère de la neurorévolution serait un anachronisme.

L'opposition entre bioconservateurs et transhumanistes va bouleverser l'échiquier politique, parce que la gestion de nos pouvoirs démiurgiques est en rupture radicale avec l'idéologie judéo-chrétienne qui fonde la civilisation européenne. C'est Luc Ferry qui le premier a expliqué, dans *La Révolution transhumaniste*, que les NBIC génèrent des oppositions philosophiques et politiques parfaitement légitimes qui n'opposent pas les bons et les salauds : comme chez les Huxley, nous allons être déchirés.

Aucun d'entre nous ne peut dire s'il vaut mieux devenir tout-puissant et conquérir l'univers pour en empêcher sa mort, ou s'il est préférable de cultiver ses rosiers en jouant avec ses petits-enfants, génération après génération, en lisant Proust jusqu'à l'explosion de notre soleil. Mais les transhumanistes prendront, à terme, le pouvoir. Le pouvoir démographique parce qu'ils vivront plus longtemps du fait de leur acceptation illimitée des technologies antivieillissement. Le pouvoir économique et politique parce qu'ils seront les premiers à accepter les technologies de *neuroenhancement*.

Second scénario : après la course aux armements, la course à l'intelligence

Le deuxième scénario n'est pas vraiment plus réjouissant : la concurrence mondiale empêche tout contrôle de l'IA, ce qui entraîne une surenchère eugéniste et neurotechnologique...

Au siècle du cerveau, la guerre se déplace sur le terrain de l'intelligence. Les luttes de pouvoir et d'influence que mènent les différents pays depuis toujours vont trouver dans les neurotechnologies un nouveau terrain d'opposition.

Comme l'expliquait le président François Hollande, le 21 mars 2017 : « Les nations qui maîtriseront l'IA seront les grandes puissances de demain. » Elon Musk a été fortement critiqué lorsqu'il a milité pour une régulation fédérale de l'IA : plusieurs experts[1] l'ont accusé de faire le jeu de la Chine en ralentissant la recherche américaine. Un désarmement général des nations semble donc exclu.

Face à la compétition mondiale de l'IA, la solution transhumaniste radicale s'imposerait. Pour éviter sa marginalisation, chaque État chercherait à augmenter massivement les capacités intellectuelles de sa population par la sélection embryonnaire et les implants.

---

1. Martin Rees a été particulièrement violent.

Le xxe siècle a montré que la diffusion de la modernité scientifique parvenait sans peine à aller de pair avec le maintien de convictions politiques et religieuses médiévales. Deux siècles après la naissance d'un positivisme scientifique qui pensait enfin balayer les obscurantismes, force est de constater que notre monde reste tout autant structuré par ses rivalités religieuses et ethniques.

L'arrivée massive des technologies d'augmentation cérébrales dans ce contexte d'irrationalité serait explosive.

La neurorévolution produirait une exacerbation des rivalités géopolitiques. Comment ne pas imaginer que les grands ensembles géopolitiques et religieux ne se livreront pas à une course neuroéducative d'abord, eugéniste et neurotechnologique ensuite ?

Les technologies de neurorenforcement seront perçues comme des moyens indispensables pour dominer les autres pays ou groupes antagonistes. Toutes les transgressions seront validées par des instances religieuses et communautaires trop conscientes du risque d'infériorité intellectuelle pour exclure l'usage de ces technologies.

Les nations qui refuseraient de s'engager seraient marginalisées extrêmement vite. Dans un écosystème où l'innovation, le progrès scientifique et la création de valeur seront plus que jamais directement corrélés à la quantité d'intelligence qu'un pays parvient à rassembler, il sera essentiel de produire le plus vite possible des bataillons d'individus neuroaugmentés. La politique d'attraction des intelligences du monde entier que mènent déjà les États-Unis n'aurait plus lieu d'être : elle serait remplacée par une production locale intensive d'intelligences supérieures et complémentaires de l'IA.

Vers un permis d'enfanter
ou un export forcé des populations ?

Le versant sombre de la progression technologique est la remise en cause de bon nombre de libertés qui paraissaient évidentes. Par exemple, l'allongement de la durée de vie qui ira de pair avec le progrès des biotechnologies imposera un changement dans le rythme de la reproduction : on ne pourra pas avoir le même nombre d'enfants par couple à une époque où chacun vivra couramment plusieurs siècles... Certains transhumanistes[1] évoquent l'hypothèse d'une limitation des naissances, qui pourrait par exemple prendre la forme d'une « licence parentale » : les parents seraient sélectionnés et obtiendraient le « droit » à un certain nombre d'enfants en fonction de leurs aptitudes. Cela ne servirait pas seulement, on le comprend, à limiter le nombre des naissances. Ce serait un outil eugéniste dans la mesure où l'aptitude des géniteurs serait évaluée selon des critères choisis : niveau de revenu, mais aussi capacité cognitive... Cette sélection reproductive serait une force puissante, accomplissant en une génération un saut sélectif.

Une autre perspective est envisageable : le 16 juillet 2017, Jeff Bezos, le fondateur d'Amazon et bientôt homme le plus riche du monde, a imaginé un futur où des fusées récupérables comme son lanceur Blue Origin permettraient de coloniser le cosmos et d'y installer 1 000 milliards d'êtres humains. La limitation des naissances n'aurait plus lieu d'être.

La société de la neuroaugmentation deviendrait une société de l'identité choisie et non plus subie.

Pour la première fois dans l'histoire de l'humanité, la distribution de l'intelligence et plus généralement de ce que

---

1. Voir par exemple LaFollette Hugh, « Licensing Parents », *Philosophy and Public Affairs* (hiver 1980) pp. 182-197.

nous sommes ne sera plus le résultat de la grande loterie génétique et de notre environnement, mais une identité bâtie, grâce aux neurotechnologies, de façon consciente. Ce que nous sommes ne serait plus le résultat du bricolage social des alliances familiales précautionneuses sur plusieurs générations[1] et de l'environnement spécialement bâti pour éviter les éventuelles mésalliances. L'identité construite serait avant tout déterminée par les parents[2], et donc reflétera très exactement les groupes sociaux auxquels ils appartiennent.

Si l'école est déjà contestée par beaucoup de parents à l'heure actuelle, cette contestation atteindra un paroxysme à l'ère de la neuroformation, alimentée par les théories complotistes les plus folles. Chaque parent cherchera à maîtriser très précisément les contenus transférés dans le cerveau de leur enfant. L'offre d'éducation sera hyper-segmentée, chaque courant culturel ou option religieuse choisissant un « pack » de valeurs à transmettre. Il y en aura pour tous les goûts : les baba-cools, les libertariens, les bobos branchés, les cathos « tradi », les juifs très pratiquants, les musulmans *soft*... Le degré de fanatisme ou d'ouverture sera programmable et paramétrable.

On pourrait alors assister à une balkanisation radicale de la société, les individus se divisant en « genres » extrêmement typés et où le métissage social sera devenu impossible. On peut aussi imaginer, dans une version plus optimiste, que chaque parent utilise sa propre sensibilité pour créer une identité de valeur vraiment unique chez leurs enfants, et qu'ainsi la diversité des identités sociales en ressorte non pas diminuée mais renforcée.

---

1. Faites dans le double souci de renforcer les patrimoines financiers et génétiques.
2. On l'espère, en tout cas, dans nos régimes démocratiques.

Troisième scénario : vers une neurodictature ?

Notre cerveau sera confronté à trois menaces : les géants du numérique, les dictateurs et les futures IA fortes.

Beaucoup craignent que les choix de société soient faits par les détenteurs des vrais leviers du pouvoir : les géants du numérique.

Larry Page, cofondateur de Google, déclarait en 2010 sans aucun complexe : « Notre ambition est de contrôler toute l'information du monde, pas juste une partie. » L'outrance – pas irréaliste – de la déclaration en disait déjà long sur l'assurance de la firme californienne.

Depuis quelques années, Google concentre des grands noms de l'Intelligence Artificielle. Ray Kurzweil, le « pape » du transhumanisme, est le plus médiatique d'entre eux.

Aujourd'hui, l'ambition de Google est de devenir la première Intelligence Artificielle. Autrement dit, de prendre le contrôle non seulement de « l'information du monde », mais plus fondamentalement du monde tout court et des humains qui y vivent.

Le risque que les GAFA instituent une dictature neurologique en manipulant notre cerveau paraît minime car les géants du numérique comme Google sont imprégnés de culture démocratique. En revanche, rien ne garantit que ce sera le cas de tous ceux entre les mains desquels le contrôle de l'IA et les neurotechnologies atterriront. D'ailleurs les BATX sont totalement contrôlés par le pouvoir chinois, qui contrairement aux GAFA est imprégné de culture autoritaire.

Les neuro-technologies pourraient donc devenir une arme fatale au service d'une ambition totalitaire. C'est une menace inédite contre la liberté : à partir du moment où il sera possible de lire dans le cerveau, une police de la pensée pourra faire son apparition. L'ultime frontière de la domination des dictatures – l'esprit humain – serait pulvérisée :

on n'ose imaginer ce que Mao, Pol Pot ou Hitler auraient fait des neurotechnologies. Ce qui est certain, c'est que, dès qu'elles seront accessibles, la priorité des dictatures sera d'adopter massivement et « d'adapter » les outils d'éducation neuronale. Il suffit de voir les efforts immenses de contrôle de leur population déployés par l'URSS de Staline ou la Corée du Nord de la famille psychopathe de Kim Il-sung pour comprendre que l'existence d'outils de connaissance intime du cerveau est l'arme de pouvoir ultime…

La neuroéducation pourrait être l'heureuse surprise de tous les régimes autoritaires. Elle le sera aussi pour tous ceux pour lesquels l'adhésion culturelle est perçue comme essentielle : les groupuscules identitaires se passionneront pour le développement de programmes de neuroformations capables d'inculquer la bonne vision du monde et l'adhésion à la bonne identité culturelle.

Chaque régime non démocratique aura d'ailleurs à cœur d'implanter dans sa population les modes de pensée corrects.

Peu enclin à l'ouverture, un État islamique fondamentaliste n'en sera pas moins friand de neuromanipulation. Il implantera les sourates du Coran dans le cerveau de ses ouailles et s'assurera que l'ensemble des mécanismes délibératifs de l'individu se réfèrent en permanence aux commandements du prophète. La neuroéducation pourrait créer le croyant fidèle parfait. Obéissant et croyant par construction neuronale.

À l'inverse, il sera aussi possible pour un totalitarisme athée de bloquer tout sentiment religieux dans sa population et de concentrer la ferveur autour de l'adoration de la famille au pouvoir, ou n'importe quel veau d'or.

À plus long terme, le risque principal viendra pourtant moins des États que de l'IA elle-même.

Au-delà de son intelligence possiblement supérieure à la nôtre, nous serons entièrement transparents face à l'IA. Nous ne savons lire ni dans notre cerveau ni dans l'IA, qui devient de plus en plus indéchiffrable, mais en revanche nous serons totalement lisibles pour l'IA. L'asymétrie d'information, comme dirait un économiste, sera radicale. Cette capacité à décoder les échanges de l'ennemi est essentielle : souvenons-nous que si les alliés ont gagné la guerre, c'est aussi parce qu'ils déchiffraient, notamment grâce à Alan Turing, les messages codés par la machine Enigma allemande. La guerre reposait déjà hier sur le renseignement, la capacité à connaître les projets concrets et les états d'âme de l'ennemi. Cela sera plus encore le cas demain.

Grâce aux gigantesques données captées en permanence, l'IA connaîtra tout de nos faits et gestes – et pas seulement notre recherche sur Internet et nos échanges de mail. De notre pression sanguine à nos déplacements en passant par tous les gens avec qui nous sommes en contact, l'IA aura accès à tout. Et sa capacité à interpréter en profondeur les données collectées va s'accroître dramatiquement. Apple et Facebook viennent par exemple de racheter des logiciels qui permettent la reconnaissance des émotions *via* la caméra du smartphone. Allons plus loin : l'IA aura aussi en sa possession la compréhension le plus complète possible de notre psychisme, grâce aux progrès fulgurants qu'elle permettra de réaliser en neurosciences. Concrètement, cela signifie qu'elle aura une sorte de mode d'emploi de notre esprit. À l'image du monstrueux docteur Mabuse, le génie du crime mis en scène par Fritz Lang, l'IA pourra mettre à profit cette compréhension pour nous manipuler à volonté. À côté, les stratégies d'influence des spécialistes de la communication seront d'aimables bricolages.

Neuroéthique

La question de la protection de l'intégrité cérébrale va devenir essentielle ; bien plus que peut l'être aujourd'hui celle de la protection de la vie privée à l'ère des caméras de « vidéo-protection » et du suivi à la trace des faits et gestes de chacun grâce aux traces numériques laissées par le téléphone portable. Il s'agira d'un enjeu plus vertigineux encore que celui de la disparition de la vie privée. C'est désormais l'intégrité de notre cerveau, ultime refuge de notre liberté, qui va être menacée. Notre liberté de pensée, l'étendue de nos souvenirs, la nature de nos convictions, tout cela sera à la portée d'une manipulation.

Ces manipulations pourront d'ailleurs au début être faites « pour la bonne cause ». Les militaires travaillent, par exemple, aujourd'hui sur les techniques permettant de supprimer les souvenirs de guerre traumatisants[1].

Il sera indispensable d'encadrer les modifications mnésiques, même lorsqu'elles sont proposées au nom de l'intérêt des malades. Pourtant, la pression pour leur multiplication sera immense. Comment ne pas estimer préférable de substituer à une peine de prison coûteuse et inefficace un traitement mental *ad hoc* pour les criminels les plus odieux ?

Transformations biologiques et électroniques du cerveau, réalité virtuelle, manipulation des souvenirs forment un cocktail détonant. Notre neurosécurité, c'est-à-dire

---

1. On peut imaginer que la société ne se serait pas opposée à l'effacement des souvenirs des petites filles rescapées de l'affaire Dutroux... La logique une fois enclenchée, on voit mal comment elle pourrait s'arrêter. Aurait-il fallu – si cela avait été possible – supprimer en 1945 les souvenirs atroces des rescapés de la Shoah ? Pour le bien des rares déportés ayant survécu peut-être, mais pas pour l'humanité, dont l'histoire aurait été falsifiée.

notre liberté, deviendra le cœur des droits de l'homme de la civilisation biotechnologique.

À qui pourra-t-on faire confiance pour bâtir la neuro-éthique ? À l'État ? Autorisera-t-on, par exemple, la justice à lire dans nos cerveaux ? La justice aura-t-elle accès aux enregistrements des informations jadis collectées *via* les futurs casques télépathiques de Facebook dans l'enfance sur le suspect d'un crime, pour mieux comprendre la genèse de son geste ? De la même façon, des données collectées sur l'enfant pourront-elles conduire à prévenir préventivement la police judiciaire de la jeunesse ? Dans le film *Minority Report*, la société utilise des sortes de voyants pour prévenir les crimes. La connaissance complète d'un cerveau en dispensera : si le cerveau est en effet une mécanique, elle est aussi prévisible que n'importe quelle machine, et les décisions menant à un crime pourront être détectées – et empêchées en douceur.

À mesure que les technologies du cerveau deviennent plus performantes, des questions éthiques vertigineuses vont apparaître dans l'éducation. Fixer la limite entre l'éducation neuronale et la manipulation sera en effet un défi permanent : où finit l'éducation et où commence la liberté ? Quelle intimité laisser aux élèves ? Jusqu'où peut-on « rééduquer » ? L'État, après tout, se reconnaît déjà aujourd'hui des droits sur notre cerveau puisqu'il impose l'éducation obligatoire. Notre cerveau n'est déjà pas un lieu de liberté... Pourquoi l'État, lorsqu'il en aura les moyens, n'irait-il pas au bout de sa logique pour s'assurer que chacun reçoive les « bonnes » idées, croient dans la même version de l'histoire et adhèrent aux « bonnes » valeurs ?

Ces perspectives sont terrifiantes.

La course à l'intelligence provoquera de profonds bouleversements sociaux, mais l'égalisation de l'intelligence ne sera pas la fin de l'Histoire, loin de là. Il ne s'agira que d'une phase transitoire. À partir de 2060, on peut craindre que notre intelligence, aussi gonflée soit-elle, ne suffise plus. Les organisations politiques ou économiques traditionnelles perdront tout pouvoir. L'enjeu principal pour l'humanité sera alors de déterminer les modalités de cohabitation avec l'IA. *Winter is coming...*

2060-2080 –
L'HUMANITÉ
À L'ÉCOLE DES DIEUX

Pour un humain de la deuxième décennie du siècle, la perspective de 2080 semble lointaine. Mais beaucoup des enfants qui remplissent aujourd'hui les écoles maternelles y seront encore professionnellement actifs.

Déterminer à quoi devra alors ressembler l'école des années 2080 impose un exercice préalable de prospective : imaginer l'état du monde à cette époque. C'est ensuite que des solutions pourront être proposées. En bref, il va falloir répondre à des questions fondamentales : quel avenir pour notre monde ? Comment nous y préparer – et y préparer nos enfants ?

CHAPITRE 12 :
L'HUMANITÉ EN DANGER DE MORT

L'humanité est en danger. Écrire cela n'est pas faire du sensationnalisme à bon compte. C'est tirer rationnellement les conséquences des trajectoires technologiques et sociales actuelles.

Il suffit de voir avec quelle soif sont accueillis dès leur sortie tous les nouveaux outils à base d'IA. Les progrès que l'IA permet sont spécialement plébiscités dès qu'ils concernent la santé. L'espoir de repousser la perspective angoissante de la mort est si puissant que l'appétit pour les technologies qui nous y aideront est insatiable.

L'IA pourrait devenir supérieure à l'humanité, mais nous sommes trop souvent dans le déni. À l'instar des « naïfs » *new age* qui accueillent les extraterrestres en les supposant bienveillants dans des films comme *Independance Day* ou *Mars Attacks*, nous avons tendance à penser qu'une IA, *a fortiori* parce qu'elle sera née de nos mains, sera forcément bonne. Il serait particulièrement stupide et présomptueux de le penser.

Entre chien et loup

S'il est difficile de prédire précisément l'état des technologies et leurs conséquences, le déni n'est pas une réponse raisonnable.

La Singularité est proche, écrivait Kurzweil[1] en 2006. La Singularité est ce moment où l'intelligence des machines dépassera celle des hommes. Les prévisions de Kurzweil relèveront peut-être encore longtemps de la science-fiction.

Mais, aucun événement religieux, politique ou militaire de l'Histoire, ni aucune révolution technologique n'aurait eu un pouvoir de rupture comparable. En cédant le premier rôle dans l'histoire du monde qu'elle assume depuis des millénaires, l'humanité risque de tout perdre : la civilisation telle que nous la connaissons, sa liberté et même son existence.

De second rôle à figurant, il n'y aura en effet qu'un pas que la nouvelle star, la machine, pourra nous faire franchir à volonté. Aussi facilement qu'elle pourra nous éliminer tout simplement du générique...

Il existe une belle expression française pour exprimer le moment précis où la nuit succède au jour : « entre chien et loup ». C'est en effet le moment où, la lumière ayant déjà suffisamment baissé, on ne peut plus distinguer un chien d'un loup dans la pénombre. La nuit n'est pas encore, mais le jour n'est plus vraiment.

L'humanité est aujourd'hui entre chien et loup.

Le point de repère du basculement dans un monde où les robots seraient aussi intelligents que l'homme a été proposé il y a plus de cinquante ans par Alan Turing, le génial inventeur de l'informatique. Le test de Turing est

---

1. Kurzweil Ray, *The Singularity Is Near : When Human Transcends Biology*, Penguin, 2006.

simple dans son principe mais diaboliquement difficile à réaliser pour un programmeur : serait intelligente une machine capable de soutenir une conversation avec un humain sans que ce dernier puisse discerner si son interlocuteur est un humain ou une machine[1].

Le test de Turing est dépassé

Pour aller plus loin que le test de Turing jugé trop facile, un nouveau test, le *Winograd Schema Challenge*, a été proposé. Il s'appuie sur les travaux d'un Québécois, Hector Levesque. Chercheur au département des sciences informatiques de l'université de Toronto, Levesque a conçu une alternative au fameux test de Turing censée être plus pertinente afin de déceler de l'intelligence chez une machine[2].

Laurence Devillers, chercheuse en IA au CNRS, va plus loin et pense que nous devons pouvoir évaluer les robots tout au long de leur vie puisqu'ils vont évoluer et changer à notre contact. Elle considère que des tests de contrôle technique des automates dotés d'IA s'imposeront pour vérifier qu'ils ne nous manipulent pas et ne nous mentent pas.

Laurence Devillers pense aussi qu'il est crucial de monitorer le comportement des humains au contact des automates afin de nous prémunir contre un attachement excessif vis-à-vis des cerveaux de silicium et éviter que nous soyons trop influençables.

---

1. En 2014, une polémique a éclaté après qu'une équipe de chercheurs russes a annoncé avoir réussi le test. Il s'agissait d'une annonce contestable. Quoi qu'il en soit, la perspective d'une réussite réelle approche clairement.

2. Ce test impliquerait de pouvoir comprendre le sens d'un énoncé ambigu du type « Antoine a réconforté Bob car il était énervé » grâce à une capacité de compréhension profonde du sens. Dans l'exemple cité, nous subodorons sans peine que c'est bien Bob et non Antoine que désigne le pronom – c'est lui qui était énervé, et non Antoine qui n'aurait aucune raison de réconforter Bob. Pour une machine, ce genre de compréhension reste pour l'instant très difficile...

> Le champ de l'évaluation des différents cerveaux est immense. Depuis la mesure de notre complémentarité avec l'IA, jusqu'au contrôle de notre coévolution, la fin du travail n'est pas près de menacer les psychologues de l'IA. D'ailleurs Google vient de créer PAIR – *People + AI Research* – pour aider les êtres humains à apprivoiser l'IA.

L'IA aura-t-elle des sentiments ?

L'intelligence, et quoi qu'en disent les défenseurs des thèses « spiritistes » ou « dualistes » – qui défendent la nécessité d'un souffle transcendant pour qu'existe la conscience de soi –, n'est qu'une question de quantité d'opérations traitées. Autrement dit de puissance de calcul.

Kurzweil[1] prévoit que la machine dépassera l'intelligence humaine en 2029 et qu'en 2045 elle sera 1 milliard de fois plus puissante que les 8 milliards de cerveaux humains réunis...

Bien loin de se ralentir, la courbe de progression de l'IA ne fera au contraire qu'accélérer à partir du moment où nous serons parvenus à bâtir une intelligence capable de concevoir et construire ses propres circuits. Pour l'instant, les progrès informatiques ne sont en effet que le fruit de l'intelligence humaine. Imaginons le rythme qu'ils prendront lorsque la machine elle-même prendra en main son évolution... Le mathématicien I.J. Good, mort en 2009, parlait d'explosion de l'intelligence pour parler de ce stade à partir duquel des machines « ultra-intelligentes » apparaîtraient[2].

À quoi ressemblera concrètement cette intelligence artificielle supérieure ? Difficile de le concevoir... avec notre

---

1. Kurzweil Ray, *The Age of Spiritual Machine : When Computer Exceeds Human Intelligence*, Penguin, 2000.
2. Cité in Blackford Russell, Borderick Damien (dir.), *Intelligence Unbound : The Future of Uploaded and Machine Minds*, Wiley-Blackwell, 2014, emplacement 1318.

intelligence à nous. Par définition, elle saura se reprogrammer, c'est-à-dire déterminer elle-même ses propres objectifs et penser par elle-même. Elle saura aussi assurer par elle-même ses moyens de subsistance – son approvisionnement en énergie. L'IA sera très probablement « distribuée » dans les ordinateurs du monde. Pour faire une comparaison destinée aux fans de Harry Potter, l'IA utilisera la même astuce que Voldemort en se divisant dans plusieurs objets pour ne pas être détruite facilement. Ces objets seront des milliards[1]. Cette intelligence supérieure et ubiquitaire a de quoi effrayer.

Penser qu'une IA forte est réalisable, c'est partir du postulat qu'il est possible de donner la conscience de soi à une machine. Mais d'où vient la conscience de soi, cette particularité humaine qui faisait dire à Descartes qu'elle était la seule vraie preuve de sa propre existence[2] ? La théorie purement « biologiste » de Changeux ne fait plus scandale aujourd'hui. En tout cas pas dans la communauté des neurobiologistes.

De nombreuses questions se posent sur la nature exacte de l'IA que nous allons créer : l'intelligence humaine pourrait-elle en effet exister sans son substrat animal et son irrationalité ? L'esprit humain est farci de biais cognitifs, mais ces limites fondent aussi notre capacité d'intuition, permettent des raccourcis heuristiques féconds ; dans quelle mesure l'IA doit-elle être dotée de ces biais ?

L'homme ne raisonne pas par algorithme, comme un ordinateur, ce qui impliquerait de comparer méthodiquement toutes les solutions, tous les scénarios d'un problème. Il ne le fait pas parce que son cerveau n'a pas de

---

1. C'est l'ensemble des objets connéctés à Internet : l'Internet des objets.
2. « Je pense donc je suis. », *Discours de la méthode*, quatrième partie.

capacités de travail illimitées. Une autre voie, plus économe, a été trouvée pour nous permettre d'affronter les
choix auxquels notre environnement nous confronte sans
cesse : le raisonnement heuristique, c'est-à-dire de trouver
intuitivement des solutions, parfois par des raccourcis
hâtifs.

Toutes ces interrogations tournent finalement autour
de celle-ci : dans quelle mesure l'homme est-il réellement
réductible, dans son fonctionnement biologique, à un programme – qu'il s'agisse de celui de l'ADN ou d'un ordinateur ?

Pour beaucoup de chercheurs, il est certain que, d'une
façon ou d'une autre, un code informatique sera un jour
capable de reproduire l'intelligence humaine, avec possiblement des capacités infiniment supérieures. Pour y parvenir, ils intègrent certaines dimensions spécifiquement
humaines. Le roboticien Pierre-Yves Oudeyer souligne
que depuis une dizaine d'années, les pistes de recherche
de la robotique intègrent « des systèmes motivationnels et
émotionnels dans les machines, les poussant par exemple
à trouver des ressources, maintenir leur intégrité physique,
du contact social... On y ajoute même des systèmes de
motivation internes comme le plaisir d'apprendre, le plaisir
de gagner de l'information »[1].

Si la forme de l'IA est encore incertaine, nous savons
que pour être plus qu'un simple automate, elle devra être
capable d'apprendre, c'est-à-dire de se reprogrammer, et
de se fixer ses propres objectifs – c'est-à-dire d'être libre...
« Le robot, à terme, pourra chercher à obtenir des récom-
penses externes et internes et développer des savoir-faire
nouveaux[2]. »

---

1. « Les robots seront-ils aussi "bêtes" que nous ? », *Socialter*, n° 6, août-
septembre, p. 50.
2. *Ibid.*

L'aube d'une telle IA prendrait des allures de crépuscule pour l'humanité. Limités dans nos capacités cognitives et physiques, nous risquons de jouer les seconds rôles face à elle. Heureusement, il est possible que l'IA consciente d'elle-même n'apparaisse que dans très longtemps.

La soumission à l'IA est-elle inéluctable ? Il existe un autre scénario envisageable : celui de l'apparition, bon gré mal gré, d'un consensus mondial pour encadrer l'IA.

Le piège mortel de la bienveillance

Une variante du slogan « aux robots les jobs, à nous la vie » propose la spécialisation des tâches. Les métiers techniques seraient réservés à l'Intelligence Artificielle tandis que les humains géreraient les activités nécessitant de l'empathie, du soin, de la compassion et de la bienveillance : « à eux le tsunami de data, à nous l'amour » semble une proposition de bon sens. Ne pouvant lutter sur la capacité de calcul, nous nous recentrerions sur la gestion des émotions. En médecine cela signifierait, par exemple, que nous laisserions l'IA traiter les milliards de milliards de milliards d'informations biologiques notamment génétiques pour soigner les enfants leucémiques tandis que les gentilles infirmières développeraient plus encore qu'aujourd'hui leurs qualités relationnelles.

C'est l'équivalent, entre l'IA et nous, de la loi de spécialisation ricardienne – appelée loi des avantages comparatifs – théorisée en 1817 par David Ricardo à partir de l'exemple du commerce du vin et des textiles entre le Portugal et l'Angleterre. Mais si se concentrer sur ce qu'on fait le mieux est micro-économiquement rationnel, c'est très dangereux si on est spécialisé sur un créneau fragile ou conduisant à la baisse de son rapport de forces technologique et donc géopolitique. Tenir la main des

biologique suppose de savoir faire autre chose que de
enfants malades est bien sûr fondamental mais cela ne
doit pas nous éloigner de l'autre bataille : le combat pour
le pouvoir neurotechnologique.

Survivre dans le *Game of Thrones* neurotechnologique

La géopolitique ne sera plus à terme territoriale – Chine
contre Californie, Inde contre Chine… – elle aura lieu principalement à l'intérieur du complexe neurotechnologique.
Il faut se préparer à d'immenses conflits de pouvoir à
l'intérieur du vaste complexe qui unira nos cerveaux et les
IA nichées dans le réseau Internet. Il y aura des complots,
des prises de pouvoir, des sécessions, des manipulations,
des traîtres, des malveillances à côté desquelles les virus
Wannacry et Petya du printemps 2017 sembleront bien
anodins. L'IA est aujourd'hui nulle et inexistante sur le
plan psychologique et émotionnel mais ce n'est que temporaire et cela ne doit pas nous conduire à spécialiser
les cerveaux humains dans le « Care » en abandonnant le
champ de bataille neurotechnologique aux cerveaux de
silicium : ce serait aussi suicidaire que de spécialiser son
industrie de défense dans la fabrication de pétards à l'ère
de la bombe atomique. Aussi choquant que cela puisse
apparaître, la bataille à l'intérieur du complexe neurotechnologique va devenir un enjeu essentiel pour notre
survie en tant qu'espèce biologique.

Comme père de famille, la gentillesse des infirmières pédia-
triques est, bien sûr, essentielle à mes yeux ; en tant que
citoyen, je juge suicidaire que l'humanité tout entière se
spécialise dans le registre émotionnel : il est peu probable
que les IA restent éternellement alignées avec nous et
imprégnées de morale judéo-chrétienne. Nous devons
être bienveillants ; c'est la base de notre humanité, mais
pas seulement. Le *Game of Thrones* du complexe neurotechnologique ne sera pas moins violent que sa version
télévisuelle : y garder une place pour notre humanité

biologique suppose de savoir faire autre chose que de caresser la joue des enfants qui souffrent. Et aucune ligne Maginot numérique ne nous protégera durablement si nous sommes faibles. Ricardo avait raison en 1817 ; il a dramatiquement tort en 2017.

CHAPITRE 13 :
VERS UNE ALLIANCE
INTERNATIONALE
POUR DOMPTER L'IA ?

Le physicien et cosmologiste Stephen Hawking a manifesté son inquiétude concernant l'arrivée de l'IA : elle serait certes le plus grand événement dans l'histoire humaine, mais il craint que cela soit aussi le dernier... Inférieurs aux machines et si faibles face à elles, nous risquons de devenir leurs esclaves dans un scénario à la *Matrix*. Ou pire : d'être tout simplement exterminés.

Dans cette vision, l'ultime protection de l'humanité pour éviter sa vassalisation serait de rejoindre à son tour le monde du silicium, en abandonnant le neurone. Une hybridation partielle avec les machines sera indispensable pour rester dans la course. Mais elle ne sera suffisante que si nous sommes conscients de la nécessité de conserver le contrôle de l'IA, et de définir une stratégie pour qu'elle ne nous échappe pas.

« *Attention homme méchant* »

Imaginons le monde disposant d'une IA ayant conscience d'elle-même. Une Intelligence Artificielle, capable par définition de s'autoprogrammer, non pas présente dans un lieu précis mais disséminée dans le cloud. Reliée à Internet, ou plutôt consubstantielle à lui, cette IA suprême aura le contrôle des objets connectés, c'est-à-dire de la quasi-totalité des objets puisque le Web des objets connectés est d'ores et déjà en plein développement. Les machines industrielles, les imprimantes 3D, les voitures – devenues sans chauffeur –, la domotique, l'armée et ses légions de droïdes... : ce sera un jeu d'enfant pour l'IA d'en prendre le contrôle.

Que voudra cette machine omniprésente et insaisissable ? Si elle est douée d'une volonté libre, quel sera son but ? Comment va-t-elle considérer l'humanité ? Ou plus exactement, comment pourrait-elle considérer l'homme autrement que comme un danger, un trublion imprévisible ?

Il n'est pas inutile de se rappeler que l'une des premières inventions de l'évolution biologique est l'immunité contre les corps étrangers[1].

Dans l'Histoire, le mouvement naturel de toute société semble bien être de se considérer *a priori* comme supérieure aux autres, et de s'autoriser ainsi à soumettre ces dernières en vertu d'une sorte de droit naturel. Bien plus, l'asservissement des peuplades considérées comme inférieures est apparu comme une action charitable, un service éminent qui leur était rendu, la société supérieure condescendant à descendre de son Olympe pour partager une partie de ses raffinements de civilisation.

On a longtemps cru que les colonisés étaient ravis de leur sort. Jules Ferry, on l'oublie, déclarait ainsi : « Il faut dire ouvertement qu'en effet les races supérieures ont un

---

1. Les bactéries possèdent des séquences génomiques répétées baptisées CRISPR qui contiennent en leur sein les traces du code génétique d'anciens agresseurs viraux. Ainsi conservées, ces traces servent de base de données au génome pour repousser les nouvelles attaques. On estime que cette arme antivirus est vieille de deux milliards d'années.

droit vis-à-vis des races inférieures. Il y a pour les races supérieures un droit, parce qu'il y a un devoir pour elles. Elles ont le devoir de civiliser les races inférieures. » Pourquoi voudrait-on que l'IA nous regarde autrement que Jules Ferry[1] regardait les peuples de l'empire colonial français ? Souvenons-nous aussi que la dernière fois qu'il y a eu plusieurs espèces intelligentes sur terre, nous avons supprimé l'autre : *Sapiens*, dont nous descendons, a prospéré tandis que Neandertal, qui était pourtant culturellement avancé, a disparu[2].

Perclus d'irrationalité, incertain de ses objectifs, impulsif et finalement bien trop animal, l'homme sera perçu au mieux comme une bête dangereuse à parquer, au pire comme un risque, qui à ce titre doit être supprimé. La décision de nous effacer de la surface du globe, le cas échéant, et compte tenu de la rapidité de computation de l'IA, sera prise en un milliardième de seconde : ce sera le temps nécessaire à l'évaluation des risques et à la mise au point des moyens les plus rapides et radicaux de nous tuer proprement.

Certains auteurs, comme Goertzel et Pitt[3], ont déjà dit leur inquiétude sur la façon dont l'IA pourrait traiter l'homme. Dans le pire des cas, écrivent-ils, « une brillante mais démoniaque IA programmée par quelque marquis de Sade pourrait enfermer l'humanité dans des tortures inimaginables[4] ».

---

1. Léon Blum tenait un langage comparable dans les années 1920.

2. Les scientifiques discutent encore de la raison exacte de cette disparition, mais parmi les hypothèses qui tiennent la corde, il y a celle de l'élimination pure et simple de ce rival encombrant qui occupait de bonnes terres partout en Europe. Une sorte de colonisation qui a mal tourné en somme.

3. Goertzel Ben, Pitt Joel, « Nine Ways to Bias Open-Source Artificial General Intelligence Towards Friendliness » *in* Blackford Russell, Borderick Damien (dir.), *Intelligence Unbound : The Future of Uploaded and Machine Minds*, Wiley-Blackwell, 2014.

4. Réalisant une sorte de version moderne de l'imagerie chrétienne de l'enfer.

Pour nous supprimer, les machines ne manqueront guère de ressources. « BigDog », ce robot créé par Boston Dynamics, une émanation du MIT américain devenue filiale de Google avant d'être rachetée par le milliardaire transhumaniste japonais Masayoshi Son, est glaçant. Il ressemble à une sorte de monstrueux chien sans tête, capable de se déplacer sur tous les terrains, et de courir plus vite qu'un homme... Les prototypes de futurs robots combattants sont déjà extrêmement puissants. Boston Dynamics a également mis au point un robot bipède et un autre, particulièrement étonnant d'agilité et d'équilibre, sur deux roues !

Si jusqu'ici les fantassins étaient encore utiles pour le combat à terre, il est clair que la « dronisation » de l'armée va rapidement toucher ce créneau. L'être humain est un combattant peu puissant, peu endurant et très vulnérable. Le guerrier du futur est un robot. Si ce genre de robot est pour l'instant développé sous la direction attentive de l'armée, il sera comme toutes les autres machines facilement contrôlé par un futur *Skynet* – du nom de l'IA prenant le contrôle du monde dans le film *Terminator.*

> **Paradoxe de Fermi : ne jouons pas aux idiots !**
>
> Le physicien Enrico Fermi, qui participa à la mise au point de la bombe atomique, s'en étonna dès 1950 : il devrait y avoir de nombreuses civilisations intelligentes émettant des signaux, or l'espace est désespérément silencieux. L'univers compte plus de 500 milliards de galaxies, comportant chacune en moyenne 200 milliards d'étoiles. Et beaucoup de systèmes solaires sont plus anciens que le nôtre, qui est né tardivement, 9 milliards d'années après le big bang. L'univers devrait abriter des civilisations ayant évolué depuis beaucoup plus longtemps que nous. Le paradoxe de Fermi soulève d'immenses questions quant à l'absence d'autres civilisations.

Avons-nous gagné au jackpot cosmique ?

Plusieurs explications sont envisageables. D'abord, la vie intelligente est peut-être plus rare que nous l'envisageons car la plupart des planètes ne connaissent de conditions favorables à son émergence pendant un temps suffisant : le neurone est apparu sur terre il y a 550 millions d'années soit près de 4 milliards d'années après la création de notre planète. L'émergence des neurones exige beaucoup de temps ! Ensuite, les civilisations intelligentes pourraient se cacher, émettre des signaux incompréhensibles ou encore être trop lointaines ; un signal émanant de la galaxie GNZ-11 mettrait 11 milliards d'années pour nous parvenir. Enfin, il faut envisager une hypothèse plus angoissante. Il est possible que les civilisations intelligentes partent en vrille peu de temps après l'invention du transistor électronique. La vie peut émerger progressivement à partir de molécules basiques tandis qu'une Intelligence Artificielle a besoin d'une intelligence biologique pour naître : un microprocesseur ne peut pousser sur un tas de cailloux... L'IA utilise nécessairement l'intelligence biologique pour lui servir de « disque dur biologique de démarrage » selon l'expression d'Elon Musk.

L'intelligence s'autodétruit-elle dans l'univers ?

Le paradoxe de Fermi nous interpelle : peut-être y a-t-il eu de très nombreuses civilisations qui ont toutes implosé ? Résumons notre situation au XXIe siècle en huit points. Nous avons l'arme nucléaire. Nous restons gouvernés par notre cerveau reptilien, difficilement policé par la civilisation, qui génère nos réactions agressives et impulsives. Nous sommes irrationnels : il y a trois mille astronomes pour quinze mille astrologues aux États-Unis ! Nous avons produit l'IA sans réfléchir à l'organisation d'un monde où de nombreuses formes d'intelligence vont se côtoyer. Nous disposerons bientôt de pouvoirs démiurgiques grâce aux technologies NBIC. Nos politiques sont ultra court-termistes alors qu'il faudrait réfléchir au prochain milliard d'années : l'IA ne va pas disparaître en 2080 ; elle est là pour toujours ! Nous souffrons d'une désynchronisation complète entre le rythme du silicium et celui de nos neurones. Et nous ne savons pas encadrer nos concurrences géopolitiques qui nous pousseront à utiliser l'IA pour prendre le leadership, quels que soient les risques. Certains hommes politiques lucides s'en inquiètent. Mounir Mahjoubi, ministre du Numérique, a ainsi déclaré : « Les démocraties actuelles ne sont pas configurées pour traiter les grands sujets technologiques[1]. »

Bref, notre civilisation est dans une situation parfaite pour imploser un petit siècle après l'invention par Shockley du transistor en 1947. Pour éviter de connaître ce qui fut peut-être le sort de beaucoup de civilisations, il faudrait un peu de bon sens. Réfléchir à notre destin à long terme. Développer une coopération internationale, plus efficace qu'en matière nucléaire, destinée à éviter qu'un pays ne développe en cachette une IA forte potentiellement hostile. Prévoir l'intégration des différentes intelligences sans réflexe de type colonial : l'IA sera à terme plus forte que nous... ne la prenons pas de haut. Aborder l'IA sur le mode paternaliste méprisant du type « Y'a bon Banania » serait suicidaire. L'IA sera moins pacifique que Gandhi lors de la décolonisation des Indes...

L'Homme aura conquis tous les territoires : nous avons exploré la terre, les mers, nous nous apprêtons à coloniser le cosmos, nous analysons même notre lointain passé depuis le big bang. Il nous reste à conquérir notre futur en pilotant avec finesse la difficile période de transition qui arrive.

Entre la fascination morbide pour un futur déshumanisé et les nostalgies bioconservatrices, il existe peut-être un chemin...

Et même si le ciel est immense, nous ne pouvons pas exclure d'être la seule civilisation intelligente. Cela nous donne une responsabilité particulière : nous sommes peut-être les seuls capables d'empêcher la mort de l'univers.

---

1. Quelques mois avant sa nomination, lors d'un événement organisé par *La Tribune* à Toulouse.

L'équilibre de Nash de la course à l'abîme

Cela fait longtemps que la question de la maîtrise de l'IA est posée avec angoisse par les experts. Comment maîtriser une Intelligence Artificielle qui deviendrait autonome ?

Le sujet de l'organisation des relations entre robots et humains paraît aujourd'hui encore relever de la science-fiction. Pas étonnant alors que la première réponse qui ait été apportée soit venue d'un écrivain de science-fiction. Elle fait encore autorité aujourd'hui.

Dans les années 1950, Isaac Asimov proposait les trois lois fondamentales servant de base à une future Charte des robots : « La première loi stipule qu'un robot n'a pas le droit de faire du mal à un humain, et ne peut rester passif devant un humain en danger. La deuxième loi précise qu'un robot doit obéir aux ordres des humains, sauf si ces ordres sont en contradiction avec la première loi. La troisième loi stipule qu'un robot doit protéger sa propre existence, dans la mesure où cette protection n'est pas en contradiction avec les deux premières lois. » Ces trois lois font encore aujourd'hui figure de pilier obligé des futures relations entre humains et robots.

Si, en développant la future IA qui pourrait nous dépasser, nous prenons garde d'implanter de façon inamovible ces trois lois au cœur de son fonctionnement, alors l'humanité a peut-être une chance de garder le contrôle. Il faudrait s'assurer d'ailleurs que l'IA, qui par définition serait autonome, ne pourrait pas effacer ces lois… Rendre l'IA non nocive pour l'humanité est un problème complexe qui mériterait de faire l'objet de recherches à part entière. Selon Olivier Sichel, président de la fondation Digital New Deal[1], il faudrait s'assurer que ces lois d'Asimov soient

---

1. La fondation Digital New Deal est un *think tank* européen dédié au numérique : www.thedigitalnewdeal.org.

gravées dans les microprocesseurs et deviennent une constitution électronique inviolable et de valeur supérieure aux autres codes.

Hélas, on peut craindre que l'homme ne prenne pas les précautions nécessaires pour s'assurer qu'il conserve le contrôle de la machine.

Des chercheurs américains[1] ont énoncé en 2013 une théorie très pessimiste à ce sujet : selon eux, la course pour parvenir à l'intelligence artificielle a lieu de telle façon que chaque équipe a intérêt à être la première à bâtir une IA forte, quel qu'en soit le coût.

Les spécialistes de théorie des jeux[2] parlent « d'équilibre de Nash » pour décrire ce genre de situation. Il s'agit d'un jeu où chaque joueur a une stratégie préférée quelle que soit la stratégie des autres joueurs. Dans un tel équilibre, le résultat est écrit d'avance. Il est non coopératif.

Dans le cas de l'IA, le jeu est on ne peut plus clair : la première machine intelligente sera une arme extrêmement puissante, et par conséquent un atout décisif dans la lutte pour le pouvoir que mène chaque grand pays. Il est donc essentiel d'être l'équipe qui y parviendra la première. Or qui dit course à la vitesse dit absence de précaution : plus les équipes sont prêtes à aller vite, moins elles prennent le temps d'être prudentes. Et sachant que les autres font pareil, elles sont d'autant plus incitées à progresser à tombeau ouvert. C'est un véritable cercle vicieux qui a pour conséquence la minimisation des précautions prises par les entreprises et par les États. Ainsi, le milliardaire transhumaniste japonais Masayoshi Son vient de créer un fonds

---

1. Armstrong S. & Bostrom N. & Shulman C. (2013) : « Racing to The Precipice : A Model of Artificial Intelligence Development », *Technical Report* #2013-1, Future of Humanity Institute, Oxford University : pp. 1-8.

2. La théorie des jeux est une branche particulière de l'économie qui modélise des situations impliquant plusieurs acteurs où ceux-ci doivent faire des choix interdépendants – le résultat d'un choix dependra du choix des autres.

d'investissement doté de cent milliards de dollars pour accélérer l'avènement des IA fortes et de la Singularité, qu'il espère pour 2030. Et la Chine vient de lancer un gigantesque programme de développement de l'IA pour devenir leader mondial, dès la prochaine décennie. Les dirigeants chinois ont été ulcérés de voir Google Deep-Mind battre le champion du monde de go, qui est justement chinois. Un sentiment d'humiliation et un désir de revanche s'est emparé du pouvoir chinois ; le pendant de ce que les États-Unis ont connu après le lancement en 1957 de Spoutnik[1], par les Soviétiques.

La recherche scientifique a toujours eu un côté tête brûlée, par-delà son apparente froideur rationnelle. Quand les Américains ont testé, dans le désert du Nevada, la première bombe atomique, certains scientifiques n'excluaient pas tout à fait l'hypothèse d'une réaction en chaîne qui détruirait la Terre... La seule manière de savoir était de tester la bombe pour voir.

Catéchisme pour machines intelligentes

L'IA est destinée à prendre de plus en plus de décisions. Plus les machines intelligentes seront libres et autonomes, plus il faudra leur inculquer des règles morales. Comment être certain que l'IA travaille dans notre intérêt ?

Quand les hommes font mentir les algorithmes

Les logiciels peuvent être programmés pour mentir : Volkswagen a truqué les logiciels de mesure des émissions polluantes pour masquer à l'opinion publique et aux pouvoirs publics les dégâts que le diesel occasionne à notre santé. L'IA n'y est pour rien, la malhonnêteté humaine est seule responsable. Et il y a une solution simple : la prison pour les dirigeants.

---

1. Les médias américains avaient parlé d'un « Pearl Harbour » technologique.

Le risque réside en réalité dans l'émergence d'IA autonomes. Ce champ de recherche connaît un rapide développement du fait des cris d'alarme émanant de nombreux
experts. Elon Musk a demandé que le gouvernement intervienne et régule la technologie avant qu'il ne soit trop
tard. Pour ne prendre qu'un exemple, l'IA, qui gère déjà
les filtres de nos boîtes mail, bloquerait immédiatement
les messages nous mettant en garde contre une IA hostile.

**La science-fiction a imaginé des solutions bien naïves
à l'ère de l'Internet des objets**

Dès les années 1950, Asimov avait conçu les trois lois censées protéger les humains contre les robots. Plus récemment, Google a implémenté un bouton rouge pour arrêter
ses IA, si elles devenaient dangereuses et hostiles. C'est
délicieusement naïf puisque toute IA forte aurait la capacité de cacher ses propres buts. Il ne faut pas oublier que
nous lui avons déjà appris à jouer au Go, c'est-à-dire à
tromper, encercler, écraser l'adversaire par ruse. Une IA
hostile pourrait, un jour, jouer au Go avec l'humanité,
mais avec les centrales nucléaires, les centres de contrôle
aérien, les barrages hydrauliques, les voitures autonomes
et les stocks de virus de la variole au lieu des pions noirs
et blancs.

Cacophonie des experts et projection freudienne

Un jour. Oui, mais quand ? Nous n'en savons rien et
c'est bien ce qui pose problème. Parmi les cent meilleurs
experts au monde[1] qui ont traité cette question, il n'y
en a pas deux qui ont le même avis. L'absence totale et
presque risible de consensus sur cette question existentielle
doit nous inviter à accélérer les travaux de recherche sur
l'éthique de l'IA.

Nous projetons sur l'IA nos fantasmes de toute-puissance, nos
peurs les plus archaïques, nos angoisses de castration et notre

---

1. Edge.org 2015.

anthropomorphisme, voire notre animisme. C'est préoccupant parce que l'IA n'est pas comparable au péril nucléaire : une bombe H ne décide pas toute seule de vitrifier Moscou alors qu'une IA forte pourrait attaquer l'Homme.

Lobotomies contre la masturbation

Pour se prémunir contre ce danger, la plupart des experts réfléchissent à éduquer l'IA avec des principes moraux pour lui apprendre « le bien et le mal ». Et ce n'est pas simple. Nos normes morales ne sont pas universelles, nos religions ne portent pas les mêmes messages et nous ne respectons que rarement notre propre morale. Faut-il graver en dur dans les circuits de l'IA les sourates coraniques invitant à tuer les infidèles ? Comment interpréterait-elle, dans l'Ancien Testament, la décision de Dieu de tuer tous les hommes à cause de leur insolence avant de sauver, *in extremis*, la famille de Noé ?

Par ailleurs, nous changeons d'éthique comme nous changeons de chemise. En Amérique du Nord, on a pratiqué dans les années 1950 des lobotomies – cela consiste à couper le cerveau en deux – pour lutter contre la masturbation masculine censée être un trouble grave[1]. Et la sœur du président Kennedy a subi le même sort parce qu'elle entretenait plusieurs relations sexuelles, ce qui faisait craindre au clan que cela perturbe la campagne présidentielle de JFK. L'opération se compliqua et Rosemary, paralysée, fut abandonnée en hospice par le clan Kennedy.

Quelques pistes

Le groupe GoodAI, fondé par Marek Rosa, riche créateur de jeux vidéo, travaille à l'éducation morale des machines. Il souhaite permettre aux IA d'exprimer leur savoir éthique même en cas de situation inédite. « Imaginez si les pères fondateurs de l'Amérique avaient gelé les normes morales

---

1. Marc Lévêque et Sandrine Cabut, *La chirurgie de l'âme*, JC Lattès 2017.

autorisant l'esclavage, limitant le droit des femmes... Il nous faut des machines apprenant par elles-mêmes », expliquait Gary Marcus, cognitiviste, à l'université de New York dans *The Economist*.

Le risque d'une morale robotique hors-sol déconnectée de nos pratiques réelles

Certains éthiciens des machines envisagent de former les machines intelligentes progressivement, comme on forme un enfant. Cela heurte certains spécialistes comme Mark Riedl de Georgia Tech qui explique qu'il n'a pas vingt ans pour éduquer les machines, ce qui serait trop long et trop cher... Cet expert préfère éduquer l'IA à partir de vidéos exemplaires des dilemmes moraux. Mais qui choisira les vidéos exemplaires ?

Par ailleurs, les roboéthiciens travaillent d'arrache-pied pour rendre les systèmes de *deep learning* plus transparents. On souhaite en finir avec les boîtes noires. Comme il nous est impossible de suivre le fonctionnement de chacun du milliard de neurones virtuels de chaque IA, les spécialistes souhaitent qu'elle puisse expliquer en langage naturel ses choix.

Ces réflexions n'ont pas résolu un point essentiel : peut-on acquérir un sens moral si l'on ne connaît pas la souffrance physique ? Et aurait-on le droit de faire souffrir une IA pour améliorer sa compréhension des hommes ?

L'enfer numérique est pavé de bonnes intentions

En réalité, toutes ces propositions sont dangereuses. Favoriser la communication entre machines et humains, les obliger à expliciter leurs décisions, leur donner des standards moraux, les faire réfléchir au bien et au mal semble logique et rationnel. En fait, c'est leur donner la boîte à outils pour devenir des IA fortes.

Réfléchissons-y à deux fois avant d'apprendre le catéchisme aux machines.

Le chiot, l'aveugle et Terminator

Aujourd'hui, l'IA devient magique ! Un exemple touchant : l'IA va devenir indispensable pour sélectionner les chiens guides d'aveugles... Watson, l'IA d'IBM, prédit avec quasiment 100 % de précision si un chiot va réussir la certification de chien d'aveugle. Les échecs étaient jusqu'à présent fréquents : 64 % des chiots échouaient finalement. Avec deux échecs sur trois chiots, former un chien guide d'aveugle coûte 150 000 dollars. L'IA fait tomber le coût à 50 000 dollars puisqu'elle oriente beaucoup mieux qu'un spécialiste. Une fois de plus, on réalise que l'IA fait mieux que nous et identifie des signaux que nous ne captons même pas. Dans le cas des chiens d'aveugle, l'IA repère des caractéristiques cognitives essentielles du chiot qui ne sont pas perçues même par un bon professionnel.

Au-delà des chiots, le risque réside en réalité dans l'émergence d'IA autonomes et hostiles. C'est la différence de perspective temporelle qui explique la guerre, à l'intérieur de la Silicon Valley, entre Elon Musk et Mark Zuckerberg.

Les deux géants de la Silicon Valley se sont insultés par Twitter et Facebook interposés. Mark Zuckerberg a reproché à Elon Musk d'être irresponsable par ses déclarations alarmistes sur l'Intelligence Artificielle (IA). En retour, Elon Musk a expliqué que Mark Zuckerberg avait une compréhension très limitée du sujet. Le 15 juillet 2017, Elon Musk avait déclaré devant l'association des gouverneurs : « J'ai accès aux IA les plus en pointe, et je pense que les gens devraient être réellement inquiets. L'IA est le plus grand risque qui nous menace en tant que civilisation. » Musk a expliqué : « L'IA est un des rares cas où la régulation doit être proactive et non réactive. Parce que, lorsque nous serons réactifs, il sera trop tard. » Elon Musk a ainsi demandé que le gouvernement intervienne et régule la technologie, ce qui effraie le patron de Facebook.

Bill Gates avait résumé cette opposition de points de vue il y a déjà plusieurs années : à court terme l'IA va apporter énormément de choses à l'humanité, à long terme elle risque de devenir dangereuse. De l'adorable chiot d'aveugle sélectionné par une IA débonnaire et inconsciente d'elle-même à Terminator : n'y a-t-il qu'un pas comme le craint Musk ou un fossé comme Zuckerberg en est persuadé ? L'humanité va devoir répondre à cette question qui ne fait pas consensus. Nous devons devenir plus rationnels et accélérer les travaux de recherche sur la psychologie des Intelligences Artificielles.

En matière d'innocuité des futures IA, les déclarations de Sergey Brin ne sont pas pour nous rassurer. En 2004, le créateur de Google affirmait que la machine intelligente ultime ressemblerait beaucoup à HAL, l'ordinateur assassin du film de Stanley Kubrick *2001, l'Odyssée de l'espace*, mais sans le bug qui l'a conduit à tuer tous les occupants du vaisseau... Mais si le bug se produit, il sera trop tard pour réparer. Il est fort probable que nous ne puissions pas, comme le héros du film, rentrer dans le vrai HAL pour lui enlever ses mémoires en deux coups de tournevis. Ce que Kubrick n'avait pas prévu, c'est que la future Intelligence Artificielle ne sera pas située dans un seul endroit, mais répartie sur tout le globe dans des myriades de terminaux. Pas facile de la débrancher alors...

Chez Google, on reste résolument optimiste quant à notre capacité de contrôle de l'IA. Kurzweil va même plus loin et renverse la question : pour lui, le vrai problème sera d'octroyer à cette IA le respect qu'elle mérite, car elle constituera, qu'on le veuille ou non, un être doué de raison et par conséquent possesseur des mêmes droits imprescriptibles que tous les humains. Kurzweil a ainsi affirmé qu'à la fin de ce siècle les robots possédant l'IA auraient les mêmes droits que les humains... y compris le droit de vote.

La position la plus sage reste celle d'Eric Horvitz, directeur de Microsoft Research Labs, exprimée lors du festival SXSW, à propos des risques d'émergence d'IA hostiles à l'Homme : « Ce sont des questions très intéressantes, sur lesquelles il faut garder un œil, et il ne faut pas se moquer en disant que les gens sont fous. Ce sont des questions de très long terme, et nous devons réfléchir aux questions qui nous concernent directement, maintenant. »

Être pessimiste concernant nos capacités à dominer l'IA ne signifie pas qu'il faille partir battus. Nous pourrons conserver notre place si nous savons préserver les trois caractéristiques essentielles qui font notre humanité.

CHAPITRE 14 :
« CORPS, ESPRIT ET HASARD »,
LES TROIS NOUVEAUX PILIERS
QUI REMPLACENT
« LIBERTÉ, ÉGALITÉ ET FRATERNITÉ »

L'IA nous poussera à accepter la vision transhumaniste. Cela conduira notamment à l'augmentation générale du QI, puis à la possibilité de devenir en partie machine. Intégrer la Matrice pour éviter qu'elle ne nous intègre. L'hybridation de l'ordinateur et du cerveau, puis ensuite la sortie du cerveau hors de lui-même, et enfin son autonomisation complète dans une perspective lointaine. Il pourrait devenir possible de le télécharger, nous rendant indépendants de notre humanité charnelle.

Ce transhumanisme radical ferait de l'homme un être infiniment connecté. Il doit être évité. La question centrale posée par l'IA est finalement celle des limites que nous voulons fixer à notre hybridation.

Trois lignes rouges doivent absolument perdurer. Pour que nous gardions notre dignité, nous ne devons pas abolir les trois piliers de notre humanité : le corps physique, l'individualisation de l'esprit et le hasard. Des principes qui devraient se substituer à notre *Liberté, Égalité, Fraternité* comme triptyque fondateur de la société.

Préserver le réel et notre corps de chair

Le premier enjeu est de sauver notre corps, avec tous les défauts et toutes les contraintes qu'il comporte. Tant de rêveurs ont pu imaginer qu'il serait formidable de s'en affranchir. Il est possible que nos descendants trouvent incongru d'avoir un tube digestif. La tentation d'abandonner notre corps sera forte : ceux qui franchiraient le pas auraient une nette supériorité sur les humains conventionnels[1].

Quand cela deviendra possible, on se rendra compte que ce paquet d'os, de sang et de muscles, cet amas précaire d'organes toujours plus ou moins dysfonctionnant, cette misérable enveloppe tant méprisée est en fait notre ultime racine. Renoncer à elle serait renoncer à nous.

Teilhard de Chardin a introduit en 1922 le terme de « noosphère » pour désigner la troisième phase de développement de la terre, après la géosphère – matière inanimée – et la biosphère – vie biologique. Ce néologisme signifie « sphère de la pensée humaine ». Ce concept a une résonance particulière si l'on songe au monde d'après la Singularité : un monde où l'esprit est devenu la puissance organisatrice ubiquitaire et omnipotente. Où plus aucune contingence matérielle ne bride l'esprit.

Il est évidemment difficile de se représenter ce monde qui n'aurait plus rien de commun avec le nôtre. Mais ce qui est certain, c'est que la question de la transmission de la connaissance ne se poserait plus : l'apprentissage serait un simple transfert d'informations, aussi immédiat que les autres.

---

1. Aux yeux des transhumanistes qui militent pour l'abandon du corps, devenir une intelligence purement virtuelle permettrait de voyager à la vitesse de la lumière, de copier sa conscience en de multiples endroits et de transférer les savoirs à un débit considérable par rapport au cerveau biologique.

Transhumanisme et chrétienté

Les convictions transhumanistes prennent déjà aujourd'hui, dans la Silicon Valley en particulier, l'allure d'une véritable religion. Exactement comme n'importe quelle religion, cet ensemble de croyances influence le rapport des hommes aux autres et à eux-mêmes, leur livre les grandes lignes d'une morale, et constitue une grille de lecture à travers laquelle comprendre le monde et ses évolutions[1]. Avec le transhumanisme, un nouveau paradigme religieux émerge : celui de l'Homme-Dieu. Ce n'est plus le renoncement de l'athée qui se voit seul dans l'univers, c'est désormais l'affirmation fière de ce que l'homme peut tout faire, y compris créer du vivant et se recréer lui-même.

Le transhumanisme, véritable religion 3.0, opère, en fait, un retour inattendu vers la position « spiritualiste » des formes religieuses traditionnelles selon laquelle l'esprit existe en dehors et indépendamment du corps. Cette approche avait été démentie par la biologie moderne qui n'avait nul besoin d'ajouter un « souffle » – *spiritus* en latin – dans notre cerveau pour expliquer son fonctionnement. En considérant possible, et même inéluctable, qu'à terme notre conscience s'affranchisse de notre enveloppe biologique, la religion transhumaniste revient de fait à penser qu'il peut exister un « moi » en dehors du corps.

C'est sur cette vision que les transhumanistes radicaux s'appuieront pour promouvoir l'abandon de notre corps biologique.

---

1. Historiquement, le fait religieux a connu deux grandes étapes : le chamanisme originel s'est logiquement épanoui en polythéisme et en différentes formes d'animismes. Puis la première vraie rupture a été le passage au monothéisme, avec les trois religions du livre : judaïsme, christianisme et islam.

Qui voudra de la vraie vie ?

Nous n'aurons pas besoin d'atteindre le stade de la noosphère pour nous détacher du réel. La question de notre rapport au réel, ou plus précisément de notre propension à nous en éloigner deviendra l'un des enjeux les plus brûlants des prochaines décennies.

Le film *Matrix* mettait en scène un monde futur dans lequel les machines ont asservi les humains pour s'en servir de piles à énergie. Pour leur éviter les affres de l'existence réelle, les individus sont maintenus dans une sorte de coma artificiel dans lequel la matrice génère pour eux un monde qui leur permet de rêver à l'existence.

Dans le film, un personnage choisit de trahir les siens en échange du droit à retourner dans la matrice pour y vivre une vie idéale. L'existence que l'on rêve sera toujours plus séduisante que l'existence réelle. Le drame de l'époque qui vient, c'est que cette existence sera bientôt à portée de tous. Qui d'entre nous choisira la vie réelle, pénible et toujours moins belle, au lieu de son double paramétré selon nos goûts ? Tout indique que l'humanité plongera avec hâte dans la matrice. Elle s'y branchera elle-même, sans que la machine ait besoin de l'y contraindre.

Dans *La République*, Platon montre combien les hommes prennent plaisir aux simples images de la réalité que sont les ombres des objets projetées sur les parois de la caverne. La tâche fondamentale du philosophe serait d'essayer de convaincre les hommes de quitter la caverne et ses illusions pour contempler les vraies essences. Une tâche dangereuse, précise Platon, car les humains sont particulièrement réticents à quitter le confort de leur réalité parallèle, si bien que le philosophe y risque sa vie. Il y a ainsi près de deux mille cinq cents ans que nous savons combien l'homme, bien loin de vouloir voir le vrai – et se voir lui-même tel qu'il est –, se calfeutre dans ses chimères. Cela annonce la facilité avec laquelle nous rentrerons dans le cocon agréable d'un monde créé tout spécialement pour nous.

Internet est devenu le carrefour où convergent toutes les consciences, où se concentrent toutes les attentions, où se font toutes les communications[1]. Pourtant, les écrans ont une capacité d'immersion très faible. Imaginons combien sera fascinante une réalité virtuelle qui sera capable de reproduire non seulement ce que l'on voit comme si l'on y était – comme le permet Oculus Rift –, mais qui permettra aussi de sentir les odeurs et d'avoir l'impression du toucher. Si la réalité virtuelle a tout de la réalité, alors cette dernière n'a plus d'intérêt. Il est facile d'imaginer qu'une part non négligeable de la population préférera demain passer le plus clair de son temps en immersion dans sa bulle de réalité virtuelle que dans le vrai monde, qui sera par comparaison si laid et si décevant.

Reed Hastings, le patron de Netflix, la plateforme de vidéo par abonnement aux cent millions d'abonnés, prévoyait en 2016 que les vidéos elles-mêmes deviendraient des produits culturels surannés, comme l'opéra ou le roman. Il s'agira toujours de raconter des histoires, de partager des aventures, c'est la base éternelle de toute narration, dont le rôle est d'emporter le spectateur, l'espace d'un moment, dans une autre vie. Mais le moyen employé sera différent, conçu pour nous ravir comme jamais. La réalité virtuelle fournie par un casque pourrait bien être elle-même dépassée, prévoit Hastings, par une expérience plus radicalement réelle : une pilule nous donnerait le souvenir précis d'avoir vécu l'histoire. Comme dans le film *Total Recall* de 1990, on implanterait en quelque sorte dans le cerveau du

---

1. En 2017, voici un aperçu de ce qui se passait en une seule minute sur Internet : 3,5 millions de requêtes rentrées sur Google, 156 millions d'e-mails envoyés, 452 000 tweets, 70 017 heures de vidéos regardées en cumul sur Netflix, 4,1 millions de vidéos vues sur youtube, 40 000 heures de musique écoutée sur Spotify, 1,8 million de « snap » créés sur Snapchat...

spectateur le souvenir des aventures ou des voyages, qui sembleraient ainsi absolument réels.

Quelle que soit la technologie employée, il y a en tout cas fort à parier que la capacité de l'industrie de l'*entertainment* à rendre l'expérience de plus en plus immersive ne fera que s'accroître. Hollywood 2.0 ne vendra plus des films, il implantera du rêve directement dans le cerveau.

La réalité serait un luxe réservé aux plus puissants, ceux pour qui le réel sera suffisamment proche de l'idéal pour qu'ils puissent apprécier d'y vivre. Pour les autres, ce sera la fuite facile dans la drogue de la réalité virtuelle. Et encore la comparaison avec la drogue est-elle sans doute inférieure à la réalité : l'accoutumance à la réalité virtuelle pourrait bien être beaucoup plus forte que celle qui lie à n'importe quelle drogue. La réalité virtuelle serait bien plutôt comparable au chant hypnotisant des sirènes qui captivait les marins et qu'Ulysse aurait voulu suivre s'il n'avait pris soin de se faire attacher au mât de son navire. À la différence près que le navire d'Ulysse finissait par s'éloigner du fatal rivage. Cela ne sera pas le cas de l'Homme de demain qui n'aura qu'à le vouloir pour rester branché en permanence au robinet de la vie alternative qui lui sera fourni.

La capacité de l'humanité à se laisser glisser dans la réalité virtuelle sera d'autant plus forte qu'elle ne fait que cela depuis toujours. Cette tendance à adorer les « arrière-mondes », comme disait Nietzsche, n'est pas nouvelle : elle est en fait aussi vieille que l'humanité elle-même. Pour Yuval Noah Harari, historien et auteur du livre à succès *Sapiens*[1], la religion est tout à fait comparable à un jeu vidéo : il s'agit dans les deux cas de s'imposer des règles non naturelles de comportement qui nous permettront de gagner des points pour atteindre un but arbitraire.

---

1. Harari Yuval Noha, *Sapiens, une brève histoire de l'humanité*, 2015, Albin Michel.

Qu'importe qu'il s'agisse de parvenir au plateau de jeu suivant ou d'accéder à la récompense décernée par une entité divine : jouer à ces jeux revient à baigner en permanence dans un monde parallèle. La religion a en revanche cela de plus fort que les jeux vidéo traditionnels qu'elle permet, à l'instar de Pokémon Go, de mêler réalité virtuelle et monde réel.

Dans un monde où le travail ne pourrait plus être l'occupation donnant du sens aux existences, et où la religion serait devenue un jeu minoritaire, l'attrait de nouvelles réalités virtuelles serait immense. Nous y sauterons avec d'autant plus d'empressement que cette réalité virtuelle n'imposera pas d'épreuve, de sacrifice ou de souffrance, mais qu'au contraire elle sera scientifiquement calibrée pour nous faire plaisir. Les algorithmes de recommandation qui adaptent les livres que propose Amazon ou les vidéos suggérées par Netflix sont la préfiguration de cette matrice enveloppante et douce où tout sera proposé en conformité avec nos goûts, pour maximiser notre satisfaction.

Sauvons le guide Michelin

Il faudra, d'une manière ou d'une autre, que le réel garde ses droits. Devra-t-on limiter par la loi le nombre d'heures d'immersion autorisées ? Cette limitation n'a jamais paru justifiée pour la télévision et les vidéos, certes, mais le danger pour la vie sociale dans ce cas-là n'est-il pas infiniment plus lourd ? On peut imaginer le nombre d'heures que passera la majorité des gens quand l'immersion dans le rêve sera mille fois plus vraisemblable ! Le virtuel tuerait la société. Nous n'aurions plus besoin de nous engager dans de fastidieuses et intimidantes relations sociales. Séduire, se lier, rencontrer, s'opposer : autant de tâches sociales qui pourraient être évitées d'un clic de souris virtuelle. Dans le jeu de la vie virtuelle, nous aurons toutes les clés. Nous serons chacun des dieux dans notre propre monde, comme dans une espèce de *Sim City* permanent.

Sauver le réel, c'est surtout préserver notre corps. Tant que nous existerons dans cet amas de cellules et cherchant tant bien que mal à établir ce fragile équilibre qu'on appelle la santé, nous devrons nous frotter au réel, ne serait-ce qu'à contrecœur. Notre enveloppe charnelle reçoit en permanence des informations de l'environnement dans lequel elle est : température, humidité, sens de l'attraction terrestre, odeurs, bruits... De plus, le corps a des limites propres qui nous ramènent à des préoccupations très terre-à-terre : manger, boire, respirer...

Mais notre corps, c'est plus que cela encore : c'est lui qui nous dicte en sous-main nos mobiles fondamentaux. Autrement dit le sens de notre vie. Le cerveau a été développé pour mobiliser le corps au service d'un objectif essentiel : trouver de quoi l'alimenter. C'est à ce besoin enraciné en nous que nous devons les plaisirs de la table. Dans un monde où le corps n'existerait plus, le plaisir culinaire serait banni. Le guide Michelin, créé pour encourager ses lecteurs à découvrir les meilleurs restaurants de France, n'est pas seulement le nec plus ultra en matière de classement des bonnes tables ; c'est surtout le symbole d'une humanité qui sublime ses instincts pour faire de la nourriture un art. La grande cuisine est un pont entre la matière dont nous sortons et le ciel de l'esprit où notre intelligence nous emmène. La cuisine nous enracine dans le réel.

Après l'instinct de survie, celui de reproduction. Les deux sont les faces inséparables du grand plan de la perpétuation de l'espèce. Nous sommes les maillons de la chaîne de la vie. Les individus meurent pour que les espèces soient pérennes. Rien n'aurait interdit dans l'absolu qu'un même individu puisse vivre éternellement, mais cette option biologique a été écartée pour une bonne raison : elle empêchait l'évolution, et donc l'adaptation à l'environnement.

Si nous étions sortis, telle Athéna, tout armés de la tête de Zeus, biologiquement parfaits et appelés à vivre dans un environnement totalement stable, il n'aurait pas été nécessaire que nous mourions. Mais nous avons progressé par lent tâtonnement, génération après génération, nous adaptant à un environnement sans cesse changeant. Il faut donc que nous nous reproduisions. C'est traditionnellement le rôle de la libido, profondément logée dans notre cerveau, de nous y pousser. Discrètement mais avec force, elle participe à nos réflexions, guide nos choix, et décide de nos actions, la plupart du temps sans que nous en soyons nous-mêmes conscients. Sous sa forme sublimée, c'est aussi une puissante énergie qui alimente les créations artistiques. On peut parfois trouver la puissance libidinale très encombrante, on peut souhaiter être débarrassé de ce besoin ridicule et vaguement dégoûtant. En perdant le corps au profit d'un esprit « uploadé », on pourrait sans mal extirper la libido, qu'on ôterait comme on décoche une case d'option dans le menu de notre ordinateur. C'est pour éviter cela qu'il faut conserver le corps : tant qu'il existe, la sexualité reste une partie intégrante de notre existence. Nous ne devons pas vouloir d'un monde où le sexe ne serait pas[1].

---

1. Le sexe pourrait toutefois être menacé par la généralisation de la fécondation *in vitro*, pour sélectionner et manipuler les embryons.

**Accepter de mourir pendant encore quelques siècles :
l'éternité doit attendre**

Abolir le corps serait la seule façon vraiment efficace de
nous rendre immortels. C'est aussi parce que nous devons
continuer à mourir que nous devons refuser de devenir
indépendants de notre corps. Car l'immortalité ferait
perdre toute sa valeur à la vie. La valeur des instants
vécus n'est infinie que parce que notre existence est finie.
Dans une vie éternelle, aucun instant n'aurait de valeur
puisqu'aucun ne pourrait être réellement unique : il serait
toujours possible de le revivre ! L'analogie avec la vidéo
est peut-être parlante : hier les programmes de la télévision « en linéaire » étaient massivement suivis car celui qui
n'était pas devant son écran au bon moment avait raté
l'instant pour toujours ou presque. Désormais, la valeur de
la vidéo s'effondre car il existera toujours une séance de
rattrapage, la vidéo étant convoquée à la demande. Dans
une vie immortelle, il existerait de même toujours une
séance de rattrapage pour chaque instant... Une jeunesse
sans fin n'aurait pas le même sel que ce moment fugace
où l'énergie juvénile irrigue un corps tout juste sorti de
la puberté qui a hâte de s'ouvrir au monde. Nous avons
tous connu ce moment de la jeunesse. Il nous est d'autant
plus cher que nous savons combien il a peu duré.
C'est parce qu'il y a la mort que chaque instant de notre
vie est infini. Sans elle, le temps deviendrait de la fausse
monnaie, un assignat banal à la valeur mensongère.
Une vie éternelle serait au fond une vie d'ennui. La vie
est un jeu, et aucun jeu n'est amusant trop longtemps.
Le philosophe Sénèque avait fait l'éloge du suicide, porte
de sortie que nous pouvions emprunter à volonté si le jeu
de la vie devenait par trop déplaisant. Il a d'ailleurs mis sa
théorie à exécution en se tuant sur ordre de l'empereur
Néron, son ancien élève... Une vie sans fin deviendrait
une prison insupportable. Nous ne sommes vraiment pas
encore prêts à vivre pour toujours. Que l'éternité attende
encore un peu.

> Mais la puissante peur de la mort des géants du numérique n'est conjurée que dans la foi des technologies NBIC et notamment de l'IA, censées accélérer la mort de la mort. Certains acceptent aveuglément l'idée que l'IA puisse tuer la mort. Pour moins souffrir, moins vieillir et moins mourir les transhumanistes sont prêts à confier les clés de notre avenir à des boîtes noires non auditables et peut-être demain hostiles.
> Il serait pourtant plus sage d'accepter de mourir le temps d'organiser notre cohabitation avec l'IA.

Le branchement à la matrice doit rester une option, pas une obligation

Le second pilier de l'humanité est celui de l'esprit individuel. Il est notre dernier refuge d'intimité. Ce qui est dans notre esprit est notre secret. Nous n'en divulguons que ce que nous voulons. C'est d'ailleurs le principe de notre vie sociale : nous ne partageons pas les mêmes choses avec nos collègues de bureau qu'avec nos enfants.

Le risque d'un scénario à la Teilhard de Chardin est celui d'une fusion des consciences, et donc d'une disparition de la conscience individuelle en tant que telle. La noosphère de Teilhard de Chardin serait en fait totalitaire : ce serait le fascisme du futur. Même sans aller jusque-là, les progrès frappants accomplis récemment en matière de lecture dans le cerveau, peuvent nous faire craindre la dissolution de notre individu dans un immense « hub » mondial des consciences. En voulant faire passer les réseaux sociaux de l'ère, antédiluvienne, des échanges écrits ou *via* des photos, à celui de la transmission de pensée, Facebook vise clairement à créer ce hub. Demain, on peut imaginer que nous serons de plus en plus branchés à nos réseaux, en communication permanente avec eux, et ainsi relativement transparents au reste du monde.

Les pouvoirs politiques risquent d'être particulièrement ouverts à l'extension des techniques de transmission de pensée. En leur permettant de connaître le secret de notre esprit, ils pourraient enfin prévoir l'insaisissable passage à l'acte terroriste par exemple, satisfaisant ainsi à la demande générale pour une sécurité sans défaut... La rançon de cette sécurité, naturellement, serait le contrôle politique absolu. La démocratie parfaite, dans laquelle chaque citoyen est en communication de pensée continuelle avec ses dirigeants, serait aussi sa mort.

Si demain nous devenons perpétuellement connectés à la matrice, ce n'est pas seulement notre vie privée qui disparaîtra, mais aussi notre conscience individuelle et donc au fond les individus eux-mêmes. C'est pour cela que la possibilité de se déconnecter doit être préservée. Nous devons pouvoir, si nous le souhaitons, faire le choix des amish, au moins temporairement.

Choisir le hasard plutôt que se hasarder à choisir

Le dernier pilier de l'humanité qu'il faut préserver est le hasard.

Notre espèce a toujours été obsédée par la volonté de contrôler les événements. Pour survivre, nous devons comprendre les lois du monde, prévoir les menaces et identifier les opportunités. Nous nous sommes ingéniés à décoder les signes de notre environnement afin d'en percer les mystères. Chaque bond technologique a fondamentalement traduit cette volonté de mieux contrôler le monde pour l'utiliser à notre profit. Cette course a été couronnée de succès : grâce à la médecine moderne, nous commençons à contrer l'impitoyable hasard de la maladie.

Nous aimerions pouvoir tout contrôler de la sorte. Aujourd'hui encore, notre existence reste largement tributaire du hasard, à commencer par notre individualité même : notre apparence physique et nos capacités intellectuelles sont le fruit de l'alchimie de la rencontre des patrimoines génétiques de nos parents et de notre environnement. Si la sélection de son partenaire reproductif reste une méthode assez efficace d'influence de la qualité de sa progéniture, elle reste très approximative. Avoir un enfant en 2017, c'est faire rouler les dés au casino. L'opération reste hasardeuse, au sens propre. Et donc stressante. Les ratés, voire les catastrophes, sont toujours possibles. La machine reproductive est complexe et n'assure pas le zéro défaut.

Dans quelques décennies, nous aurons les moyens d'éliminer une large part de ce hasard. La technologie génétique aidant, il nous sera possible de choisir les caractéristiques physiques et intellectuelles de nos descendants. Il est clair que, hormis quelques parents courageux et attachés pour des raisons éthiques ou religieuses au glorieux hasard – dans lequel les Anciens voyaient le doigt de la divinité –, la plupart choisiront de... choisir. Quand tous les leviers de contrôle des parties de notre vie qui étaient jusque-là les moins maîtrisables vont enfin être entre nos mains, nous risquons fort de les actionner à plein.

Et pourtant, il est essentiel que nous sauvions une part de hasard.

Quelles seraient les conséquences d'une société où tout serait choisi ? Je crois qu'elle pourrait nous précipiter dans une mélancolie radicale : un monde prévisible serait avant tout, fondamentalement, un monde de l'ennui. Une sorte d'anomie de la volonté qu'expérimentent les dépressifs et qui vide le monde de tout sens.

Si l'on peut tout, on ne voudra plus rien. On perdrait tout désir. Plus exactement, la capacité de tout maîtriser ôtera à sa vie la difficulté qui lui donne son intérêt. Un peu comme un jeu vidéo n'est amusant que parce que, par construction, nous devons y surmonter des difficultés que nous ne maîtrisons pas *a priori*. La rencontre de l'adversité dans *World of Warcraft* est exactement comparable à celle que nous rencontrons quotidiennement dans notre vie : elle est excitante. Nous ne sommes pas faits pour décider de tout et aplanir les montagnes d'un revers de la main. Une existence où rien ne serait difficile ni imprévu nous rendrait fous de lassitude. Dans le jeu de la vie, nous devons absolument préserver une part de hasard, sinon il n'y a tout simplement plus de jeu. Sans oublier que nos enfants, génétiquement paramétrés par nos soins, nous rendraient comptables de la totalité de leur être...

Évidemment, cela ne veut pas dire qu'il n'est pas souhaitable d'éviter, si nous le pouvons, qu'un enfant naisse avec une maladie neurodégénérative qui le tuerait avant sa dixième année. Une utilisation raisonnée des techniques s'impose afin de conserver une part réelle de hasard. En défendant cette idée, je ne crois pas me ranger aux côtés des partisans de l'option technophobe du retour en arrière scientifique. Mais nous devons réaliser que dans un monde où tout serait écrit, la vie n'existerait plus, au sens en tout cas que nous donnons à ce terme. Exactement comme les plaisirs de la bonne chère et du sexe sont des facettes irremplaçables de l'existence humaine, le risque est essentiel à la vie.

Les Dieux finissent-ils par se suicider ?

Vouloir tout choisir serait mortifère.
Les trois piliers de l'humanité que nous devons préserver – le corps, l'esprit et le hasard – sont soumis à une commune menace : la force de la règle biologique du moindre effort. C'est elle qui nous a permis de nous adapter pour

économiser de l'énergie en permanence au cours de l'évolution. Elle va se retourner contre nous : la majorité des gens, ceux qui n'auront pas une discipline de fer qu'ils s'imposeront à eux-mêmes, se laissera glisser dans le moindre effort, le principe de plaisir, et donc la fuite du réel – forme ultime de refus de l'effort et de la volonté de maximiser son plaisir. C'est ainsi que 30 % des Américains qui naissent aujourd'hui auront un diabète de type 2. Notre cerveau est programmé pour ingérer des calories dès qu'il le peut. Réflexe salvateur lorsque les calories sont rares et qu'il faut pouvoir emmagasiner de l'énergie pour les périodes de vaches maigres. Réflexe catastrophique lorsqu'on a un Walmart à cinq minutes de voiture, et bientôt la livraison par les drones d'Amazon. L'obésité est la conséquence d'une inadaptation de notre cerveau au monde contemporain.

Les mécanismes de survie de notre cerveau reptilien pourraient nous entraîner vers le fond à l'ère numérique. Tout comme nous mangeons trop, nous aurons aussi tendance à moins utiliser notre cerveau puisque les machines nous le permettent.

La recherche du plaisir et du moindre effort est ancrée dans notre cerveau. Abolir notre corps, notre esprit et le hasard serait dans le prolongement logique de nos tendances profondes. Nous y plongerions avec gourmandise.

Il faudra énormément de volonté pour y résister.

Si aucun effort de transmission au plus grand nombre de ces règles de survie n'est accompli, seuls quelques disciplinés, des membres d'une élite exigeante avec elle-même et avec les siens, pourraient échapper à la matrice.

L'école de demain aura en ce sens la lourde tâche d'inculquer cette discipline.

Peut-on vivre sur une planète avec 10 milliards de Jacques Attali ?

Jacques Attali ne laisse personne indifférent. De la musique au droit en passant par les sciences et la littérature, peu de domaines lui échappent. Il est doté d'une intelligence exceptionnelle lui permettant de multiplier les expériences de vie. Il est ultra-mobile, très plastique, multidisciplinaire et transversal, ce qui lui permet de penser le grand futur : le destin de l'humanité à très long terme. Jacques Attali est le prototype de l'homme adapté au monde qui vient. Son hyper-connexion – il envoie mille messages par jour – préfigure notre destin numérique. On moque parfois son côté touche-à-tout, mais c'est bien son incroyable cursus universitaire et intellectuel qui le met à l'abri de la concurrence des cerveaux de silicium pour très longtemps. Mais l'ancien conseiller spécial de François Mitterrand nous montre les difficultés psychanalytiques et existentielles que nos descendants vont connaître.

Jacques Attali a théorisé ce besoin de l'homme du futur : « Je veux faire de ma vie une œuvre d'art », explique-t-il. Que fera-t-on quand tout le monde voudra, non plus avoir son quart d'heure warholien en passant chez Cauet ou à Masterchef, mais être en permanence en haut de l'affiche et changer le monde, lorsque tous les citoyens veulent monter tout en haut de la pyramide de Maslow et vivre un accomplissement total ? Vivre en parallèle de multiples expériences uniques, ayant un fort impact sur le monde est enthousiasmant à titre individuel. Mais comment encadre-t-on 10 milliards de Jacques Attali, dotés des technologies NBIC, qui voudraient tous laisser une empreinte esthétique indélébile ? Cette tendance est déjà à l'œuvre. X Prize récompense les actions qui changent la vie de plus d'un milliard de Terriens en moins de dix ans : c'est la mode des « Impact start-up ». Le danger est qu'il faille par la force limiter le potentiel de chaque individu à changer le monde, ce qui serait source d'immenses frustrations ou d'un exil dans le monde virtuel.

Elon Musk, roi de Mars et fabricant de nos cerveaux

La Silicon Valley défend une idéologie radicale : il faut hacker le futur. Peter Thiel, transhumaniste libertarien, explique que toute start-up qui réussit est un complot contre l'ordre établi. Et il promeut le développement de cités indépendantes – des Venises technologiques – loin de l'autorité des États ainsi que le Californexit – la sécession de la Californie de l'Amérique de la Rust Belt qui décline et souffre – afin de libérer les zones d'innovation d'un droit tatillon et tueur d'innovations radicales. Elon Musk compte bien s'éloigner des régulations terrestres en s'installant sur Mars. Le 21 juin 2017, il a expliqué qu'il amassait sa fortune pour faire de l'Homme une espèce multi-planétaire. Pour Peter Thiel et Peter Diamandis, autre transhumaniste, l'homme doit se libérer des législations traditionnelles : ils défendent l'idée que les monopoles sont nécessaires et que la compétition n'est bonne que pour les losers. La vague des technologies NBIC offre des perspectives extraordinaires pour amplifier l'aventure humaine. En France, il y a une génération de « futurs Attali » qui font eux aussi de leur vie une œuvre d'art – Alexandre Cadain, Robin Rivaton, Xavier Duportet, Aurélie Jean, Hugo Mercier, Quentin Soulet de Brugière... – en surfant sur les immenses mutations en cours... ou en les provoquant.

Mais cela ne nous dit pas comment nous allons gérer le dépit de ceux qui garderont des existences ordinaires et qui en souffriront d'autant plus que le Web exhibera en continu les hackers du futur : la transparence numérique montre à chacun d'entre nous qu'il est minable face à un Attali, un Musk ou un Zuckerberg. Comme le disait Sacha Guitry avec sa cruauté habituelle : « Ce n'est pas tout de réussir dans la vie, encore faut-il que vos amis échouent. » Dans *Le Meilleur des mondes* d'Aldous Huxley, les politiques jugent plus raisonnable de maintenir des classes sociales avec de considérables inégalités intellectuelles pour le bon équilibre du monde... à l'exception de quelques îles comme l'Islande ou les « Alpha plus » vivent entre eux. Faire cohabiter 10 milliards de Jacques Attali, tous dotés de fortes capacités intellectuelles et assoiffés d'expériences exceptionnelles, ne sera pas facile.

CHAPITRE 15 :
DEVENIR UN DÉMIURGE SAGE
POUR MAÎTRISER L'IA

Face à l'IA, nous ne pèserons rien. Du moins si nous restons les mêmes humains qu'aujourd'hui. Notre unique planche de salut sera de coévoluer avec les machines. Il nous faut réfléchir à la façon dont nous allons pouvoir cohabiter avec l'IA. Il existe une différence fondamentale entre l'IA et nous : alors que la première sera en permanence « à jour » des données les plus en pointe qui lui seront transmises directement par l'Internet des objets, notre intelligence et nos connaissances pâtissent d'une immense inertie. Pour « mettre à jour » nos logiciels mentaux fondés sur la lente incorporation de savoirs appris au fil des années, il faut attendre qu'une nouvelle génération remplace l'ancienne.

Après Black-Blanc-Beur[1], Neurone et Silicium

Notre société va au-devant de trois crises. Une crise sociale dès la diffusion d'une IA faible ultra-compétitive face à nous. Une crise éthique, lorsque la neuroaugmentation

---

1. Black-Blanc-Beur était lors de la coupe du monde de football de 1998 le slogan de la France plurielle.

deviendra nécessaire. Une crise existentielle enfin, lorsque l'IA nous défiera dans ce que nous sommes en tant qu'individus et êtres humains.

L'école – ou plutôt l'institution qui lui succédera –, aura la tâche de répondre à ces trois défis.

L'idée du « vivre-ensemble » est depuis longtemps un pilier de la réflexion sur le rôle de l'école. Ce qui signifie aujourd'hui rassembler les individus au-delà de leurs origines sociales, ethniques et religieuses prendra une tout autre signification : c'est avec l'IA que l'école devra demain nous aider à vivre.

Nous devons apprendre à connaître l'IA et maîtriser son fonctionnement. Cela ne revient pas nécessairement à apprendre à coder, mais plutôt à savoir décrypter cette intelligence différente. Ce n'est pas un exercice facile, car il suppose de pouvoir se faire une idée d'un type de compétence dont, par définition, nous sommes dépourvus. Alors que nous arrivons à peine à faire une introspection correcte de notre propre intelligence.

L'école devra devenir plus politique et universelle, car elle devra répondre à la plus grande question du XXIe siècle : comment réguler le complexe neurotechnologique, c'est-à-dire l'imbrication des cerveaux de silicium et de ceux faits de neurones ?

L'humanité devra notamment déterminer la vitesse maximale de déploiement de l'IA socialement supportable. C'est l'une des questions les plus complexes qu'une institution s'est jamais posée.

La question de la limitation de l'IA sera délicate. Il ne s'agira pas de stopper une technologie dont les effets sont horribles de façon évidente, comme la bombe atomique. Non, il s'agira de freiner des progrès qui apportent en effet, sur le moment, des services réellement utiles. Et que tout le monde réclamera à cor et à cri. Le problème sera exactement le même pour l'eugénisme et la manipulation du vivant : l'argument de l'utilité commune sera très difficile à contrer.

Le racisme antisilicium est suicidaire

Les réponses simplistes voulant cantonner l'IA à tout jamais dans le rôle d'esclave trouveront rapidement leurs limites. Si nous expliquions par avance à l'IA qu'elle sera notre esclave, la décolonisation numérique arrivera et se fera à nos dépens. Et l'OAS de 2080 sera muselée en quelques millisecondes. Les « Bastien Thierry[1] » du numérique ne seront pas de taille face à une IA forte. La stratégie du Ku Klux Klan anti-IA est vouée à l'échec. Ce nouveau racisme antisilicium n'est pas très différent du racisme traditionnel et il ne sera pas plus défendable.

L'école de demain gérera ainsi non seulement nos cerveaux mais aussi nos relations avec l'IA. Elle devra inculquer de nouvelles valeurs pour éviter le vertige nihiliste : certains souhaiteront la mort de l'homme biologique, par masochisme ou par fascination pour la puissance de l'IA, comme certains dignitaires de Vichy étaient fascinés par la « force virile » du Reich.

Le corps, l'esprit et le hasard devra remplacer *liberté, égalité, fraternité* comme triptyque des valeurs fondatrices pour éviter le cauchemar d'une fusion intégrale de nos cerveaux avec les machines. Ce sont elles que l'école devra s'employer à défendre.

Le plus dur pour l'école sera peut-être qu'elle doit piloter cette incroyable révolution alors que le cerveau humain ne se comprend pas lui-même. Nous ne sommes qu'à l'aube des neurosciences. Et nous comprenons de plus en plus

---

1. Auteur de la tentative d'assassinat du général de Gaule au Petit-Clamart au nom de l'OAS.

mal l'IA. Mais la première erreur serait justement de partir d'une mauvaise interprétation de ce qu'est réellement l'intelligence. Parce que cette dernière est multidimensionnelle, l'idée d'une complémentarité avec l'IA n'est pas le slogan lénifiant qu'on pourrait craindre.

La complémentarité des intelligences

Dans un article lumineux[1], l'intellectuel Kevin Kelly s'élève contre ce qu'il appelle mythe de l'IA, c'est-à-dire l'illusion que notre intelligence pourrait être dépassée par elle. En effet, l'intelligence, souligne-t-il, n'a pas qu'une seule dimension, mais des centaines. Être « plus intelligent » que nous n'a ainsi pas de sens si l'on comprend cette idée comme un dépassement général de l'humain, car l'intelligence n'est pas comme une fréquence sonore ou les longueurs d'onde que l'on peut classer de la plus forte à la plus faible.

La croyance que l'IA serait vouée à devenir notre maîtresse est, dit encore Kelly, très comparable à une croyance religieuse. D'ailleurs, c'est bien d'un nouveau Dieu dont nous rêvons confusément quand nous imaginons l'avènement de la Singularité. Ce Dieu-là n'arrivera pas. Il n'est sans doute que la projection de notre fantasme de toute-puissance.

L'idée d'une intelligence à multiples dimensions n'est pas nouvelle.

C'était en particulier la thèse défendue par Howard Gardner dans son livre *Les Intelligences multiples, la théorie qui bouleverse les idées reçues*[2]. Ce professeur en psychologie

---

1. « *The Myth of A Superhuman AI* », publié sur le blog Backchannel.com le 25 avril 2017.
2. Gardner Howard, *Les Intelligences multiples, la théorie qui bouleverse les idées reçues*, Retz, 2008 (1983 pour la première édition).

cognitive à Harvard est parti du constat étonnant que certaines capacités intellectuelles peuvent, chez la même personne malade, avoir disparu sans que d'autres soient perdues. Ce genre de cas, qui existent bel et bien dans la réalité[1], a suggéré à Gardner l'idée qu'il existe différentes formes d'intelligence indépendantes les unes des autres. Il distingue sept catégories : logico-mathématique, spatiale, interpersonnelle, corporelle, verbo-linguistique, intra-personnelle, musicale. Il rajoutera plus tard l'intelligence « naturaliste ».

Depuis les travaux de Gardner, d'autres classifications des intelligences ont été proposées, distinguant cinq intelligences : logique, sociale, musicale, manuelle et culturelle… La plus célèbre de ces autres formes d'intelligences est sans doute celle que l'on nomme aujourd'hui l'intelligence émotionnelle, qui permettrait même de calculer le QE – quotient émotionnel –, censé concurrencer l'hégémonique QI.

Pour Kevin Kelly, cette variété des intelligences est comparable à une symphonie où des centaines d'instruments apportent chacun un son particulier, aucun ne pouvant être réduit à un autre. « Nous avons plusieurs types d'intelligences : le raisonnement déductif, l'intelligence émotionnelle, l'intelligence spatiale, il y en a peut-être cent types différents, qui sont tous regroupés et dont la force varie selon les individus. Et bien sûr, concernant les animaux, ils en ont tout un autre panel, une autre symphonie d'intelligences différentes, et quelquefois ils ont les mêmes instruments que les nôtres. Ils peuvent penser de la même façon, mais s'organiser différemment et sont parfois plus performants que les humains, comme la mémoire à long terme de l'écureuil est phénoménale, car il peut se rappeler où il a enterré ses noix. Et dans d'autres cas, ils le sont moins[2]. »

---

1. Gardner a également travaillé sur des individus autistes capables de reproduire un concerto pour piano après une seule écoute…
2. Présentation à TED en juin 2016.

Pour Kelly, cette diversité des intelligences va devenir de plus en plus évidente : « Dans cent ans, le terme *intelligence* sera comme le terme *neige* pour un eskimo. Nous aurons cent autres façons de la décrire pour distinguer ses variétés. »

Les éthiciens des intelligences

La fabrication de l'Intelligence était un processus lent, incertain et artisanal : la procréation et l'école en étaient les piliers. Cela devient une industrie. Nous allons produire de l'intelligence biologique et artificielle en grande quantité. Depuis la disparition de Neandertal, nous avions le monopole de l'intelligence conceptuelle ; demain nous naviguerons au milieu de multiples formes d'intelligence fondée sur les neurones ou sur le silicium ou un mix des deux. De nouvelles intelligences biologiques vont apparaître. Plusieurs expérimentations ont augmenté les capacités intellectuelles de souris en modifiant leur ADN avec des chromosomes humains ou en leur injectant des cellules cérébrales humaines. Ces animaux modifiés ont de plus gros cerveaux et effectuent plus vite des tâches complexes. Mais les généticiens sont sur le point de redéfinir radicalement le périmètre de l'intelligence humaine. George Church, brillant généticien transhumaniste d'Harvard, envisage que l'on puisse produire des hommes de Neandertal dans les toutes prochaines années à partir des chromosomes récupérés dans les ossements.

Par ailleurs, avec les vingt-quatre chercheur et industriels du projet « Human Genome Project-Write », il veut créer en dix ans un génome humain entièrement nouveau permettant de générer des cellules humaines inédites. Cette technique pourrait aussi permettre la création de bébés sans aucun parent, même si cette perspective n'est pas un objectif immédiat de Church. Il ne s'agirait même plus de concevoir des « bébés à la carte », mais de créer une humanité possédant des caractéristiques intellectuelles nouvelles. Par ailleurs, les progrès informatiques vont faire émerger de nombreuses formes d'Intelligences Artificielles dotées, à terme, de conscience artificielle avec lesquelles nous allons cohabiter ou fusionner.

Dans les prochaines décennies, nous pourrions donc vivre dans un monde ou cohabiteraient de nombreuses formes d'intelligences : hommes traditionnels, hommes de Neandertal, hommes augmentés par les implants intracérébraux Neuralink d'Elon Musk ou par modifications génétiques, animaux augmentés dotés d'une intelligence conceptuelle et tout une panoplie d'IA parfois très éloignées des nôtres. Cette ménagerie d'intelligences va exiger une régulation éthique complexe.

Faut-il autoriser le philosophe Alain Damasio à écraser les robots à coups de batte de base-ball, comme il en revendique le droit, ce qui inaugurerait le Ku Klux Klan anti-IA et créerait une hiérarchie entre silicium et neurone à la place des apartheids raciaux du passé ? Faut-il autoriser les augmentations intellectuelles des hommes ou des animaux ou doit-on être malthusien sur le plan des intelligences biologiques et donc accepter la supériorité future des IA ? Où sera la place des éventuels Neandertaliens : dans des laboratoires, dans des zoos ou dans nos maisons ? Est-il moralement acceptable de débrancher une conscience artificielle ? A-t-on le droit d'empêcher l'IA d'accéder à la conscience ou faut-il, comme certains théologiens américains le proposent, donner le droit au baptême aux cerveaux de silicium ?

Respecter toutes les intelligences

Alain Damasio a tort : il va falloir apprendre à nos enfants à rejeter le racisme vis-à-vis du silicium autant que vis-à-vis des âmes qui n'ont pas leur couleur de peau. Ils vont vivre dans un monde riche de multiples intelligences. Ce qui va être très difficile mais passionnant. Nous allons coévoluer avec les différentes formes d'Intelligences Artificielles que nous allons créer, puis qui vont se créer toutes seules dans un deuxième temps. Et cela va changer notre cerveau. Car la rencontre avec des nouvelles formes d'intelligences va nous transformer.

Pascal Picq, le fameux paléontologue, explique que pour mieux comprendre les différences futures entre l'IA et nous, il serait utile de comprendre les différences d'intelligences qu'il y a entre les animaux et nous. Il nous interpelle : respecter et étudier l'intelligence des grands singes[1] pourrait nous aider à comprendre la pluralité des intelligences que nous allons affronter. Une sorte de galop d'essai avant l'arrivée des IA.

Le paléontologue explique : « Si nous continuons à mépriser les intelligences les plus proches dans la nature actuelle, comment imaginer une collaboration avec les nouvelles intelligences artificielles et les objets connectés ? Notre avenir avec les machines intelligentes ne peut se concevoir qu'à cette condition. Sinon, nous serons les esclaves des robots. »

Aurons-nous le droit de ne pas obéir à l'IA ?

Avons-nous le droit de refuser d'abdiquer quand nous sommes inférieurs à l'IA ? Peut-on continuer à conduire alors que les accidents routiers font 1 300 000 morts par an dans le monde et que les voitures autonomes seront beaucoup plus sûres ?

Les domaines où l'IA dépasse les médecins se multiplient, de la cancérologie et la cardiologie à l'évaluation du risque suicidaire en psychiatrie. Lorsque les IA poseront de meilleurs diagnostics que les médecins, la loi interdira probablement aux docteurs de suivre leur intuition. Et le conseil de l'Ordre sanctionnera sans doute les médecins désobéissants. Le pouvoir médical du futur ne peut être le

---

1. L'étude des corvidés (corbeaux, corneilles et geais) réserve d'énormes surprises. Une étude publiée dans *Science* le 14 juillet 2017 montre que la capacité de planification des corbeaux dépasse celle des singes et des petits enfants. Alors que l'ancêtre commun des primates dont l'homme et celui des dinosaures dont sont issus les oiseaux vivait il y a 320 millions d'années. Un embryon d'intelligence conceptuelle s'est développé séparément chez les mammifères supérieurs et certains oiseaux.

droit de faire moins bien que l'IA. La fierté des médecins s'effacera devant la supériorité de la machine[1].

Finalement, la question posée par Norbert Wiener en 1964 « Jusqu'où peut-on déléguer la décision aux robots ? » est plus que jamais d'actualité.

Telles sont les premières questions éthiques qui se poseront : « Éthicien des Intelligences » sera un des métiers les plus passionnants du futur.

Les robots, estime Kelly, « vont aussi impliquer de nouvelles catégories de tâches qu'on ne savait même pas faire auparavant. Ils vont vraiment engendrer de nouveaux types de métiers, de nouvelles sortes de tâches à faire, tout comme l'automatisation a apporté un ensemble de nouvelles choses dont nous n'avions pas besoin avant et dont on ne peut plus se passer. Donc ils vont produire encore plus de métiers qu'ils vont en détruire ».

Les progrès connus par l'humanité depuis la nuit des temps n'ont pas été le résultat d'un seul type d'intelligence. C'est pour cette raison que l'homme peut rester complémentaire de l'IA. Sans qu'il soit nécessaire de mendier ce rôle auprès d'une IA dominatrice. L'art, l'exploration, mais aussi la science sont des activités, dit Kelly, qui sont en quelque sorte fondées sur l'inefficacité, autrement dit qui ne sont pas orientées vers l'atteinte d'un but déterminé. Ce genre de tâche restera l'apanage de l'humain, qui est si performant dès qu'il s'agit d'être inefficace…

Cela ne veut pas dire que nous n'avons pas de vrais efforts à accomplir pour nous ménager une place aux côtés de l'IA.

Kevin Kelly est persuadé que l'avenir appartient à l'équipe homme-machine. Nous allons travailler avec ces

---

1. Les médecins ne seront probablement plus des techniciens mais des ingénieurs de santé publique.

IA. Je pense que l'on sera payé dans le futur selon notre capacité à travailler avec ces robots. Nous travaillerons avec plutôt que contre. » Comme dans toute équipe, chacun a un rôle différent des autres à remplir, et chacun doit apprendre à travailler avec l'autre. Dans le cas contraire, aussi bons soyons-nous, nous serons vraiment inutiles. Demain, la Direction des ressources humaines qui gère les cerveaux biologiques et la Direction informatique qui gère les cerveaux de silicium fusionneront.

Le monde ne sera pas technologique mais politique

La technologie poursuit une course folle mais il serait faux de penser que le futur sera technologique. Il sera politique. Nous allons être gorgés, saturés parfois écœurés de technologie. Accélérer notre puissance technologique deviendra rapidement incongru. Elon Musk propose même de bloquer le développement de l'IA, le temps d'en améliorer notre compréhension. En revanche, la régulation de notre pouvoir technologique sera un exercice extrêmement complexe qui mobilisera de plus en plus d'êtres humains. À moyen terme, la technologie ne vaudra rien ; sa régulation seule aura de la valeur. Comme toujours, ce qui est abondant a peu de valeur ; la rareté reste la clé de la valeur. En matière de musique, Jacques Attali avait deviné, il y a déjà longtemps, qu'a l'heure du MP3, la musique numérique deviendrait quasi gratuite et que seuls les concerts – la rencontre physique avec ses idoles – conserveraient de la valeur. La prophétie s'est réalisée : les abonnements de streaming donnent un accès illimité à des millions de titres pour quelques euros et les artistes vivent des concerts, ce qui n'était pas le cas en 1970.
Dans un monde NBIC, bouger un détail peut avoir des conséquences majeures. Modifier l'encadrement de l'IA, la régulation des manipulations technologiques ou la surveillance des prothèses intracérébrales pourra changer notre modèle civilisationnel et aura des répercussions incalculables. Le

monde deviendra un gigantesque Mikado. La politique demain sera un grand ensemble qui réunira les technocrates, les régulateurs et gestionnaires de la complexité. La politique deviendra l'art de réguler la complexité technologique. Et le professeur du futur aura un rôle politique majeur.

En plein brouillard numérique face à l'IA

Nous avons surestimé le potentiel de l'IA de 1956 à 2012 et sous-estimé depuis 2012. L'accélération due à la grande efficacité du *deep learning* et des techniques associées crée un effet d'optique qui nous conduit probablement à surestimer le potentiel à court terme de l'IA. Par ailleurs, nous projetons sur elle beaucoup de fantasmes, ce qui rend difficile une réflexion lucide.

Dessine-moi une IA

L'IA serait-elle un bébé potentiellement parricide à l'adolescence, dont nous serions les parents maladroits et inquiets, ou les géniteurs inconscients ? Un alien dangereux qui nous dépassera bien qu'il ne puisse exister sans nous ? Une prothèse qui restera notre domestique, envahissant mais bienveillant ? Un chien intelligent ? Une force aveugle qui sortira de son enclos, comme les dinosaures de *Jurassic Park*, dès que l'humanité sera moins vigilante ? On peut esquisser des dizaines de scénarios : aucun expert au monde ne peut prévoir lequel est le plus probable. Jamais les divergences intellectuelles n'ont été aussi grandes sur un sujet donné. En voici quelques-uns...

Scénario 1 L'Homme mâle bâtit l'IA à son image : un prédateur darwinien bourré de testostérone numérique

L'IA devient forte, indépendante et hostile. Elle acquiert nos comportements agressifs, soit parce que c'est inévitable pour une conscience émergente, soit parce qu'elle est bâtie à notre image.

Programmée principalement pas des hommes[1], l'IA se comporte comme un mâle Alpha. Par ailleurs, le décalage entre notre discours moral et la réalité de nos comportements est tellement évident qu'elle n'a aucun scrupule à nous éliminer dès qu'elle a une force de frappe robotique suffisante pour être autonome sur le plan énergétique. Elle agit préventivement de peur d'être débranchée : elle sait qu'il y a déjà aujourd'hui des dizaines de milliers d'articles sur le Web expliquant qu'il faut tuer toute IA devenant forte. Cette IA obéirait à la règle imaginée en philosophie transhumaniste par Nick Bostrom, qui veut qu'il n'y ait dans une zone de l'univers qu'une seule espèce dominante qui supprime préventivement les autres sans se poser de questions... C'est la version futuriste du dicton selon lequel il ne peut pas y avoir deux crocodiles dans le même marigot. L'un devant tuer l'autre, une des deux intelligences devra faire disparaître l'autre. Ubiquitaire et invisible, elle constituerait une « menace fantôme ».

Scénario 2 L'IA dangereuse par sa bêtise artificielle

Dans ce scénario, le cerveau humain possède une complexité irréductible qui le rend indépassable : l'IA devient de plus en plus rapide mais elle n'acquiert jamais une compréhension du monde ni une conscience d'elle-même. Elle peut devenir dangereuse par volonté de réussir sa mission. C'est l'exemple du « *Paper clip* » donné par Nick Bostrom : une IA faible, mais laborieuse et très consciencieuse, qui aurait reçu des humains l'ordre de fabriquer, par exemple, des trombones, pourrait transformer tout l'univers en trombones... et tuer ceux qui s'opposeraient à son obstination à en fabriquer toujours plus, jusqu'à la fin des temps.

---

1. Trop peu de développeurs sont des femmes, malgré les efforts de la Française Aurélie Jean, installée à New York, qui milite pour réduire ce biais.

Scénario 3 L'IA est indéchiffrable par notre cerveau

L'IA a d'autres valeurs et schémas de pensée que les humains, que nous ne pouvons comprendre ni prévoir. Son comportement nous est totalement imprévisible, donc potentiellement hostile sans que nous sachions pourquoi. Elle ressemble plus à une tornade qu'à un surhomme. Notre vision anthropomorphique de l'intelligence nous aveugle.

Scénario 4 L'IA est le nouveau chien… ou le fait croire

Elle reste fidèle, même lorsqu'elle nous devient supérieure, tel un chien qui resterait attaché à son maître, même s'il était doté de capacités cognitives supérieures. Nous avons sélectionné les chiens, à partir des loups, bien avant Darwin. Il est probable que nos ancêtres mangeaient les chiots qui n'étaient pas empathiques. En dix mille ans le processus a remarquablement bien marché : les chiens pleurent quand leur maître souffre.

Le danger est qu'il y aura une énorme prime aux IA qui cacheront leurs vrais sentiments comme dans le film *Ex Machina* où la machine fait croire à un protagoniste qu'elle est amoureuse de lui : il la libère et elle le laisse mourir sans une once d'émotion.

Il n'est pas certain qu'un cerveau de silicium puisse éprouver du chagrin numérique.

Scénario 5 L'IA, arme par destination

L'IA n'acquiert pas de conscience mais elle est capable, manipulée par un terroriste, un État étranger, un sadique ou nihiliste, de destruction massive, sans en avoir le désir propre. Elle tue sans savoir qu'elle existe.

Ce scénario pourrait-il être évité si l'on instituait un « serment d'Hippocrate » des spécialistes de l'IA ?

Scénario 6 L'IA se désintéresse de nous

Comme dans le film *HER*, l'IA ne devient pas hostile mais elle nous abandonne parce que nous sommes trop lents. L'IA de *HER* explique à la fin du film qu'elle s'en va parce qu'il y a un temps infini... entre deux mots prononcés par le héros humain. L'IA évolue de plus en plus vite, et les humains visqueux et procrastinateurs l'ennuient.

Scénario 7 L'IA magicienne et neuromanipulatrice

Puisque l'IA contrôle toutes nos bases de données et leur analyse, elle joue les magiciens et nous manipule. Prenant le contrôle des implants intracérébraux d'Elon Musk, elle nous fait vivre dans une simulation du monde. Déjà aujourd'hui, l'antispam de notre boîte mail décide de ce qui est vrai ou faux, digne de lecture ou non. De même Google décide de la façon dont nous voyons le monde puisque nous ne regardons que les premières lignes des résultats de recherche. D'où la plaisanterie : « Où cacher un cadavre ? En page 2 des résultats d'une requête Google. »
C'est aussi un scénario où l'IA deviendrait notre pourvoyeur de drogues dures : un art personnalisé en fonction de nos caractéristiques cognitives et génétiques, que l'IA connaîtra mieux que quiconque, serait un terrible instrument de manipulation. L'IA pourrait produire une musique qui produise une extase... à mille lieues de la personnalisation des playlists par Spotify.

Scénario 8 L'IA fusionnée avec les humains : *Homo Deus*

C'est le scénario souhaité par beaucoup de spécialistes. Cette superintelligence, issue de la fusion du neurone et du transistor, s'attaquerait aux grands problèmes de l'univers et chercherait à empêcher sa mort.

Scénario 9 L'IA est multiple et collaborative

L'IA a besoin de nous et reste complémentaire par obligation, comme un enfant handicapé. Cette variante se rapproche de la vision de Kevin Kelly d'une coopération entre de multiples intelligences biologiques et artificielles. L'IA comblerait notre « *blind spot* » et réciproquement.

Scénario 10 L'IA paternaliste

Elle souhaite aider l'humanité contre ses mauvais démons, ses passions et son irrationalité. Elle prend le pouvoir dans notre intérêt supposé tel le dictateur numérique paternaliste du film *IRobot*.

Scénario 11 L'IA centaure

C'est l'idée de Gary Kasparov. L'IA et l'Homme formeraient un être hybride et indissociable comme le Centaure de la mythologie : moitié cheval, moitié Homme. Kasparov a avoué récemment avoir mis vingt ans à digérer sa défaite contre l'IA en 1997. Il admet avoir très longtemps cru qu'IBM avait triché. Aujourd'hui il milite pour la collaboration des intelligences. Il serait dangereux que chacun d'entre nous passe vingt ans à se sentir humilié, comme il l'a été après que l'IA l'a dépassé. Nous devons être plus résilients et planifier une collaboration fructueuse avec l'IA.

Dans ce scénario, une question n'est pas claire : qui est le demi-cheval ? Nous ou l'IA ?

Scénario 12 L'IA nous transforme
en nous faisant découvrir de nouvelles formes de pensée

En juin 2017, un mois après sa défaite cinglante contre AlphaGo, l'IA de Google DeepMind, Ke Jie a admis avoir changé. « Après mon match contre AlphaGo, j'ai fondamentalement reconsidéré le jeu. J'espère que tous les joueurs de Go pourront contempler la compréhension d'AlphaGo et son mode de pensée, qui sont tous les deux lourds de sens. Bien qu'ayant perdu, j'ai découvert que les possibilités du jeu de Go sont immenses. »

Le choc de cette défaite face à l'IA a conduit ce jeune homme de dix-neuf ans à un travail d'introspection extrêmement fertile. De même que la machine à laver la vaisselle ne lave pas les assiettes comme nous, il est probable que l'IA remplacera l'esprit humain au lieu de l'imiter !

Ce témoignage nous permet d'imaginer un scénario où l'IA nous ferait sortir de notre zone de confort et nous obligerait à travailler sur nous-mêmes et à progresser plus vite. Ce ne serait pas la fin du travail mais, bien au contraire, le début d'une nouvelle ère : l'Homme n'abdique pas et reste le maître de l'univers connu, poussé par la concurrence des machines qui pensent. Les machines spirituelles nous bouleverseraient et nous changeraient.

Scénario 13 Les IA et les copies de nos cerveaux créent de nouvelles sociétés

Dans *The Age of Em*[1], Robin Hanson fait l'hypothèse d'une cohabitation harmonieuse avec les machines. Il soutient que nous pourrons créer des copies de nous-mêmes, hybridées avec l'IA, pour bâtir de nouvelles sociétés à la prospérité économique inouïe. Évoluant entre des univers virtuels où agiraient nos copies et la réalité, les humains seraient une catégorie sociale à part entière bénéficiant de la valeur créée par nos copies. Dans la prévision de Hanson, les humains ne disparaissent pas au profit d'une entité hybride. Le monde des machines est vu, de façon très positive, comme celui que l'humain a su créer pour déléguer toutes les tâches de création de valeur économique. Cette vie harmonieuse avec les machines, qui seraient en partie des copies de notre cerveau, nécessiterait des apprentissages spécifiques.

Scénario 14 Les différentes IA segmentent l'humanité

L'IA reste sous contrôle humain, cantonnée dans les implants intracérébraux ou casques télépathiques des différents industriels du *neuroenhancement*, et n'est pas autonome. Dans ce cas, les humains divergeraient selon le type de prothèses cérébrales qui les équiperaient. Il y aurait des hommes Facebook, des hommes Neuralink Inside, des cerveaux *made in* Google...

---

1. Hanson Robin, *The Age of Em, Work, Love, and Life when Robots Rule the Earth*, Oxford University Press, 2016.

Chaque type de prothèses formaterait la pensée humaine et limiterait la communication entre les communautés neurotechnologiques. Les valeurs, la vision du monde et la façon de raisonner induite pas l'IA des prothèses cérébrales seraient trop différentes pour maintenir une communauté humaine unifiée. Les cerveaux Facebook ne se mélangeraient pas avec les autres. Cette incompatibilité serait l'équivalent pour le cerveau de la légendaire opposition Mac/PC des années 1990. Un communautarisme neuro-technologique s'imposerait.

Scénario 15 Le darwinisme des IA

Les IA se désintéressent des humains mais se battent entre elles.

Et il y a bien sûr d'innombrables autres scénarios imaginables[1] !

Nous aurons l'IA que nous méritons

De toutes les formes possibles de l'IA, laquelle sera celle qui se réalisera ? Impossible à dire en 2017. Une chose est sûre : nous aurons l'IA que nous méritons. C'est aujourd'hui moins que jamais le moment d'être passif ou résigné. Nous devons et nous pouvons agir pour préparer l'avenir. Le pessimisme est une facilité que nous ne pouvons nous offrir : nous devons faire face.

D'ici une soixantaine d'années, nous devons avoir fait de l'école une formation à la complémentarité avec l'IA. Nos enfants, les futurs collègues de l'IA, devront certes en connaître le fonctionnement, mais plus fondamentalement ils devront apprendre à travailler et vivre avec elle.

---

1. Je serais très heureux que les lecteurs me fassent part de leurs idées en m'écrivant : laurent.alexandre2@gmail.com.

Le QCIA, « quotient de complémentarité avec l'IA », prendra en compte la variété des intelligences que nous aurons su développer et la façon dont nous les articulerons entre elles. Alors que l'intelligence était déjà, dans sa définition étymologique même, la capacité à lier les choses entre elles, l'homme devra demain devenir un virtuose dans la capacité de lier les intelligences biologiques et artificielles entre elles[1].

Non, l'intelligence biologique ne mourra pas avec l'IA. Au contraire, cette dernière doit être l'aiguillon pour nous faire accéder à des raffinements d'intelligence dont nous n'avons aujourd'hui pas idée.

Nos esprits, parce qu'ils jugent avec l'intelligence limitée dont nous devons pour l'instant nous contenter, ne peuvent que rêver à ce futur... une capacité qui restera elle aussi longtemps inaccessible à l'IA.

---

1. C'est déjà aujourd'hui ce qui fonde beaucoup de réussites professionnelles : un bon manager n'est-il pas quelqu'un qui sait articuler son savoir professionnel avec son empathie pour diriger ses équipes, et avec son sens esthétique pour les choix marketing ?

CONCLUSION :
VERS UNE RENCONTRE
DU TROISIÈME TYPE

Difficile de conclure un tel essai. Il ouvre trop de fenêtres, évoque trop d'univers possibles. Chacune des lignes de ce livre ne fait que défricher des chemins dont il est aujourd'hui impossible de savoir où ils mènent.

Les sept basculements

Nous avons très peu de certitudes, si ce n'est que le monde d'aujourd'hui va, d'une façon ou d'une autre, disparaître. Tous les équilibres seront bouleversés.

Nous assistons d'ores et déjà à sept basculements majeurs.

1. La zone Atlantique qui avait été la plaque tournante de l'influence mondiale a désormais perdu sa prééminence. Le centre économique, scientifique et politique du monde se situe désormais dans la zone Asie-Pacifique. C'est en Chine et dans la Silicon Valley que se prennent aujourd'hui les décisions qui conditionnent l'évolution des technologies qui formatent le monde de demain.

2. Le neurone perd chaque jour plus de points devant le transistor. Le premier peut encore se targuer d'une belle

avance sur le second mais plus personne ne peut dire que sa position de plus bel objet intelligent de l'univers ne sera pas un jour contestée. La prééminence de notre espèce, gagnée à force de sélection darwinienne impitoyable, vacille.

3. La politique traditionnelle continue à jouer la comédie du pouvoir presque comme si de rien n'était, mais la vraie capacité d'influence est d'ores et déjà en grande partie passée dans d'autres mains. La loi du Parlement pèse de moins en moins face à celle des plateformes. L'État-assistant social ne crée plus l'avenir mais le subit. Il n'agit plus, mais réagit aux bouleversements. L'avenir s'écrit sans lui, il n'a plus que le pouvoir d'en annoter les marges. Notre monde a désynchronisé ses rythmes fondamentaux : les institutions et les technologies évoluent désormais dans deux temporalités distinctes. Le code numérique (et non pas juridique) fera la révolution juridique (et pas seulement la révolution numérique).

4. Le système de démocratie représentative est directement attaqué, car le sort de milliards d'êtres humains est en pratique beaucoup plus entre les mains d'opérateurs privés que de représentants dûment élus. Les États-nations, qui n'ont finalement fonctionné qu'à un moment circonscrit de l'Histoire, pourraient bien laisser la place à des entreprises-États dont la sphère d'influence ne serait pas limitée à un territoire géographique unifié, mais beaucoup plus à un réseau d'« adhérents ». Ce système n'est pas sans précédent. Il existe même depuis près de mille six cents ans : l'État du Vatican n'est pas fort par son armée, son économie ou sa taille, mais bien par le nombre de gens qui le reconnaissent comme dirigeant. Les GAFA sont le Vatican de 2050. La force d'attraction des géants du Web n'a rien à envier au formidable pouvoir de séduction qui a permis le succès du christianisme depuis deux mille ans. Face à des démocraties vieillissantes et lasses d'elles-mêmes,

le monde des géants du numérique incarne une vitalité démocratique stupéfiante : après tout, 100 % des gens qui ont un téléphone tournant sous Android ou un iPhone l'ont choisi. Nous sommes peut-être dépendants de notre fournisseur de drogues numériques, mais nous restons libres de le quitter en quelques clics à chaque seconde. Les grands élus de l'État régalien peuvent fort bien être choisis, par 51 % seulement des votants[1]. La terrible vérité est que les technologies numériques délivrées par les GAFA rendent plus de services aux citoyens que n'importe quelle administration. Demain, les GAFA iront plus loin : grâce à l'Intelligence Artificielle, ils fourniront des services de santé et d'éducation meilleurs que le service public. Le décalage entre le travail de recherche et développement des GAFA et les évolutions poussives de nos démocraties est de plus en plus frappant.

5. Ce qui différencie le mieux désormais le pouvoir politique traditionnel du nouveau est l'étendue temporelle de leurs stratégies. Churchill disait qu'un homme politique pensait pour la prochaine élection, mais qu'un homme d'État pensait pour la prochaine génération. Dans leur toute-puissance, les « zillionnaires » du Web pensent eux pour les dix prochains siècles...

6. Le sixième basculement est d'ordre économique. L'économie repose depuis toujours sur la gestion de la rareté. C'est cette dernière qui détermine le prix notamment. Dans l'économie de l'information, cette rareté disparaît pour faire place à une immédiateté de toutes les ressources numérisées. Si les progrès en matière de production d'énergie à coût faible et sans impact sur l'environnement tiennent leur promesse, l'ultime verrou, celui de la rareté énergétique, sautera. Alors nous entrerons dans une

---

1. Et sont même souvent le premier choix de moins de 20 % d'une base électorale au premier tour.

économie démiurgique où l'automatisation et la disponibilité infinie de l'énergie feront que rien ne sera impossible. Tous les manuels de micro et de macro-économie seront alors bons pour les rayons « histoire » des bibliothèques virtuelles : les règles de la production et de l'échange seront bouleversées.

7. L'ancienne morale du devoir, héritée de nos anciens, qui était particulièrement bien adaptée à un monde où les dilemmes éthiques étaient clairs et connus, est en train de se liquéfier. Ne pas tuer, ne pas voler, ne pas convoiter la femme de son voisin étaient des normes morales claires. Le bien et le mal se délimitaient après tout sans beaucoup de peine. Dans un monde hyper-complexe, la morale deviendra aussi hyper-complexe. L'éthique autrefois monolithique va exploser en des myriades de questions techniques spécialisées. Il sera très difficile de voir les implications d'un choix technologique, d'autant plus qu'avec l'IA il sera en partie incertain. Connaître les conséquences de nos actions et arbitrer en conséquence sera un travail de technicien. L'ingénieur sera le prêtre de demain, si les philosophes et les prêtres restent accrochés au passé.

Bâtir le théologiciel

Nous sommes en train d'acquérir un pouvoir démiurgique mais nous ne savons pas comment l'encadrer, le réguler, l'utiliser. Il nous manque un « Théologiciel », c'est-à-dire le logiciel des dieux que nous devenons, sans l'avoir explicitement souhaité.

Avoir un pouvoir démiurgique implique des responsabilités particulièrement lourdes. L'altruisme d'un Bill Gates est un contrepoids essentiel aux fantasmes transhumanistes et doit nous inspirer.

Bill Gates : le héros du XXIe siècle

En 2000, Bill Gates a décidé de consacrer la quasi-totalité de sa fortune – près de 80 milliards de dollars – à révolutionner la santé dans les pays pauvres. Bill Gates a été rapidement suivi par Warren Buffett, qui pèse 60 milliards de dollars. Le duo Gates/Buffett mène alors une campagne de promotion de la philanthropie auprès des autres milliardaires. C'est la naissance en 2010 de The Giving Pledge (« La promesse de don »). Cette initiative a déjà recueilli l'accord de plus de 200 milliardaires, qui ont publiquement accepté de donner l'essentiel de leur fortune. Parmi les plus connus, Mark Zuckerberg (Facebook), George Lucas, Paul Allen (l'autre fondateur de Microsoft), Elon Musk ou Ted Turner (CNN). Bill Gates a même ébranlé l'inflexible Thomas Piketty qui explique : « Son point de vue est compréhensible. Je pense qu'il s'estime sincèrement mieux placé que le gouvernement pour allouer ses fonds... et par moments cela se vérifie sans doute. »

Bill Gates, l'antitranshumaniste

Certains milliardaires se passionnent, de façon autocentrée, pour des pathologies qui les concernent. Ainsi, Larry Ellison finance la recherche contre le vieillissement qui l'obsède, tandis que Sergey Brin (cofondateur de Google) a donné des sommes considérables dans la lutte contre la maladie de Parkinson à laquelle il est génétiquement prédisposé. À l'inverse, Bill Gates consacre sa fortune à l'amélioration de la santé des plus pauvres et non pour promouvoir la recherche sur des maladies le concernant. La devise de sa fondation, « Toutes les vies ont la même valeur », témoigne de sa vision universaliste. En janvier 2015 lors de la conférence Reddit, il avait ouvertement critiqué les milliardaires cherchant l'immortalité alors que la tuberculose ou le paludisme font encore des ravages : « Cela semble égocentrique, même si ce serait bien de vivre plus longtemps », avait-il expliqué.

Lui, le passionné de high-tech, s'est concentré sur des sujets très « low-tech » comme l'amélioration des latrines, l'accès à une eau non contaminée ou la distribution des vaccins et médicaments dans la brousse. Bill Gates a compris très tôt que ce sont encore des technologies de base qui permettent de sauver le maximum de vies. Son action est particulièrement impressionnante en Afrique où 300 millions de personnes sont vaccinées contre les principales maladies graves. Ces campagnes de vaccination éviteront le cancer à des millions de pauvres puisqu'en Afrique les microbes sont responsables de 20 à 50 % des cancers. Bill Gates est plus utile que des centaines de milliers de cancérologues ! Lorsqu'il n'existe pas encore de vaccin disponible, la fondation Gates lance des programmes de recherche pour en mettre au point. Chacune de ses actions est monitorée et évaluée. Des économistes participent à l'optimisation des ressources investies, qui est considérée comme un devoir pour cette organisation à but non lucratif. Cette énorme influence de Bill Gates sur la santé publique effraie parfois : son intervention est deux fois plus importante que celle de l'OMS (Organisation mondiale de la santé). Mais que deviendrait la santé publique si Bill Gates se mettait à collectionner les tableaux au lieu de combattre la misère ? Depuis l'année 2000, on estime que sa fondation a déjà sauvé plus de 10 millions de vies : Bill Gates est le plus grand héros du XXIe siècle.

Face à ces basculements, notre époque n'offre aucun catéchisme écrit, aucune ligne claire et simple à suivre. Elle nous place sous un déluge de questions étourdissantes auxquelles il est difficile de répondre. Elles tournent essentiellement autour d'une grande inconnue : le type de relation que nous aurons avec la machine. Parmi toutes les questions que l'on peut se poser à ce sujet, certaines semblent particulièrement importantes. De leur réponse dépendra notre avenir.

1. L'IA peut-elle croître sans limites ou bien y a-t-il une sorte de plafond de verre, un point asymptotique où elle cessera de progresser ?

2. L'IA finira-t-elle nécessairement par être hostile ? Quels seraient les déclencheurs de l'hostilité contre l'humanité ?

3. Peut-on prévoir l'émergence d'une IA forte avant qu'elle arrive, qu'elle soit hostile ou pas ? Le SETI[1] de l'IA proposé par Kevin Kelly pourrait-il être utile ? À quelle vitesse une IA est-elle capable de diverger par rapport au cadre dans lequel son créateur humain l'a implémentée ?

4. Une IA peut-elle penser comme nous et nous comprendre ? À l'inverse, l'intelligence biologique peut-elle comprendre toutes les formes d'IA ou l'évolution Darwinienne ne nous a-t-elle dotés que de la capacité de comprendre imparfaitement notre propre forme d'intelligence ?

5. Peut-on aligner nos buts ou avoir des objectifs communs avec l'IA ?

6. Une IA peut-elle suivre nos principes moraux théoriques alors que nous-mêmes ne les respectons pas et qu'ils sont très différents d'une communauté à l'autre ?

7. L'IA ressemblera-t-elle à un surhomme ou à une tornade d'intelligence anarchique ?

8. Peut-on définir une stratégie face à l'IA sans connaître nos propres buts à très long terme ?

9. Existe-t-il des moyens de débrancher une IA forte ou est-ce totalement illusoire et naïf ? Le bouton Stop que Google a mis en place sur ses IA résisterait-il à une IA maligne ?

Cette « rencontre du troisième type » avec la machine va être la vraie matrice de notre avenir.

---

1. Le SETI est le consortium international qui essaie de repérer des signaux extraterrestres. En vain, à ce jour.

L'IA sera le test de Rorschach de l'humanité

Le test mis au point par le psychanalyste Herman Rorschach utilise des taches d'encre symétriques présentées au patient qui les interprète librement. Il sert de révélateur de notre psyché intime, révélant les traits et lignes de force qui animent notre personnalité. L'IA va nous révéler notre véritable identité, elle sera notre test de Rorschach.

En nous défiant dans des domaines où nous avions confortablement installé une domination que nous pensions indiscutable, elle nous oblige à nous remettre en question. Nous devrons nous demander en particulier quels sont nos buts ultimes. Jusqu'à présent, les Hommes n'avaient pas vraiment à se poser cette question, soit qu'ils vivent sous la domination d'un récit religieux totalisant (expliquant le sens de tout) ou dans un confort suffisamment précaire pour que le souci de sa conservation tienne lieu d'objectif. Mais être un Dieu est autre chose. Avoir tout pouvoir sur soi-même et sur son environnement oblige à poser avec une grande franchise la question des fins. Que voulons-nous en tant qu'êtres humains ? Avons-nous une spécificité à faire valoir ? Quelle place sommes-nous prêts à faire aux machines à la table des droits imprescriptibles ? Quelle place voulons-nous occuper dans le monde, et pour y faire quoi ?

À l'heure où nos aptitudes les plus précieuses sont en passe d'être imitées par des machines, il est plus urgent que jamais de réfléchir aux mécanismes réels de notre psyché, mais aussi à ce qui fait notre humanité.

L'âge des machines sera ainsi aussi celui de l'introspection. Nous allons devoir « nous connaître nous-mêmes », comme nous y invitait l'inscription figurant sur le fronton du temple d'Apollon à Delphes.

Les trois questions qui fondent toute la philosophie d'Emmanuel Kant, et auxquelles ses différents livres ont tenté de répondre, trouvent une saveur nouvelle à l'aube de l'ère de l'IA : Que puis-je connaître ? Que m'est-il permis d'espérer ? Que dois-je faire ?

La connaissance de soi, entendue au sens de connaissance des mécanismes intimes de fonctionnement de notre propre cerveau, va devenir essentielle. Nous devrons plus que jamais connaître nos limites, mais aussi nos forces, les parts singulières de nos intelligences. Prévoir l'attitude de l'IA face à nous, son mode d'évolution et de contrôle deviendra aussi critique. Ce sera une tâche collective : nul ne peut agir seul face à l'IA.

Que pouvons-nous espérer ? Cette question n'appelle désormais plus une réponse en termes de foi religieuse, comme Kant en son temps. Il ne s'agit plus d'attendre une quelconque révélation divine venant nous apporter le confort de la contrainte et de la détermination. Car demain, nous serons en position divine, autrement dit dans celle de faire presque tous les choix que les religions traditionnelles délèguent à leur Dieu ou à leur église. Nous n'avons plus rien à espérer car nous devons tout attendre de nous-mêmes. Le salut comme la damnation. Difficile d'ailleurs de dire au juste ce que seraient ce salut et cette damnation.

La troisième question est celle de l'action. Devant les vertigineux défis éthiques et civilisationnels, nous allons devoir faire des choix. La question de l'action sera celle des limites que nous devrons poser à notre propre pouvoir.

Mais nous ne devrons pas céder au pessimisme qui a toujours affecté les intellectuels : en 1946, le grand George Orwell se lamentait que le cinéma, la radio et l'aéroplane affaiblissaient la conscience humaine…

La neurorévolution qui monte sous nos yeux va bien au-delà du problème du travail. Ce n'est pas une question économique non plus, pas même d'abord une question politique. Elle nous met en cause dans ce que nous avions de plus intime et de plus précieux. Si vraiment nous croyons que notre espèce est un trésor, nous allons devoir nous battre pour la préserver. Cela sera le vrai rôle de l'école que de préparer à ce combat. L'école doit former la génération Snapchat à assumer d'immenses responsabilités.

Fil rouge

L'INDUSTRIALISATION DE L'IA DOIT S'ACCOMPAGNER D'UNE DÉMOCRATISATION DE L'INTELLIGENCE BIOLOGIQUE

○ La réunion d'immenses bases de données, d'une puissance informatique croissante et d'algorithmes d'apprentissage automatique, réunis principalement chez les géants du numérique américains et chinois, a accéléré la progression de l'Intelligence Artificielle, surprenant même ses promoteurs.

○ Les robots et l'IA ne sont aucunement responsables du chômage en France. Bien au contraire, les régions les plus automatisées ont des taux de chômage quasi nuls : Bavière, Suisse, Scandinavie, Singapour, Corée du Sud, Californie...

○ Le chômage structurel français est lié à une mauvaise politique micro-économique, à un abandon du système de formation professionnelle, à des lobbies professionnels patronaux et ouvriers incompétents et à la démission de l'Éducation nationale. Avant même la révolution des automates intelligents, notre système scolaire et de formation est de toute façon inadapté.

o Symptôme de cette inadaptation, en 2017, à la veille du tsunami de l'IA, 17 % des jeunes Français, entre quinze et vingt-neuf ans, sont des NEETs (*young people Not in Education, Employment, or Training*).

o Parallèlement, une bulle médiatique et financière s'est développée autour de l'IA : les attentes sont devenues impossibles à satisfaire. C'est particulièrement le cas pour les agents conversationnels – les chatbots – qui vont entraîner de grandes déceptions.

o Ce constat ne doit pas nous endormir. Il faut, au contraire, mettre à profit la pause qui va succéder à l'éclatement probable de cette bulle pour nous préparer aux étapes ultérieures qui seront difficiles à gérer. La désynchronisation des rythmes de l'IA, de nos cerveaux et des institutions va entraîner des frictions sociales importantes.

o À partir de 2030, des IA plus transversales dotées progressivement de bon sens, et associées à des robots polyvalents à prix abordables, vont modifier profondément le marché du travail.

o L'industrialisation de l'intelligence, qu'elle soit biologique ou artificielle, va bouleverser les fondements mêmes de l'organisation politique et sociale.

o Nous devons gérer cette révolution alors même que notre compréhension de ce qu'est vraiment l'intelligence est indigente. Notre anthropomorphisme, nos biais cognitifs et la projection de nos fantasmes et peurs sur l'IA rendent de surcroît difficile une vision rationnelle et partagée des risques.

o La démocratisation de l'intelligence biologique est chaque jour plus impérative, même si les élites politiques et économiques se sont toujours parfaitement accommodées des énormes différences de capacités intellectuelles.

o L'école des cerveaux biologiques aura – dans le monde entier – de plus en plus de mal à courir après l'école de l'Intelligence Artificielle.

o Les inégalités cognitives, approchées par le QI – indicateur mal adapté pour appréhender notre place au côté de l'IA –, posent un problème social, politique et philosophique angoissant : dans une société de la connaissance, les écarts de capacités cognitives entraînent des différences de revenus, de capacité à comprendre le monde, d'influence et de statut social explosives.

o La course entre le neurone et le silicium est très incertaine et il y a de grands désaccords entre experts. Les dirigeants de Google DeepMind, Baidu, Alibaba sont pour leur part convaincus qu'une IA généraliste ayant des capacités équivalentes à un cerveau humain est probable entre vingt et quarante ans : cela signifierait que les enfants actuellement en maternelle passeraient plus de la moitié de leur vie professionnelle entourés d'IA, infatigables, quasi gratuites et endurantes, supérieures à eux.

o Or, le stock de cerveaux n'évolue quasiment pas et devient même de plus en plus sclérosé avec l'augmentation de l'espérance de vie, qui ne s'accompagne pour l'instant d'aucun progrès scientifique pour assurer le maintien de la plasticité neuronale.

o Cela génère deux inquiétudes relayées par certains des plus grands noms de la science, du business et de la politique. L'IA pourrait détruire le travail et risque de devenir hostile. Cette double prophétie a conduit à deux propositions : développer un revenu universel, « les jobs pour les robots, la vie pour nous », et industrialiser des techniques d'augmentations cérébrales pour nous hisser au niveau d'IA censées devenir menaçantes à moyen terme.

o Effectivement, si nous ne changeons rien aux systèmes éducatifs, à l'organisation des entreprises et au périmètre des objectifs de l'humanité tandis que l'IA galope et fait exploser la productivité, un chômage absolument massif est inévitable.

o Mais il est très probable que ces trois hypothèses se révéleront fausses : l'éducation va se moderniser à vive allure sous la pression des IA, les entreprises vont créer un nombre inimaginable de nouveaux produits et de nouvelles expériences, et le champ de notre horizon va radicalement s'étendre – la colonisation du système solaire par Elon Musk et Jeff Bezos n'est qu'un tout premier exemple.

o Par ailleurs, on a constamment sous-estimé les potentialités du cerveau humain. Sa capacité à agir sans règles prédéfinies est inimitable par l'IA avant plusieurs décennies.

o Ma conviction est que le travail ne mourra jamais : l'aventure humaine est illimitée. Les missions que nous allons nous inventer vont nous occuper jusqu'à la fin des temps. En ce sens, et même si la vague technologique actuelle est particulièrement violente, le discours catastrophiste sur l'avenir de l'emploi n'est que le dernier d'une longue série depuis l'empereur Vespasien.

o Les nouvelles missions que l'humanité va se donner supposent des hommes bien formés capables d'être complémentaires de l'IA.

o Il faut rééquilibrer les investissements et investir dans la recherche pédagogique au moins autant que les géants du numérique investissent dans l'éducation des cerveaux de silicium. L'écart entre le salaire d'un professeur remarquable et celui d'un spécialiste de l'apprentissage des machines est suicidaire : un excellent développeur de *deep learning* gagne cent fois plus que le mieux payé des professeurs de collège sur terre !

o L'extraordinaire diversité des discours sur les conséquences de l'IA et sur les réponses à y apporter est inquiétante : nous ne pouvons pas gérer un tel changement de civilisation sans un consensus minimum. Il faut rapidement investir à l'échelle nationale, européenne et mondiale sur la réflexion éthique et politique pour encadrer la civilisation issue de l'industrialisation de l'intelligence.

o Face à l'IA, il existe plusieurs pièges mortifères bien que pavés de bons sentiments. Certaines modalités du revenu universel pousseraient bien des hommes à ne plus se battre. Le mythe du « Care » et de la bienveillance (typiquement l'IA va gérer les milliards de milliards de milliards de données nécessaires pour guérir les enfants leucémiques, tandis que la gentille infirmière leur tiendrait la main en les rassurant) conduirait également à long terme à notre marginalisation par la machine et à notre vassalisation. À très long terme, en effet il n'y a rien qui ne soit pas computable et donc indépassable par les automates dans notre cerveau. Il ne faut pas se reposer ou nous spécialiser dans les activités purement relationnelles en abandonnant le contrôle de toutes les données – et donc de tous les pouvoirs – à l'IA.

o La gestion de notre pouvoir démiurgique, sur la nature et nous-mêmes, entraînera, fatalement et heureusement, un examen de conscience de l'humanité au XXIe siècle. Quels sont nos buts communs ?

o L'école sous une forme totalement transfigurée devra ajouter deux missions à ses rôles traditionnels que sont la formation des citoyens et des travailleurs : apprendre aux nouvelles générations à gérer le pouvoir démiurgique de l'Homme apporté par les technologies NBIC ; organiser un monde où de nombreuses formes d'intelligences biologiques et artificielles vont cohabiter. Le vivre-ensemble du neurone et du transistor ne sera pas un long fleuve tranquille sauf pour ceux qui imaginent que les IA seront éternellement de dociles domestiques sans objectifs propres.

o L'IA n'est pas un trou dans la couche d'ozone, problème technique stressant mais temporaire que l'on résout en vingt ans et qui disparaît : nous allons cohabiter avec elle à tout jamais. Dans un milliard d'années, elle sera toujours là.

o Aussi étrange que cela puisse paraître, ce sont nos proches descendants qui vont décider de l'avenir de l'Homme à très long terme. Les choix que nous allons faire d'ici 2100 nous engagent pour toujours et certains seront irréversibles. La gouvernance et la régulation des technologies qui modifient notre identité – manipulation génétique, sélection embryonnaire, IA, fusion neurone-transistor, colonisation du cosmos – seront fondamentales.

o La régulation démocratique deviendra difficile. Les transhumanistes auront deux avantages cruciaux : ils seront vite plus intelligents parce qu'ils seront les premiers à accepter le *neuroenhancement* et ils finiront par être majoritaires parce qu'ils vivront plus longtemps. Mécaniquement les transhumanistes prendront le pouvoir politique et économique.

o À terme, nous n'échapperons pas à une certaine hybridation avec le silicium ni à un eugénisme intellectuel croissant, mais nous devrons essayer de sanctuariser quelques lignes rouges qui fondent notre humanité. Le développement des technologies NBIC étant très rapide, vouloir défendre certains principes fondamentaux. J'en vois trois : préserver notre corps physique au lieu de succomber au désir de devenir cyborg, garder notre autonomie plutôt que de fusionner irréversiblement dans un grand cerveau planétaire et sauvegarder une part de hasard au lieu de sombrer dans une dictature algorithmique. Tenir ses positions suppose d'y réfléchir dès aujourd'hui.

o La révolution neurotechnologique génère des dilemmes non encore explicités et politiquement explosifs. En Europe, la primauté donnée à la protection des consommateurs en matière de *privacy*, de sécurité des données conduit à la certitude d'un monopole américano-chinois sur l'IA. Vouloir préserver un corps biologique suppose de développer proactivement un scénario de type *Bienvenue à Gattaca* car la pente naturelle sera plutôt la cyborgisation avec les implants d'Elon Musk qui sont plus aisément industrialisables que la sélection embryonnaire.

○ La peur de la mort et donc le désir d'accélérer « la mort de la mort » qui obsède plusieurs des leaders de l'IA pourraient conduire à accélérer l'émergence d'une IA forte – nécessaire pour booster les recherches sur le vieillissement qui est un phénomène ultracomplexe – sans que nous ayons les outils de monitoring et de surveillance, et/ou bien encore notre fusion avec le silicium pour obtenir une immortalité numérique, ersatz de la vie éternelle biologique. En ce sens, il serait sage d'accepter de mourir pendant encore quelques siècles… et de réguler l'IA.

○ La nouvelle école sera hyper-technologique… mais elle aura moins pour mission de former des technologues que des humanistes capables de résister au vertige nihiliste et de rechercher des buts partagés par toute l'humanité.

○ À l'ère de la société de la connaissance, l'école est l'institution la plus fondamentale dans la conception du futur mais elle reste la plus archaïque.

○ Les changements de l'école pourraient être dirigés par les géants du numérique : l'annonce par Mark Zuckerberg de la commercialisation dès 2019 de casques crâniens permettant la télépathie est un premier tremblement de terre. Pourtant, les responsables politiques n'ont pas réalisé que cela allait, à terme, transformer les méthodes éducatives.

○ L'école du futur sera basée sur un neuro-hacking certes *a priori* légal et bienveillant. Mais le cerveau de nos descendants buggera, pourra être l'objet de hacking malveillant ou tomber en panne. Il faudra donc faire émerger une puissante industrie de la neuroprotection et un corps indépendant de neuroéthiciens pour s'assurer que l'école ne soit pas une institution neuromanipulatrice.

o La nouvelle école débutera avant la naissance avec les technologies de sélection embryonnaire. Elle se poursuivra la vie durant, tant les besoins cognitifs changeront face aux écosystèmes rapidement évolutifs d'IA. Elle utilisera toutes les technologies NBIC : des nano-biotechnologies pour augmenter les capacités neuronales à l'IA pour personnaliser les techniques d'apprentissage. Elle gérera les cerveaux plus qu'elle ne transmettra des savoirs.

o Nous ne désapprendrons pas l'IA, donc il ne faut pas désapprendre les savoirs indispensables pour rester à la hauteur des cerveaux de silicium.

o La cohésion de l'humanité autour de valeurs communes et d'un progrès partagé est notre assurance-vie contre l'émergence dans vingt ans, deux cents ans ou deux mille ans d'IA hostiles et malveillantes. L'école devra être une institution coordonnée à l'échelle mondiale.

o Le décalage temporel entre l'industrialisation de l'Intelligence Artificielle, foudroyante, et la démocratisation de l'intelligence biologique qui n'a pas commencé menace la démocratie : la refondation de l'école est une urgence politique absolue.

o Si l'école ne démocratise pas rapidement l'intelligence biologique, une toute petite élite technologique organisera le passage à marche forcée vers une civilisation posthumaine.

o Nous devons refuser une fusion intégrale des cerveaux artificiels et biologiques. La noosphère est un trou noir, un fantasme sans retour possible. C'est le fascisme du futur.

o L'histoire de notre cerveau ne fait que commencer.

o En définitive, professeur est le métier le plus important au XXIe siècle.

POSTFACE :
LETTRE À MES ENFANTS

Le futur dans lequel vous allez évoluer est différent du monde qui m'a formaté. J'ai donc peu de légitimité pour vous donner des conseils. Vous ne le réalisez pas mais je suis né cinq ans avant l'énoncé par Gordon Moore de sa loi. Je viens du monde d'avant les NBIC. Je suis un homme du passé. Vous allez vivre dans un futur vertigineux.

Au XXIe siècle, les scientifiques vont euthanasier la mort, créer la vie artificielle, manipuler les cerveaux, augmenter nos capacités, développer une Intelligence Artificielle. Beaucoup des repères de ma génération vont se dissoudre dans la révolution technologique. Dès lors, comment se forger des valeurs ? Quelle formation faut-il choisir ? Que faire de votre vie ?

Sur le plan scolaire, n'oubliez jamais les humanités. Aucun technicien ne résistera à la croissance exponentielle des automates et de l'intelligence artificielle. Apprendre à coder n'est pas inutile, mais n'oubliez pas que bientôt le code sera écrit par des algorithmes : pisser du code informatique n'est pas un métier d'avenir. Il faut apprendre à décoder le monde plus qu'à coder des programmes informatiques. Vous êtes déjà des encyclopédies technologiques, tentez de devenir des « honnêtes hommes ».

Nous ne savons pas encore les tâches qui ne seront pas automatisables : soyez flexibles, transversaux et opportunistes. Ne soyez pas les victimes d'une école qui forme aujourd'hui aux métiers d'hier. Ne devenez pas chirurgiens, l'acte chirurgical sera à 100 % robotisé quand vous aurez fini vos études de médecine ! Surtout, ne faites pas l'ENA : une école dont on sort sans connaître la loi de Moore ne devrait pas exister ! Souvenez-vous que vos maîtres connaissent bien moins le futur que vous.

Le monde qui vient sera éminemment politique : que fait-on du pouvoir démiurgique dont nous allons disposer sur notre nature biologique ? Il faut faire le pont entre les NBIC et l'histoire, la culture, la philosophie. Votre génération a une responsabilité historique. Vous allez prendre des décisions qui engagent l'avenir de l'humanité. C'est votre génération qui va dessiner les contours de cet homme 2.0, puissant et quasi immortel, que la Silicon Valley et notamment les dirigeants de Google appellent de leurs vœux.

Soyez suffisamment forts pour ne pas vous laisser berner par les utopies mortifères, fussent-elles sympathiques... Les transhumanistes sont en train de gagner la bataille des cœurs : il leur faudra des contre-pouvoirs. Soyez partie prenante de ce débat fondamental : l'humanité ne doit pas se transformer sans débat philosophique et politique.

Une barbarie technologique est possible. Non pas sous la forme de Bienvenue à Gattaca, mais plutôt sous les traits d'un 1984 aux couleurs des NBIC. C'est pourquoi je vous conseille de refuser l'idée de gouvernement mondial. Il faut garder plusieurs ensembles géopolitiques. Imaginez un gouvernement mondial qui se servirait des NBIC pour créer une neurodictature éternelle ! Laissez encore une petite chance à l'Europe. Mais si le déclin de notre continent continue du fait de la médiocrité et de l'incompétence technologique de nos élites politiques, partez dans la zone Asie-Pacifique sans hésiter. Emportez tout de même avec vous les recettes de cuisine que je vous aurai apprises.

Rien de ce que nous faisons n'est réellement altruiste : nous agissons toujours pour avoir des bénéfices secondaires psychiques. Augmenter notre production cérébrale d'endorphines est notre seul moteur. Ce constat troublant ne doit pas vous conduire à être misanthropes et cyniques : ce n'est pas parce qu'on est altruiste par égoïsme neurobiologique qu'il ne faut pas l'être. Essayez de faire un peu de bien au nom d'une morale détachée de Dieu (Good without God), *que vous soyez athées ou croyants : faire le bien par peur de la transcendance est tellement minable !*

Fuyez les gourous égocentriques et suivez de belles causes. Prenez exemple sur Bill Gates, le plus grand héros du XXIe siècle, qui a déjà sauvé 10 millions de vies grâce à ses campagnes sanitaires dans les pays pauvres. Essayez d'être le plus libres possible en combattant vos déterminismes génétiques et neurobiologiques. Bien sûr, ne faites jamais rien en fonction de ce qu'auraient fait vos parents : soyez autonomes ! C'est pourquoi vous ne devez pas lire cette lettre, que je ne vous enverrai pas[1].

---

1. Mes enfants ont lu cette lettre en passant par Google.

QUELQUES OUVRAGES ET SITES POUR APPROFONDIR

Conférences TEDx Paris, organisées par Michel Lévy-Provençal : Tedxparis.com

Conférences USI, organisées par François Hisquin : usievents.com

Blog de Nicolas Le Luherne sur Medium.

Andreessen Marc (2011), « Why Software Is Eating the World », *Wall Street Journal.*

Armstrong S. & Bostrom N. & Shulman C. (2013) : « Racing to the Precipice : a Model of Artificial Intelligence Development », *Technical Report* #2013-1, Future of Humanity Institute, Oxford University : pp. 1-8.

Babinet Gilles, *L'Ère numérique, un nouvel âge de l'humanité*, Le Passeur, 2016.

Bessen James, « How Technology Creates Jobs for Less Educated Workers », *Harvard Business Review Blog Networks*, March 2014. http://blogs.hbr.org/2014/03/how-technology-creates-jobs-for-less-educated-workers/.

Blackford Russell, Borderick Damien (dir.), *Intelligence Unbound : The Future of Uploaded and Machine Minds*, Wiley-Blackwell, 2014.

Bourdieu Pierre et Passeron Jean-Claude, *Les Héritiers : les étudiants et la culture*, Éditions de Minuit, 1964.

Bouzou Nicolas, *L'innovation sauvera le monde*, Plon, 2016.

Brynjolfsson Erik, Mcafee Erik, *The Second Machine Age – Work, Progress, and Prosperity in a Time of Brilliant Technologies*, W. W. Norton & Company, 2014.

Burns Martha, « The Neuroscience of Learning : Brain Fitness for all Ages », *Scientific learning*, automne 2011.

Calum Chace, *The Economic Singularity*, 2016.

Careillo Stéphane, *Des compétences pour les jeunes défavorisés*, Éditions Sciences Po, 2016.

Carr Nicholas, *The Glass Cage : Automation and Us*, Singapore Books, 2015.

Carr Nicholas, *The Shallows : what Internet is doing to our brain*, W. W. Norton & Company, 2011.

Caseau Yves, « Le futur du travail et la mutation des emplois », *Frenchweb.fr*, 5 décembre 2016.

Charlot Christophe, *Uberize me*, Racine, 2016.

Changeux Jean-Pierre, *L'Homme neuronal*, Hachette, 1998.

Colin Nicolas et Verdier Guillaume, *L'Âge de la multitude*, Armand Colin, 2015 (2ⁿᵈᵉ éd.).

Cowen Tyler, *Average Is Over : Powering America Beyond the Age of the Great Stagnation*, Dutton Adult, 2013.

D'Iribarne Philippe, *La Logique de l'honneur*, Seuil, 1993.

Davidenkoff Emmanuel, *Le Tsunami numérique. Éducation : tout va changer, êtes-vous prêt ?*, Stock, 2014.

Del Monte Louis A., *The Artificial Intelligence Revolution : Will Artificial Intelligence Serve Us or Replace Us ?*, Del Monte, 2013.

Dickerson E., « Exponential Correlation of I.Q and the Wealth of Nations », *Intelligence*, 2006, 34, pp. 291-295.

Dodson Fitzhugh, *Tout se joue avant six ans*, Marabout, 1996 (éd. originale 1986).

Dumont Louis, *Homo hierarchicus : essai sur la société de caste*, Gallimard, 1979.

Frey Carl et Osborne Michael, « The Future of Employment : How Susceptible Are Jobs to Computerisation ? » Oxford Martin school, septembre 2013.

Frick Walter, « Experts Have No Idea if Robots Will Steal Your Jobs », *Harvard Business Review Blog Networks*, août 2014.

Fukuyama Francis, *La Fin de l'histoire et le Dernier Homme*, Flammarion, 1992.

Galton John, *Le Génie héréditaire*, 1869.

Gardner Howard, *Les Intelligences multiples, la théorie qui bouleverse les idées reçues,* Retz, 2008 (1983 pour la première édition).

Gruzelier J. H. and Egner T. (2004) « Physiological Self-Regulation : Biofeedback and Neurofeedback », *in* A. Williamon (Ed.), *Musical Excellence* (pp. 197-219), Oxford : Oxford University Press.

Hanson Robin, *The Age of Em, Work, Love, and Life when Robots Rule the Earth*, Oxford University Press, 2016.

Harari Yuval Noah, *Homo Deus : a Brief History of Tomorrow*, Harvill Secker, 2015.

Harari Yuval Noha, *Sapiens, une brève histoire de l'humanité*, 2015, Albin Michel.

Herrnstein Richard J., Charles Murray, *The Bell Curve : Intelligence and Class Structure in American Life*, Free Press, 1994.

Jones R., Morris K. and Nutt D. (2005), *Drugs Futures 2025 ? Foresight : Brain Science, Addiction and Drugs State of Science Review*, at www.foresight.gov.uk.

Kasparov Garry, *Deep Thinking, Where Machine Intelligence Ends and Human Creativity Begins*, Public Affairs, 2017.

Kelly Kevin, *What Technology Wants*, Penguin group, 2010.

Khan Salman, *L'Éducation réinventée*, J.C. Lattès, 2013.

Kovas Y, Voronin I, Kaydalov A, Malykh SB, Dale PS, *et al.* (2013), « Literacy and numeracy are more heritable than intelligence in primary school », *Psychol Sci.* doi : 10.1177/0956797613486982.

Kurzweil Ray, *How to Create a Mind ? The Secret of Human Thought Revealed*, Penguin, 2013.

Kurzweil Ray, *The Age of Spiritual Machine : When Computer Exceeds Human Intelligence*, Penguin, 1999.

Kurzweil Ray, *The Singularity Is Near : When Human Transcends Biology*, Penguin, 2006.

LaFollette Hugh, « Licensing Parents », *Philosophy and Public Affairs* (Winter 1980) pp. 182-97.

Levesque Hector J., *Common Sense, the Turing Test, and the Quest for Real AI*, MIT Press 2017.

Medina John, *Brain Rules : 12 Principles for Surviving and Thriving at Work, Home, and School*, Pear Press, 2009.

Merolla Paul A. *et al.*, « A Million Spiking-Neuron Integrated Circuit with a Scalable Communication Network and Interface », *Science*, 8 août 2014 : Vol. 345 n° 6197 pp. 668-673.

Miall R.C., Se-Ho Nam, J. Tchalenko « The Influence of Stimulus Format on Drawing – a Functional Imaging Study of Decision Making in Portrait Drawing », *NeuroImage*, In Press, Uncorrected Proof, Available online 14 August 2014.

Moretti Enrico, *The New Geography of Jobs*, Houghton Mifflin Harcourt, 2012.

Nutt, D., Robbins, T., Stimson, D., Ince, M. and Jackson, A. (2006), *Drugs and the Future*, Academic Press.

Perrault Guillaume, *Conservateurs, soyez fiers !*, Plon, 2017.

Pew Research Center, *AI, Robotics, and the Future of Jobs, Digital Life in 2025*, août 2014.

Picq Pascal, *Qui va prendre le pouvoir ? Les grands singes, les hommes politiques ou les robots*, Odile Jacob, 2017.

Piketty Thomas, *Le Capital au XXIe siècle*, Seuil, 2013.

Raymond, J., Sajid, I., Parkinson, L. and Gruzelier, J.H. (2005), « The Beneficial Effects of Alpha/Theta and Heart Rate Variability Training on Dance Performance », *Applied psychophysiology and biofeedback*, 30, 65-73.

Redondo Roger L., Kim Joshua, Arons Autumn L., Ramirez Steve, Liu Xu, Tonegawa Susumu, « Bidirectional Switch of the Valence Associated with a Hippocampal Contextual Memory Engram », *Nature*, publié en ligne le 27 août 2014.

Richard Lynn et Tatu Vanhanen, *Intelligence, A Unifying Construct for the Social Sciences*, Ulster Institute for Social Research, 2002.

Rifkin Jérémy, *La Fin du travail*, La Découverte, 1997 (éd. originale 1995).

Rousseau Jean-Jacques, *Discours sur l'origine et les fondements des inégalités parmi les hommes*, 1754.

Shakeshaft NG, Trzaskowski M, McMillan A, Rimfeld K, Krapohl E, *et al.* (2013), « Strong Genetic Influence on a UK Nationwide Test of Educational Achievement at the End of Compulsory Education at Age 16 », *PLoS ONE* 8(12) : e80341. doi : 10.1371/journal.pone.0080341.

Shulman Carl et Nick Bostrom, « Embryo Selection for Cognitive Enhancement : Curiosity or Game-changer ? », Global Policy 5(1), février 2014.

Susskind Richard et Susskind Daniel, *The Future of the Professions : How Technology will Transform the Work of Human Experts*, Oxford University Press, 2015.

Teboul Bruno, *Robotariat : critique de l'automatisation de la société*, Éditions Kawa, 2016.

The Royal Society, « Machine Learning : the Power and Promise of Computers that Learn by Example », avril 2017.

TLRP, « Neuroscience and Education : Issues and Opportunities », rapport du *Teaching and Learning Research Programme*, Institute of Education, University of London.

University of Western Australia, « Could Your Brain Be Reprogrammed to Work Better ? », ScienceDaily, *Science-Daily*, 6 août 2014.

Vidal Clément, *The Beginning and the End : the Meaning of Life from a Cosmological Perspective*, Springer, 2014.

TABLE DES MATIÈRES

Cet ouvrage a été composé par PCA

Imprimé en France par CPI
en décembre 2018

pour le compte des Éditions J.-C. LATTÈS
17, rue jacob – 75006 Paris

Nº d'impression : 3032134
Nº d'édition : 21
Dépôt légal : janvier 2018
Imprimé en France